张神根　张　倔　著

The History of
the People's Republic of China
in Details

细节中的新中国史

人民出版社

策划编辑：刘智宏

责任编辑：王　欣

图书在版编目 (CIP) 数据

细节中的新中国史 / 张神根，张倔著 . —北京：人民出版社，2020.6

ISBN 978–7–01–021871–7

Ⅰ.①细…　Ⅱ.①张…②张…　Ⅲ.①中国历史—现代史　Ⅳ.① K27

中国版本图书馆 CIP 数据核字（2020）第 021506 号

细节中的新中国史

XIJIE ZHONG DE XINZHONGGUOSHI

张神根　张倔　著

人民出版社 出版发行

（100706　北京市东城区隆福寺街 99 号）

三河市龙大印装有限公司印刷　新华书店经销

2020 年 6 月第 1 版　2021 年 3 月北京第 2 次印刷

开本：710 毫米 × 1000 毫米　1/16　印张：21

字数：340 千字

ISBN 978–7–01–021871–7　定价：68.00 元

邮购地址　100706　北京市东城区隆福寺街 99 号

人民东方图书销售中心　电话（010）65250042　65289539

前　言

自 1949 年 10 月 1 日毛泽东主席在天安门城楼上庄严宣告"中华人民共和国中央人民政府今天成立了"以来，新生的人民共和国披荆斩棘，风雨兼程，走过了 70 多年的光辉历程。70 多年来，凭着"敢教日月换新天"的豪情，中国站起来了；靠着"杀出一条血路"的气概，中国富起来了；在"改革不停顿、开放不止步"的奋斗中，中国迎来了从富起来到强起来的伟大飞跃。从创设政权、建设新中国到不断推进改革开放，中国走过了一条艰难曲折、上下求索之路，最终开辟了中国特色社会主义道路，取得了辉煌成就，迎来了中华民族伟大复兴的光明前景。

回顾新中国 70 多年来的奋斗历程，有许多值得人们永远铭记的历史时刻、精彩瞬间和经典片断。很多事情，看似简单，实则复杂；看似清楚，实则模糊。在尽人皆知的重大事件背后，往往隐藏着鲜为人知的历史细节。改革开放以来，尤其是近年来，中华人民共和国史研究取得了长足进展，很多史料已相继被披露，许多重大事件的来龙去脉已经厘清。为了学好党史国史，把最新研究成果集中介绍给大众，我们编写了这本大众读物——《细节中的新中国史》。本书结构上按照每年选取一个重大事件、重大决策或重大问题的形式编排，内容涵盖政治、经济、军事、外交、文化、社会、科技等各个方面。力求通过揭示历史细节，用生动形象、充满正能量的故事勾勒出中华人民共和国史诗般的峥嵘岁月，让读者尤其是年轻读者更好地了解在中国共产党的领导下，中国社会发生的翻天覆地的变化和取得的举世瞩目的成就。

在本书的写作过程中，我们参考了大量相关图书、报刊及其他文献，借鉴和吸收了其中的研究成果，引用了许多相关回忆和口述文献，虽然在篇后已经注明，但恐有疏漏，在此一并致谢。

由于我们水平有限，书中难免有疏误或不当之处，敬请广大读者和业内专家斧正。

编者

目　录

1949年：

开国

1949 年 10 月 1 日，中华人民共和国中央人民政府成立典礼，即开国大典，在北京天安门广场隆重举行。中华人民共和国诞生了！中国的历史从此翻开了崭新的篇章！

"国号"简称曾有一场争论

在新中国成立前夕的新政协筹备会阶段，中华人民共和国的国名问题已经得到圆满解决。但是，还有一个关于中华人民共和国国名的简称问题，需要仔细斟酌。原来，在起草《共同纲领》草案时，根据部分代表提议，考虑到应照顾人民的传统和习惯，在中华人民共和国的全称后面，加了一个"简称中华民国"的括注。这在政协代表中引起了很大争论。

新政协筹备会常务委员会对是否取消国名简称持慎重态度，特别注意听取当年追随孙中山为建立中华民国而奋斗的老前辈的意见。为此，1949年9月26日，周恩来和林伯渠联名邀请了二三十位辛亥革命以来有影响的代表人物，在东交民巷六国饭店举行午宴。周恩来作为东道主，开宗明义地说，今天请来赴宴的，除几个人外，都是辛亥革命时期的长辈。我们国家有句古话，叫做"就教长者"，今天主要是就国号简称问题来专门听取各位长者意见的。

周恩来点题之后，民主建国会的黄炎培第一个发言。他说，由于教育落后，老百姓感情上习惯用"中华民国"，一旦改掉，会引起不必要的反感。留个简称，是非常必要的。他还说，政协会议5年一届,5年之后，我们再来除掉，并无不可。

接着，国民党元老廖仲恺的夫人何香凝发言。她说，中华民国是孙中山革命的一个成果，那是用许多烈士的鲜血换来的。关于改国号问题，我个人认为，如果能照旧用它，也是好的；如果大家不赞成，我就不坚持我的意见。

这时，海外爱国华侨领袖、年逾八十的司徒美堂激动地站起来要求发言，他说：

我是参加辛亥革命的人，我尊重孙中山先生，但对于"中华民国"4个字，绝无好感。理由是中华民国，与民无涉。22年来更是给蒋介石与CC派（中统简称）弄得天怒人怨，真是痛心疾首。我们试问，共产党所领导的这次革命是不是跟辛亥革命不同？如果大家认为不同，那么我们的国号应叫中华人民共和国，抛掉又臭又坏的中华民国的烂招牌。国号是一个极其庄严的东西，一改就得改好，为什么要5年之后才改？语云"名不正则言不顺，言不顺则令不行"。仍然叫作"中华民国"，何以昭告天下百姓？我们好像偷偷摸摸似的，革命胜利了，连国号也不敢改。我坚持反对什么简称，我坚决主张光明正大地用中华人民共和国。

司徒美堂的话铿锵有力、畅快淋漓，在座者感同身受，都报以热烈的掌声。大家顾不上满桌的丰盛菜肴，纷纷发言。人口学家马寅初教授立即表示支持司徒美堂的意见；陈嘉庚也表态，大家对中华民国绝无好感，当然，落后的人会一时不习惯，过些时候就好了。

周恩来把这些意见汇总后送政协主席团常委会，经常委会决定，去掉了国号后面"中华民国"的简称。

开国大典

1949 年 10 月 1 日，北京。这是一个民族向百余年战乱和屈辱历史的告别，这是一个民族在欢呼中焕发新生的日子，这是新中国的开国大典。

清晨，激动得整夜没合眼的人们，怀着兴奋的心情从北京的四面八方向天安门广场集合。上午 10 时，天安门广场上已经是人山人海，参加开国大典的 30 万军民已齐聚天安门广场。热情的欢呼声、嘹亮的歌声此起彼伏，人们翘首期待着伟大历史时刻的到来。

这一天的北京，秋高气爽，风和日丽。56 岁的毛泽东身着黄色呢料中山装，精神饱满，神采奕奕。当他出现在天安门城楼时，全场立即沸腾起来。

当年参加开国大典的女摄影家侯波回忆道：

大概下午 2 点 50 分，毛泽东主席等党和国家领导人乘车到了天安门城楼下，从天安门城楼左侧一步步走上来。当毛主席踏上最后一个台阶时，大喇叭里传来播音员丁一岚和齐越的声音："毛主席来了！毛主席来了！"军乐奏响《东方红》……我赶紧把相机对准了毛主席，一边拍一边往后退，还要不断地调整焦距和光圈，生怕误了每一个重要的镜头，那可就犯下了大错误。当《东方红》第三遍奏完的时候，毛主席和其他领导人正好到达了天安门正当中的位置。

下午 3 时，中央人民政府委员会秘书长林伯渠宣布中央人民政府成立典礼开始。在群众的欢呼声中，毛泽东走到麦克风前，朝广场深深地望了一眼，用他那带着湖南口音的洪亮声音，向全中国、全世界庄严宣告："中华人民共和国中央人民政府今天成立了！"顿时，广场上欢声雷动，群情激昂。占人类总数四分之一的中国人民从此站起来，当家作主了！

60年后，侯波回忆起当时的盛况，仍然激动不已：

毛主席宣布"中华人民共和国中央人民政府成立了"时，我觉得主席讲话的声音比平常有点变调，就是激动了。主席讲这些话的时候，大家都流着眼泪，我当时也感动得流了眼泪，大家心情都非常激动。在天安门城楼上有1000多人，大家都眼含着热泪，庆祝有这么一天。城楼下30万欢腾的群众更是情绪高昂。人群、旗帜、彩绸、鲜花汇成了喜庆的海洋。

接着，在国歌《义勇军进行曲》的雄壮旋律中，毛泽东神情庄重，用力按动了通往电动旗杆的电钮，第一面耀眼夺目的五星红旗顺着旗杆冉冉升起。

升旗仪式结束后，毛泽东宣读《中华人民共和国中央人民政府公告》。之后举行盛大阅兵式，在全场经久不息的掌声和欢呼声中，中国人民解放军三军受阅部队列成方阵，迈着威武雄壮的步伐，由东向西分列式通过天安门广场。与此同时，刚刚组建的人民解放军空军14架战斗机、轰炸机，凌空掠过天安门广场，接受检阅。

阅兵式持续近3个小时。天色已晚，长安街华灯齐放，群众游行开始了。走在游行队伍最前面的是工人，京郊农民紧随其后，后面是机关干部、青年学生的游行队伍。当群众游行队伍经过主席台时，人们都高兴地欢呼："中华人民共和国万岁！""毛主席万岁！"天安门城楼上，毛泽东探身栏杆外，不停地向广场上的群众挥手致意，并在扩音机前大声高呼："同志们万岁！""人民万岁！"听到毛泽东的声音，游行的群众热泪盈眶，他们不自觉地放慢了步伐，有的甚至停下来向天安门上翘首，想把毛泽东看得清楚些，再清楚些。播音员的催促声已经不起作用，只是由于走在后面的游行队伍的推动，前面的队伍才恋恋不舍地从天安门前缓缓走过……

夜晚的广场上，人们依旧热情洋溢、载歌载舞，尽情地欢度新中国的第一个夜晚，歌声、口号声像海潮一样起伏不息。

节日的首都沉浸在幸福、喜悦中。这一天，在全国已经解放的各大城市，都举行了隆重热烈的庆祝活动。

新中国的诞生，从根本上结束了中华民族100多年半殖民地半封建社会的历史，中国人民从此当家作主成为国家的主人，中华民族的发展从此开启了新的历史纪元。

主要参考资料：

北京市政协文史资料研究委员会：《回忆司徒美堂老人》，中国文史出版社1988年版。

侯波、夏莉娜：《我在天安门城楼拍摄开国大典》，《中国人大》2009年第16期。

1950年:

婚姻自当家

1950 年 4 月 13 日，中央人民政府委员会第七次会议通过了《中华人民共和国婚姻法》。这是新中国成立后出台的第一部法律。

🌑 什么人应该享有婚姻自由

1948 年 9 月 20 日至 10 月 6 日，中共中央在河北省平山县西柏坡村召开解放区妇女工作会议。

会议期间，刘少奇专门会见了中央妇女运动委员会代理书记邓颖超等中央妇委成员，把起草新中国《婚姻法》草案的任务交给了中央妇委。

解放区妇女工作会议结束后，中央妇委立即成立了《婚姻法》起草小组，由邓颖超主持，成员有帅孟奇、杨之华、康克清、李培之、罗琼、王汝琪。

在起草《婚姻法》前，邓颖超和中央妇委成员做了大量的调查研究。调查表明，当时在已解放的地区，婚姻案件占民事案件的比例很高。

由于刚刚从土改第一线回来，大家提供了许多新的情况。

邓颖超说，土改在改正成分时，有些农村拿"破鞋"作为帽子加在一些妇女的身上，或者拿"破鞋"作借口剥夺她们应得的土地权。比如有一个不大的村子，就有80多个妇女被划为"破鞋"，因此剥夺了她们应得的权利，甚至连她们的婚姻自由权、选举权和被选举权都被剥夺。更可怕的是，我们的一些干部在这个问题上也不加以区别。究竟什么样的叫"破鞋"呢？只有专门以卖淫为生活来源的少数妇女，才能被称为"破鞋"。至于在农村中，贫雇农娶不起老婆，靠上一个女人，有的妇女守寡多年，靠上一个男人帮助干活，这些都应加以具体的区分。我们有些干部没有认清产生这个问题的根源，对一般的男女关系问题，不加本质的、轻重的区分，一律给人家戴上"破鞋"的帽子，这是错误的。

有些同志谈到，一些地方在土改中，以各种方式干涉群众婚姻自由，对提出离婚的妇女不准她们出村，强迫寡妇一律要嫁给贫雇农光棍，甚至把地主和富农家庭的妇女当成胜利果实分配。

🌑 邓颖超力主离婚自由

在起草过程中，争论最大的是有关离婚自由问题。1931年12月颁布的《中华苏维埃共和国婚姻条例》第九条规定："确定离婚自由，凡男女双方同意离婚的，即行离婚。男女一方坚决要求离婚的，亦即行离婚。"这一条，新的婚姻法要不要写进去呢？大家争论激烈。有的同志反对离婚自由，认为婚姻是人生大事，怕离婚太自由了不利于社会稳定。特别是在农村，离婚自由了，必定要触动一部分农民的切身利益，他们必然成为反对派；另外，当时形势发展很快，中国共产党作为执政党，马上就要进城了，这些同志怕进城以后，一些干部以"离婚自由"为借口，另有新爱，把农村的原配抛弃了。

作为一名妇女运动领袖，邓颖超态度非常鲜明，坚决主张加上"一方坚持离婚可以离婚"这一条。她后来回忆说："大家对婚姻自由的原则无争论，对离婚自由原则基本上无争论。但对'一方坚持离婚可以离婚'这一条有不同意见。在政法、青年、妇女联合座谈会上，只有我和组织部一位同志同意一方坚持离婚可离婚，其余同志都主张离婚应有条件。"

党中央书记处最后同意了邓颖超的建议，采用了"男女双方自愿离婚的，准予离婚。男女一方坚决要求离婚的，经区人民政府和司法机关调解无效时，亦准予离婚"的条款。

《婚姻法》草稿拟定后，又广泛征求了各有关方面的意见，召开了多次座谈会，做了多处修改。1950年4月30日，《婚姻法》由中央人民政府委员会第七次会议通过，5月1日由中央人民政府公布施行。

《婚姻法》开宗明义规定了两条基本原则：第一条，废除包办强迫、男尊女卑、漠视子女利益的封建主义婚姻制度。实行男女婚姻自由、一夫一妻、男女权利平等、保护妇女和子女合法利益的新民主主义婚姻制度。第二条，禁止重婚、纳妾。禁止童养媳。禁止干涉寡妇婚姻自由。《婚姻法》为广大妇女从封建婚姻制度的压迫下解放出来提供了法律上的保障。

❸ "如今婚姻自当家"

"生死婚姻自己不能当家"，这是评剧《刘巧儿》中的一句唱词，描述了封建婚姻制度下妇女所受的束缚和摧残。几千年来，封建婚姻制度以夫权为中心，要求妇女恪守"三从四德"（在家从父、出嫁从夫、夫死从子；妇德、妇言、妇容、妇功）的封建礼教，把妇女压迫在社会最底层，并剥夺男女婚姻自由。婚姻不自由是旧中国封建桎梏的一个重要表现，酿成了无数人间惨剧。

新中国《婚姻法》的颁布，使在政治上刚刚获得翻身解放的人们，在婚姻问题上又得到一种新的翻身解放，许多生活在畸形婚姻和死亡婚姻中的男女，特别是受这类婚姻压迫最深重的妇女，纷纷以《婚姻法》为武器，鼓起勇气与封建婚姻作坚决斗争。于是，为妾者要求离开丈夫，童养媳要求解除婚约，被迫嫁给小女婿的要求离婚，寡妇要求迈出"贞洁"的大门而再婚，私订终身的青年男女要求自主结婚……

但是，《婚姻法》在执行过程中也遭到了一些封建顽固势力的顽强对抗，一些基层干部头脑里仍然残存着夫权、父权等封建思想，不能接受《婚姻法》关于婚姻自由和男女平等的原则；有人认为《婚姻法》是"妇女法""离婚法"，是鼓动"媳妇斗婆婆""老婆斗老公"，他们草率地处理婚姻案件，少数干部甚至自觉不自觉地充当了封建残余势力干涉婚姻自由的帮凶。

于是，中央决定在全国范围内掀起贯彻《婚姻法》的群众运动。1953 年 2 月 1 日，周恩来签署发布了政务院《关于贯彻婚姻法的指示》，要求"在全国范围内（少数民族地区和尚未完成土地改革的地区除外），开展一个大规模的宣传婚姻法和检查婚姻法执行情况的群众运动"。

在这场运动中，首先动员妇女参加文化学习和社会活动，发动她们参与政治运动，既提高了妇女的觉悟，又提高了妇女的地位。第二步，帮助觉悟了的童养媳、为妾者、包办婚姻的受害者摆脱封建婚姻制度的压迫，鼓励未婚青年树立自由恋爱、自主结婚的勇气，支持寡妇追求幸福的再婚行动。第三步，惩处一批虐待妇女、触犯刑律的犯罪分子，处分一批违反《婚姻法》的干部。

在这个过程中，妇女的平等权益、婚姻自主权利尽人皆知，新凤霞扮演的刘巧儿"这一次我可要自己找婆家呀"的由衷欢唱，不仅成了评剧唱腔的经典，更是那个年代妇女争取婚姻自由的宣言。由于《婚姻法》使妇女结婚和离婚的自由有了法律保障，各地一度出现离婚与再婚的高潮。农村妇女挣脱包办婚姻的枷锁，终于把握住自己的命运。可以说，新中国婚姻法是中国妇女解放道路上的一个里程碑。同时，《婚姻法》第一次体现出妇女是一个独立自由的人，享有与男子同等的自主权利。"妇女能顶半边天"，成为广大妇女翻身解放、扬眉吐气的生动写照。

主要参考资料：

金凤：《邓颖超传》下册，人民出版社 1993 年版。

严昌洪：《20 世纪中国社会生活变迁史》，人民出版社 2007 年版。

1951年:

"北京的金山上光芒照四方"

　　"北京的金山上光芒照四方,毛主席就是那金色的太阳,多么温暖多么慈祥,把翻身农奴的心儿照亮,我们迈步走在社会主义幸福大道上。"这首由著名藏族歌唱家才旦卓玛演唱过的歌曲,家喻户晓。"北京的金山上"的光芒照到西藏,是在1951年,人民解放军进驻西藏。这年的9月9日,拉萨迎来了一批远道而来的客人,他们是人民解放军第18军先遣支队,跋山涉水,历尽艰辛,终于披着阳光到来了,受到拉萨人民1万余人的热烈欢迎。

那一天，晴空万里，布达拉宫的金顶映着阳光，放射出夺目的万道光芒。这是来自"北京的金山上"的光芒。但是，光芒照到西藏，是经历了重重波折的。

❸ "进军西藏宜早不宜迟，否则夜长梦多"

随着人民解放战争在全国的胜利推进，国民党政权在大陆的统治摇摇欲坠，全中国的解放已经指日可待。早就觊觎西藏的帝国主义势力，加紧了策划"西藏独立"的步伐，图谋将西藏从中国分裂出去。此时，第14世达赖喇嘛因年少尚未亲政，西藏地方政府的权力，掌握在以摄政达扎为代表的亲英分裂分子手里。较晚插手西藏的美国，则想把西藏作为在冷战中遏制新中国的一个基地，因此，美国逐渐成为西藏分裂势力的主要支持者。

1949年7月8日，在人民解放军渡过长江，解放江南大片国土之际，西藏地方当局在英国人理查逊（印度驻拉萨代表）一手策划下，公然封闭国民党政府驻拉萨的办事机构，驱逐其工作人员及一批汉人出西藏，妄图趁国民党政府在大陆即将垮台的时候，割断西藏与中央政府的联系。这就是震惊世界的西藏"驱汉事件"。

在新中国成立的当天，留居青海的第10世班禅额尔德尼致电毛泽东主席、朱德总司令，表示拥护中央人民政府，希望早日解放西藏。可是，西藏地方当局却策划派遣四个"亲善使团"去英、美、印度、尼泊尔等国，寻求对其"独立"的支持和军事援助；还表示，也要往新中国派一个使团，"以便向共产党当局解释并表明西藏独立"的立场。当西藏地方当局正在同这些国家接洽联系的时候，美国合众社对外披露了这一信息，对此，中央人民政府予以严厉谴责。

西藏地方当局在外国反动势力唆使下进行的这些倒行逆施行为，引起党中央和毛泽东的高度警觉。1949年12月，毛泽东在赴苏访问途经满洲里时，给党中央并中央西南局写了一封信。信中指出，印、美都在打西藏的主意，解放西藏的问题要下决心了，"进军西藏宜早不宜迟，否则夜长梦多。"

1950年1月初，党中央和毛泽东作出进军西藏的决策，并决定这个任务由西南局承担。1月6日，西南局领导人邓小平、刘伯承等研究制订了进军西藏的方案，决定由西南军区第18军担任入藏任务。

◑ "先礼后兵"

在积极准备进军西藏的同时，为避免伤害藏族人民感情，更有利于民族团结，党中央和毛泽东确定了争取和平解放西藏的方针。

1950 年 5 月 11 日，西南局提出了关于解放西藏的四项谈判条件，即驱逐帝国主义势力出西藏；实行民族区域自治；西藏现行各种制度维持现状；保护宗教信仰自由，尊重风俗习惯。5 月 17 日，中央同意西南局拟定的四项谈判条件，要求以四条为基础，起草"可以作为和平进军的谈判"的若干条款。据此精神，西南局在邓小平的主持下草拟了与西藏地方政府谈判的十项条件。5 月 29 日经毛泽东亲自审核同意。这十项谈判条件，尊重历史、照顾现实，中央人民政府做出了最大的让步。

一些西藏地方高层人士，也为和谈竭力奔走，格达活佛就是其中著名的一位。

格达活佛是西康甘孜白利寺活佛，早在 20 世纪 30 年代，他就与共产党结缘，和朱德更是私交甚笃。1950 年春，当人民解放军抵达甘孜时，格达活佛表示热烈欢迎。

7 月 14 日，格达活佛到达昌都，立即向昌都总管表明他此行之目的，随后又给拉萨的朋友写信，要求促成双方和谈。

格达活佛的一系列活动，让分裂分子甚为恐慌。8 月 13 日，英国驻藏间谍给他喝下毒茶。他中毒之后腹痛不止，口吐黄水，鼻孔流血，留下一句"为求和谈，我死也不悔，只求到拉萨见到达赖"，于 8 月 22 日去世，年仅 48 岁。

而在格达活佛赴昌都之前，西藏地方政府已派出所谓"西藏派赴中国外交代表团"，别有用心地提出要在香港同中央谈判，以拖延时间。毛泽东告诉周恩来："西藏代表必须来京谈判，不要在港谈判，请加注意。"

◑ "兵后又礼"

对于中央政府的种种和平努力，西藏上层分裂势力对此置若罔闻，自恃有外国势力的支持，拒不安排西藏代表团赴京谈判。为了对抗人民解放军进藏，西藏地方当局还大力扩军备战，藏军由原来的 10 个代本（相当于团）扩充为 16 个代本，并动员了大批民兵和僧兵，由藏军司令率领的一批官兵到印度驻江孜兵营接受军事技术训练；还设立了由噶伦亲自主管的军饷局，向人民额外征收军粮；他们还在拉萨、昌都等地建立电台，用藏语、汉语和英语向世界广播，进行分裂祖国和反共的宣传；并将藏军大部分兵力部署在昌都、那曲、丁青及金沙江西岸一线，决心堵死和谈大门，以兵戎相见，阻止我军于金沙江以东，造成军事较量已不可避免的严峻形势。

为了打击西藏顽固势力，促使谈判早日进行，人民解放军进藏部队不得不打响昌都战役。1950 年 10 月 6 日至 24 日，第 18 军一部在青海骑兵支队和第 14 军 1 个团的配合下，于昌都地区歼灭藏军 6 个代本全部和 3 个代本一部，共歼敌 5700 余人。作为藏东政治、经济中心的昌都的解放，给西藏上层反动分裂势力以沉重打击，为和平解决西藏问题铺平了道路。

1950 年 11 月 17 日藏历新年，第 14 世达赖喇嘛在拉萨提前亲政，主张分裂的摄政达扎失势。

1951 年 2 月，经中央人民政府的再三敦促和西藏上层爱国力量的推动，西藏地方政府终于同意派出以阿沛·阿旺晋美为首席全权代表的代表团赴北京进行和平谈判。

经过反复谈判和协商，1951 年 5 月 23 日双方在北京正式签署《中央人民政府和西藏地方政府关于和平解放西藏办法的协议》，简称"十七条协议"。

1951 年 5 月 25 日，毛泽东发出进军西藏的训令。从 7 月中旬起，人民解放军进藏部队分多路由西康、云南、青海、新疆向西藏首府拉萨等地进军，10 月 26 日进驻拉萨。随后，进藏部队抵达日喀则、江孜等边防要地。

1953 年 7 月 16 日，毛泽东在中央政治局会议上谈到解放西藏时不无感慨地说："我们对西藏是先礼后兵，兵后又礼。"

西藏和平解放，是西藏从黑暗走向光明，从分裂走向团结，从落后走向进步的重要转折点，西藏从此进入崭新的历史发展时期。

主要参考资料：

中共西藏自治区委员会党史研究室：《中国共产党西藏历史大事记》第 1 卷，中共党史出版社 2005 年版。

《毛泽东和 5 封电报》，《瞭望东方周刊》2011 年第 23 期。

1952年：

反腐肃贪第一案

　　1932年秋，中国共产党领导组织了河北"高蠡暴动"。暴动失败后，敌人将被俘的19名游击队员，押到县南关操场上。在全城老小都被逼迫前来围观的场面下，用五把铡刀开始血腥大屠杀。顿时，他们的身子被一刀两断。刽子手身上脸上都溅满了鲜血。一直铡到最后一个，一个敌团副见是个小孩，以为抓错了人，就猛地一脚踢出去，放走了这个只有16岁的孩子。

　　这个捡了一条命的孩子，名叫刘青山。

"天下是老子打下来的，享受一点还不应当吗？"

刘青山 15 岁加入中国共产党。1941 年 3 月，刘青山任中共大城县委书记，领导粉碎日伪清剿，使大城县抗日队伍和根据地不断壮大。日伪曾以 1500 块大洋悬赏捉拿他。张子善 19 岁加入中国共产党。1934 年因叛徒出卖而被捕，受到严刑拷打，宁死不屈，以绝食、卧轨的方式与敌人斗争。

刘青山与张子善是老战友了。新中国成立前夕，1949 年 8 月，刘青山调任新组建的河北省天津地委书记，和他"搭班子"的是张子善，当时的地委副书记兼行署专员。那时天津分为天津市和天津地区，后者属河北省委管辖。刘青山、张子善就此成了执掌一方的党委、政府负责人，在历尽艰险走上重要岗位后，他们却走上了腐化蜕变的不归路。刘青山有几句口头禅："天下是老子打下来的，享受一点还不应当吗？""革命胜利啦，老子该享受享受啦！"

在此期间，刘青山、张子善为满足其极端腐化的生活需要，竟利用职权，盗用机场建筑款、救灾粮、救济款，甚至剥削克扣民工工资、骗取银行贷款等，总计达 171 亿元旧币（旧币，1 元人民币相当于 1 万元旧币，折合人民币 171 万元）。按当时的市场物价指数换算，这笔钱可算得上巨款，可以购买将近一吨黄金。

新中国成立之初，全国遍地满目疮痍，百废待兴，因此也有很多权宜之计，所谓的"机关生产"就是其中之一，即中央允许地方政府各显神通，自筹财政。刘青山能赚钱，但凭借的不是经营头脑，而是手中的权力。他与张子善克扣政府以工代赈的救灾款；派人以为灾民造船的名义往东北采购木材，每立方米 72 万元（旧币），这些木材运回天津后，刘青山再把它们转手给政府，每立方米变成了 200 万元（旧币）！

他们在获取非法暴利、大量贪污后，任意浪费挥霍，过着可耻的腐化生活。发财后的刘青山以"养病"为名离开了设在杨柳青的地委大院，搬到了天津城内马场道一栋典雅考究的二层小洋楼里，因而该楼被称为"刘公馆"。

1951 年 11 月下旬，河北省委召开贯彻中央开展"三反"运动精神的第三次党代会，刘青山、张子善的贪污腐化罪行在会上被揭发出来。

🌀 看了这封4A特急电报，毛泽东震怒不已

1951 年 11 月 29 日，一份标有四个字母 A 的特急电报，由中共中央华北局呈达中共中央。

电文传到中南海时已近午夜。中央办公厅按规定程序送到毛泽东的办公桌上时，已经是 11 月 30 日凌晨。

夜间工作、批阅文件是毛泽东多年的习惯。而面前的这封电报，让他震怒不已。

电文的标题是《河北省天津地委贪污浪费现象严重，拟将刘张逮捕法办》。

中国共产党刚刚取得政权，腐败现象就开始滋生，这让毛泽东先是震惊，继而愤怒。他当即以中央名义拟出电报稿，不但回复华北局，而且转发各中央局、分局、省、市、区党委，措辞极为严厉：

华北天津地委前书记刘青山及现书记张子善均是大贪污犯，已经华北局发现，并着手处理，我们认为华北局的方针是正确的。这件事给中央、中央局、分局、省市区党委提出了警告，必须严重地注意干部被资产阶级腐蚀发生严重贪污行为这一事实，注意发现、揭露和惩处，并须当作一场大斗争来处理。

11 月下旬，在河北省委第三次党代会上，作为党代会代表和天津地区代表团团长的张子善被依法被捕；12 月 2 日随"中国青年友好代表团"出访刚刚回国的刘青山在天津的"刘公馆"被依法逮捕。12 月 4 日，二人均被开除党籍。

12 月 14 日，河北省委根据调查和侦讯结果，向华北局提出了对刘青山、张子善的处理意见："我们一致意见处以死刑。"

12 月 20 日，华北局经研究后向党中央提出了处理刘、张的意见："为了维护国家法纪，教育党和人民，我们原则上同意将刘青山、张子善二贪污犯处以死刑（或缓期两年执行），由省人民政府请示政务院批准后执行。"华北局第一书记薄一波回忆说："当时之所以加了'或缓期二年执行'，是考虑到中央决策时可以有回旋的余地。"

河北省委与华北局的意见汇报到了党中央和毛泽东那里。是杀，还是不杀，人们在等待着中央的最后决定。

❸ 黄敬托薄一波求情，毛泽东不准

刘青山、张子善将被处决的消息在内部传开之后，在河北省和天津市的一些干部中引起了极大的震动。尤其是那些当年随着他们二人出生入死闹革命的干部，以战友情谊的关系疾呼："他们是有功之臣，不能杀呀！""可以判个重刑，让他们劳动改造，重新做人。"这些呼声集中反映到当时担任天津市委书记的黄敬那里。黄敬曾任冀中区党委书记，是他们二人的老领导。

于是，黄敬找到当时担任华北局书记的薄一波求情说，"刘、张错误严重，罪有应得，当判重刑。但考虑到他们在战争年代出生入死，有过功劳，在干部中影响较大，是否可以向毛主席说说，不要枪毙，给他们一个改造的机会。"薄一波为难地回答说："中央已经决定了，恐怕不宜再提了。"黄敬坚持要薄一波反映。薄一波只好如实地向毛泽东转述了他的意见。毛泽东听后沉思了一会儿，对薄一波说了这样几句话："正因为他们两人的地位高，功劳大，影响大，所以才要下决心处决他们。只有处决他们，才可能挽救二十个、两百个、两千个、两万个犯有各种不同程度错误的干部。"

薄一波后来在《若干重大决策与事件的回顾》一书中这样评论道：

由此可见毛主席在处理这个问题时所下的决心和所做的深思熟虑，他当时的心思完全倾注在如何维护党的事业上面，如何更好地挽救犯错误干部的多数上面，如何更有效地防止干部队伍的腐化上面。严惩刘青山、张子善的决定的果断作出，实际上是再一次用行动向全社会表明，我们党决不会做李自成！绝不会放任腐败现象滋长下去！绝不会让千千万万先烈用鲜血和生命换来的江山改变颜色！

1952年2月10日，星期日，农历正月十五。刘青山、张子善贪污案公审大会在保定市体育场举行。下午1时30分，河北省人民法院院长宋志毅宣读审判书，刘青山、张子善被押赴保定市东关大校场执行枪决。

处决刘、张后，《人民日报》曾报道了公审大会的消息。这篇报道的出炉，当时还发生了一个插曲。

刘青山在被捕前，以中国青年农民代表的身份参加了世界和平友好理事大会，还当选常务理事，《人民日报》曾做了报道。但没过多久，《人民日报》就又要公布处决刘青山的消息。有报社领导请示说，能不能给"青"字加上三点水，让"刘青山"变成"刘清山"来掩人耳目。毛泽东非常干脆地说："不行！你这个三点水不能加。我们就是要向国内外广泛宣布，我们枪毙的这个刘青山，就是参加国际会议的那个刘青山，是不要水分的刘青山。"

刘青山、张子善贪腐案件的发生和处理，直接推动了全国性"反贪污、反浪费、反官僚主义"斗争的兴起和深入发展，掀起了新中国历史上第一场反腐肃贪风暴。

刘青山、张子善案件，自此成为教育全党的典型案例。直到今天，枪毙刘青山、张子善的两声枪响，依然如警钟般振聋发聩，引人警醒。

主要参考资料：

薄一波：《若干重大决策与事件的回顾》上卷，中共中央党校出版社1991年版。

《洞穿六十余年的反腐回响：再探刘青山、张子善大案》，《河北日报》2014年12月17日。

1953年：

"156项工程"

中华人民共和国成立之初，中国政府面临着恢复和建设经济、巩固国防等重大使命。这时，煤炭、电力供应缺口很大，石油工业落后，制造业远不能满足大规模经济建设和国防所提出的装备需求。正如毛泽东在1954年所说："现在我们能造什么？能造桌子椅子，能造茶碗茶壶，能种粮食，还能磨成面粉，还能造纸，但是，一辆汽车、一架飞机、一辆坦克、一辆拖拉机都不能造。"正是在这样的形势下，中国开始引进苏联和东欧的技术，展开大规模工业化建设。"一五"计划时期经济建设最重要的部分就是苏联帮助设计和建设的"156项工程",这些工程几乎涉及了国民经济的所有重要领域。

🌀 1950年毛泽东首次访苏时确定第一批50个项目

1949年12月6日,新中国成立刚两个多月,毛泽东就开始对莫斯科进行了长达两个月的访问,主要目的是签订新的中苏同盟条约,以及争取苏联的大规模经济援助。毛泽东在莫斯科同斯大林就中苏友好同盟条约问题、苏联对中国贷款问题、两国贸易和贸易协定以及有关两国利益的若干问题进行初步会晤后,周恩来于1950年1月20日率中国政府代表团抵达莫斯科,进行具体的谈判。

通过会谈,1950年2月14日,中苏两国政府正式签署了《中苏友好同盟互助条约》以及《关于苏联贷款给中华人民共和国的协定》等文件。协定规定:苏联以年利1%的优惠条件,向中国提供3亿美元的贷款。当年苏联即开始用这笔贷款向中国提供第一批大型工程项目50个,帮助中国进行国民经济最重要部门的恢复和改造。这50个项目就是156项工程中的第一批。这些项目主要是煤炭、电力等能源工业,钢铁、有色、化工等基础工业和国防工业。

🌀 1952年周恩来访苏时确定第二批91个项目

为了争取苏联的帮助,1952年8月17日,周恩来再次率领中国政府代表团抵达莫斯科访问。中苏双方举行了会谈,斯大林在会谈中表示愿意为中国实现五年计划提供所需要的设备、贷款等援助,同时派出专家,帮助中国进行建设。

在大的原则确定之后,周恩来、陈云等先行回国,政务院财政经济委员会副主任、重工业部部长李富春等留下来继续与苏方商谈苏联援助的具体细节。经过8个月的谈判,1953年5月15日,李富春与苏联部长会议副主席米高扬分别代表两国政府签订了《关于苏维埃社会主义共和国联盟政府援助中华人民共和国中央人民政府发展中国国民经济的协定》,内容包括:在1953～1959年内,苏联援助中国新建与改建91个企业。协议还规定,连同1950年签订的50个项目共141个企业,将在1953年至1959年期间分别开工。

🌑 1954年赫鲁晓夫访华时确定第三批15个项目

赫鲁晓夫接任苏共中央第一书记后，调整对华政策，扩大了经济、科技、文化、军事等领域的援华规模并提升技术含量。20世纪50年代初期，苏联仍处于战争恢复阶段，经济上还算不上富裕。因此，苏联领导层对大规模援华持不同意见，有人担心这会对苏联经济造成不良影响，或引起其他问题。赫鲁晓夫对此做了说服工作和批驳。此后，对于中国工业体系的建立有重要意义的"156项工程"得以全面展开。

1954年9月，以赫鲁晓夫为首的苏联政府代表团应邀来华参加国庆5周年庆典，周恩来等同苏联代表团就中苏关系和国际形势举行会谈。10月11日，双方签订了《中苏关于帮助中华人民共和国政府新建十五项工业企业和扩大原有协定规定的一百四十一项企业设备的供应范围的议定书》和《中苏关于苏维埃政府给予中华人民共和国政府五亿两千万卢布长期贷款的协定》等文件。主要内容是：苏联给予中国5.2亿卢布长期贷款，帮助中国重建15个工业企业，同时扩大原来协定规定的141项企业设备供应范围。

1954年新增的项目大多属于能源、原材料和制造业，中国得到了当时苏联本国多数工厂都没有配备的先进设备。

至此，中苏双方三次共签订156个援建项目，列入"一五"计划。随着"一五"计划的实施，这156个项目在实践中又多次进行调整。

🌑 中国工业化的物质技术基础初步建立

"156项工程"主要分布在哈尔滨、齐齐哈尔、吉林、长春、沈阳、抚顺、包头、西安、洛阳、太原、兰州、成都、武汉、株洲等城市，改变了过去70%左右的工业企业集中在沿海的布局。106个民用工业企业中，有50个设在东北，32个设在中部；44个国防企业有35个布置在中、西部地区，其中21个安排在川陕两省。之所以这样布局，主要是考虑到了以下因素：（1）就近资源。冶金化工企业安排在矿产资源和能源充足的地区；机械工业安排在原材料产地附近。（2）有利于改变经济落后地区面貌。（3）军事上的需要，把新企业布置在后方。薄一波后来回忆说：

审查厂址时，要把厂址标在地图上，并用直线标出它与台湾、南朝鲜、日本等美军基地的距离，说明美国的什么型号的飞机可以攻击到它。可见，从国防考虑，从安全考虑，是当时确定厂址的主要因素之一。

"156项工程"中第一个建成投产的民用工程是郑州第二热电站(1953年投产)，到1962年完成时，除三门峡水利枢纽(1969年建成)以外，所有项目全部建成投产。

应当说，自近代以来，中国工业化的历史上还从没有过这样迅速、这样集中、这样全面、这样系统的行动，在短时间里就进行了如此门类齐全的工业基础建设、完成了以大工业为基础的国民经济体系的根本性改组。"一五"计划的实施，特别是"156项工程"的竣工投产，极大地改变了中国国民经济的技术面貌和部门结构，过去所没有的一些重要工业部门，包括飞机、汽车制造业、重型和精密机械制造业、发电设备制造业以及高级合金钢和有色金属冶炼等，都从无到有地建立起来了。

到1957年底，"156项工程"已开工的达135个，其中建成或部分建成投产的68个。经过5年的建设，我国的工业生产能力获得了极大的提高。按照当时的需求量，钢材的自给率已达86%，机械设备的自给率达60%以上。我国的工程技术力量、工业技术水平和劳动生产率也都有了很大的提高。"一五"时期的工业发展赢得了高速度，到1959年新中国成立十周年时，我国钢产量由世界第26位升至第7位；煤、油从第9位升至第3位；发电量由第25位升至第11位。

"156项工程"及其配套项目的建设，很大程度上改变了我国过去工业倚重沿海的形势，建立起较为完整的基础工业和国防工业体系框架，奠定了我国社会主义工业化的初步基础。

主要参考资料:

《毛泽东文集》第6卷，人民出版社1999年版。

薄一波:《若干重大决策与事件的回顾》上册，中共中央党校出版社1991年版。

1954年：

倡导"和平共处五项原则"

"潘查希拉"，本是古代印度的佛教徒用于描述道德的五条戒律，带有喜庆的意义，自从1954年周恩来总理访问印度、缅甸期间和两国总理先后发表了联合声明之后，用当时中国佛教协会主席赵朴初的话说："原来与佛教有着密切关系的'潘查希拉'，通过和平共处五项原则被赋予了新的内容和新的含义，进而被人们广泛地接受和应用，大大促进了亚非许多民族的友好团结，这是亚洲这个古老的大陆为整个现代国际关系所做的伟大创造。"

周恩来最早提出"和平共处五项原则"

新中国成立初期，改善和发展同新兴民族独立国家、尤其是邻近的民族独立国家的关系，是新中国外交的重要方面。当时，周边一些国家对新中国抱有恐惧和疑虑心理。这不仅因为中国是亚洲地区的大国，而且因为中国当时同周边国家之间还存在着诸如边界、华侨国籍等一些悬而未决的历史问题。此外，这些国家还十分担心和害怕共产主义作为一种国际政治势力对本国的影响。为消除这些国家对新中国的误解，促进新中国外交关系发展，需要制订适合同这一类国家交往的新方针。在此背景下，和平共处五项原则应运而生。

1950 年 4 月 1 日中印正式建交及 1951 年西藏和平解放后，印度政府起初对放弃英国过去在我国西藏地方的一些特权是有保留的。1952 年 2 月 11 日，印度政府向中国发来一份《关于印度在西藏利益现状》的备忘录，共开列了 7 项涉及中国主权的权益。

1953 年 9 月 2 日，印度总理尼赫鲁建议两国政府尽早就此问题进行谈判，周恩来于 10 月 15 日致电印度总理，欢迎印方建议，提出双方的谈判可于 12 月在北京开始举行。

1953 年 12 月 31 日，中印谈判在北京举行。当天晚上，周恩来在西花厅接见了中印双方政府代表团的全体成员，首次系统地提出了和平共处五项原则。他说："新中国成立后就确立了处理中印两国关系的原则，那就是互相尊重领土主权、互不侵犯、互不干涉内政、平等互惠和和平共处的原则。""两个大国之间，特别是像中印这样两个接壤的大国之间，一定会有某些问题。只要根据这些原则，任何业已成熟的悬而未决的问题都可以拿出来谈。"印方同意以此五项原则作为指导谈判的原则。

双方经过 4 个月的谈判，终于在 1954 年 4 月 29 日达成协议，签署了《中印关于中国西藏地方和印度之间的通商和交通协定》和换文。协定在序言中把和平共处五项原则确定为指导两国关系的准则。

中印、中缅共同倡导"和平共处五项原则"

1954 年 6 月 25 日至 28 日，在日内瓦会议休会期间，周恩来应邀对印度进行了 3 天的正式访问，同印度总理尼赫鲁进行了 6 次会谈。

6 月 26 日，在第二天的会谈中，尼赫鲁征求周恩来的意见，询问要他起草的联合声明怎么写。周恩来回答说："我们所强调的五条原则，常常提及是有好处的。我们可以在联合声明中说明这些原则不仅在亚洲、而且在全世界都适用。"尼赫鲁对此表示同意。

6 月 28 日，中印两国总理发表由尼赫鲁起草并经双方会谈商定的联合声明。声明指出：

最近中国和印度曾经达成一项协议。在这一协议中，它们规定了为两国之间关系的某些原则。这些原则是：甲、互相尊重领土主权；乙、互不侵犯；丙、互不干涉内政；丁、平等互利；戊、和平共处。两国总理重申这些原则，并且感到在他们与亚洲以及世界其他国家的关系中也应该适用这些原则。如果这些原则不仅适用于各国之间，而且适用于一般国际关系之中，它们将形成和平和安全的坚固基础，而现时存在的恐惧和疑虑，则将为信任感所代替。

中印两国总理以联合声明的形式提出了和平共处五项原则，重申适用于中印两国之间的关系，并进一步确认"这些原则不仅适用于各国之间，而且适用于一般国际关系之中"。这就是说，和平共处五项原则是适用于整个国际关系的普遍准则。这一主张是对和平共处思想的重大发展。

6 月 28 日，周恩来应邀访问缅甸，同缅甸总理吴努举行了会谈。吴努表示，接受中印联合声明中提出的和平共处五项原则，并把这些原则写进中缅联合声明中。

会谈结束后，6 月 29 日发表中缅两国总理联合声明。声明确认和平共处五项原则，"也应该是指导中国和缅甸之间关系的原则"。

在中印、中缅两个联合声明中，最初五项原则中的"平等互惠"修改成"平等互利"。

1954 年 10 月 12 日，《中华人民共和国和苏维埃社会主义共和国联盟政府联合宣言》指出，两国政府将在与亚太国家和其他国家的关系中严格遵守和平共处五项原则，并把最初提出的第一条原则"互相尊重领土主权"修改为"互相尊重主权和领土完整"。至此，和平共处五项原则的表述最终定型，一直到现在也没有改变。

◆ "和平共处五项原则" 被国际社会普遍接受

中印缅 3 国总理共同倡导的和平共处五项原则，很快受到国际舆论的重视和赞扬，得到许多国家特别是亚非国家的支持和赞同。为了让更多的国家了解和接受，毛泽东、周恩来等中国领导人利用各种机会反复阐明、倡导这五项原则。

1954 年 10 月 11 日，周恩来在会见日本两个访华团时说："五项原则不应该只限于处理中印和中缅关系，它也可以适用于全亚洲，甚至全世界各国。"

1954 年 10 月 19 日至 26 日，毛泽东 3 次会见来访的尼赫鲁，反复指出，尽管思想和社会制度不同，两个政党或是两个国家，完全可以合作。如果丘吉尔的党愿意的话，我们也可以同它合作。我们也愿意同美国合作，只要美国愿意。有的国家怕我们侵略，那么我们就同他交朋友，互不侵犯。毛泽东特别提出："应当把五项原则推广到所有国家的关系中去。"

1955 年 4 月 18 日至 24 日，亚非会议在印度尼西亚的万隆举行，共有占世界人口一半以上的 29 个国家参加。周恩来率领中国代表团应邀参加会议。

4 月 19 日，周恩来在向会议提交的书面发言中指出，"根据互相尊重主权和领土完整、互不侵犯、互不干涉内政、平等互利的原则，社会制度不同的国家是可以实现和平共处的。在保证实施这些原则的基础上，国际间的争端没有理由不能够协商解决"。

在会议就所谓的"共产主义威胁"陷入争论的情况下，针对有些国家的代表对五项原则的措辞和数目的不同看法，周恩来在 4 月 23 日的大会发言中强调，"五项原则的写法可以加以修改，数目也可以增减，因为我们寻求的是把我们的共同愿望肯定下来，以利于保障集体和平"。中国代表团为增进亚非国家的和平共处所表现出的政治耐心和诚意，得到了与会国代表的普遍认可与赞同。会议最终通过的《亚非会议最后公报》倡导的和平相处十原则，不仅包含了和平共处五项原则的内容，而且是对和平共处五项原则的引申和发展，为亚非国家的团结与合作奠定了基础。

此后，许多重要的国际组织、国际会议及国际文件不断引进或重申和平共处五项原则的内容和精神。1957年第十二届联大通过的《各国和平和睦邻关系的决议》中，要求各国"互相尊重和互利，不侵略，互相尊重主权、平等和领土完整，互不干涉内政"。这是五项原则第一次实际上以联大决议的形式得到国际社会的确认。

在社会主义和资本主义两大阵营截然对立的时代，和平共处五项原则超越意识形态和社会制度，主张世界各国在相处中互相监督，实行对等的约束和自我约束，具有法律性和道义性。从那时起，经过半个多世纪的实践检验，和平共处五项原则不仅成为我国对外政策的基石，也逐渐被国际社会普遍接受。

主要参考资料：

周戎：《"潘查希拉"与和平共处五项原则的由来》，《光明日报》2004年6月25日。

刘武生：《周恩来提出和实施和平共处五项原则的历史考察》，《国际政治研究》2004年第2期。

一丁：《国际舞台上的光辉旗帜：和平共处五项原则的产生与发展》，《人民日报》1994年6月19日。

1955年:

新疆维吾尔自治区名称由来

　　新疆古称西域,是古"丝绸之路"的重要通道,自古以来就是中国不可分割的一部分。1955年10月1日,新疆维吾尔自治区成立,首府设在乌鲁木齐市(意为优美的牧场),从此掀开了各民族共同团结奋斗、共同繁荣发展的历史新篇章。

🌙 新中国成立初期对"新疆"名称的争议

1949年9月25日，国民党新疆省警备总司令陶峙岳宣布和平起义。10月12日，人民解放军由玉门出发进军新疆，10月20日，先头部队进驻新疆省会迪化（今乌鲁木齐），新疆和平解放。

新中国成立初期，对这块占中国版图六分之一的国土名称出现争议。"西域"显然不可再用，古西域包括中亚。有人提出"天山省"，但也显然不妥，天山延伸至邻国。中央政府决定仍然沿用清末建省名称"新疆"，少数民族翻译用音译。

10月12日，经中共中央批准，中共中央新疆分局成立，王震任书记。

12月16日，中央人民政府政务院第11次政务会议通过决议，批准新疆省人民政府委员会由33人组成，包尔汉·沙赫德拉任省人民政府主席。

此前，1949年9月21日至30日，中国人民政治协商会议第一届全体会议在北平召开，会议通过了由毛泽东主持起草的《中国人民政治协商会议共同纲领》，其中第六章第五十一条明确规定："各少数民族聚居的地区，应实行民族的区域自治，按照民族聚居的人口多少和区域大小，分别建立各种民族自治机关。"

1951年3月4日，中共中央《关于民族区域自治试行条例（草案）》和中央西北局民族事务委员会征询意见调查大纲下发后，新疆50多名少数民族干部在伊宁召开座谈会，讨论新疆实行民族区域自治的有关问题。参加会议的同志对新疆如何实行民族区域自治发表了各自的意见，少数同志在会上提出成立"维吾尔斯坦自治共和国"等错误主张，会议《纪要》提出了成立"维吾尔斯坦共和国"及其他与民族区域自治政策相违背的错误主张。

1951年4月13日至19日，新疆分局以统一民族政策思想为中心任务的分局扩大会议在迪化召开。与会代表共225人，其中少数民族党员干部120人。会议经过充分讨论，一致认为，伊犁50余人会议上一些人提出的错误主张，应当加以批评。代表们认为，人民解放军进入新疆，使新疆得到解放，各族人民进入了新的民主时代，在政治上实现了民族平等。新疆各族人民当前的要求是发展生产，反对封建地主阶级的压迫和剥削，并没有成立"维吾尔斯坦共和国"的要求。各族人民是拥护中国共产党的领导，拥护全国政协共同纲领，

1955年：新疆维吾尔自治区名称由来

欢迎人民解放军和汉族干部的帮助的。会议结束时，王震代表新疆分局作了总结讲话，他指出：这次会议正确地开展了批评与自我批评，一致拥护中央的民族区域自治政策。

毛泽东起初主张叫"新疆自治区"

1952 年 8 月 8 日，中央人民政府颁布《中华人民共和国民族区域自治实施纲要》，进一步明确了推行民族区域自治的政策和方法。8 月 22 日，新疆省召开了第一届第二次各族各界人民代表大会，并于 9 月 10 日通过了《关于执行〈中华人民共和国民族区域自治实施纲要〉的决议》，成立了由包尔汉·沙赫德拉为主任的新疆省民族区域自治筹备委员会。

1953 年 12 月 22 日，中央人民政府政务院批复同意《新疆省民族区域自治实施办法》，新疆自治地方筹建准备工作有序展开。截至 1954 年，经中央政府批准，新疆完成了州以下自治地方的筹建工作，成立了 5 个自治州，即巴音郭楞蒙古自治州、博尔塔拉蒙古自治州、克孜勒苏柯尔克孜自治州、昌吉回族自治州和伊犁哈萨克自治州；6 个自治县，即焉耆回族自治县、察布查尔锡伯自治县、木垒哈萨克自治县、布克赛尔蒙古自治县、塔什库尔干塔吉克自治县和巴里坤哈萨克自治县。各自治地方的建立为新疆维吾尔自治区的成立奠定了基础。

在筹备过程中，毛泽东曾主张在"自治区"前不冠少数民族的名称。据 2010 年中共中央文献研究室和中共新疆维吾尔自治区委员会合编的《新疆工作文献选编》记载：1953 年 2 月至 3 月，邓小平、习仲勋、李维汉向毛泽东、党中央呈送《关于审批新疆民族区域自治实施计划草案的两份报告》。其中披露，当时对新疆自治区名称有两种意见：一是"新疆维吾尔族自治区"，二是"天山维吾尔族自治区"。毛泽东一开始主张"新疆自治区"的名称，请习仲勋等同志征求包尔汉、赛福鼎等同志的意见。"包无表示，赛不同意"，认为民族区域自治实施纲要上规定民族自治区名称"由民族名称冠以地方名称组成之"。后来，毛泽东同意了新疆自治区冠名增加"维吾尔"族名的意见。

赛福鼎后来回忆说：

1955 年初，我和包尔汉·沙赫德拉在北京开会，习仲勋约见我们。习仲勋对我们说："毛主席要我征求你们两位的意见，将来新疆叫新疆自治区如何？"

我对毛泽东主席如此重视我们的意见非常高兴，于是，开诚布公地说出了自己的看法。我说："自治不是给山川、河流的，而是给某个民族的。所以，它叫'民族区域自治'，因此，'新疆自治区'这个名称不太合适。"我说完后，习仲勋当场表示说："好，我向毛主席报告你的意见。"过了两天，习仲勋又约见我和包尔汉·沙赫德拉，告诉我们说："毛主席同意赛福鼎的意见，应该叫作'新疆维吾尔自治区'，毛主席要我告诉你们。"又过了几天，我遇见李维汉，他对我说："习仲勋向毛主席报告了你的意见后，毛主席作了认真的考虑说：'赛福鼎的意见是对的'。"

同年 2 月 28 日，新疆分局也致电党中央，建议实行民族区域自治后的新疆还是称作"新疆维吾尔自治区"为好。4 月 16 日，中共中央电复新疆分局，决定实行区域自治后的新疆称作"新疆维吾尔自治区"。

新疆维吾尔自治区成立

根据中央指示精神，1955 年 1 月 20 日，新疆分局发出《关于成立省级自治区的指示》。

为了把筹备工作做得更好，新疆分局决定将成立日期由原定 1955 年 5 月 1 日推迟到同年 10 月 1 日。又经过几个月广泛宣传和认真筹备，1955 年 8 月 2 日，省人民政府委员会召开第 28 次扩大会议，决定在省一届二次人代会召开期间成立新疆维吾尔自治区。

9 月 13 日，全国人民代表大会常务委员会举行第 21 次会议，批准国务院总理周恩来提出的议案，决定成立新疆维吾尔自治区，撤销新疆省建制，并以原新疆省的行政区域为新疆维吾尔自治区的行政区域。

1955 年 9 月 20 日至 30 日，新疆省第一届人民代表大会第二次会议隆重举行。会上，中共中央政治局委员、全国政协副主席、最高人民法院院长董必武作为中共中央、中央人民政府代表向大会和即将成立的新疆维吾尔自治区致贺。全国人大、国务院，全国人大民委、国家民委也向大会发来贺电。会议通过了《关于坚决拥护中国共产党中央委员会和中央人民政府代表董必武同志指示的决议》《关于拥护全国人民代表大会常务委员会第二十一次会议关于成立新疆维吾尔自治区、撤销新疆省建制的决议》《中华人民共和国新疆维吾尔自治区各级人民代表大会和各级人民委员会组织条例》等重要文件；选举产生了新疆维吾尔自治区人民委员会，赛福鼎·艾则孜为主席，高锦纯、买买提明·伊敏诺夫、帕提汗·苏古尔巴也夫为副主席。

1955 年 10 月 1 日，在中华人民共和国成立 6 周年大庆之际，在新疆各族人民的欢呼声中，新疆维吾尔自治区宣告成立，翻开了新疆历史的新篇章。

主要参考资料：

中共新疆维吾尔自治区委员会党史委：《中国共产党新疆历史大事记》，新疆人民出版社1993 年版。

中共中央文献研究室、中共新疆维吾尔自治区委员会：《新疆工作文献选编》，中央文献出版社 2010 年版。

赛福鼎·艾则孜：《继往开来，再造辉煌》，《人民日报》1995 年 9 月 28 日。

1956年：

"百花齐放，百家争鸣"

新中国成立后头几年，中国不仅在经济建设领域，而且在意识形态乃至自然科学方面，都积极向苏联学习。这种不顾实际、不加选择的全方位学习，难免会出现教条主义的倾向，有的甚至教条到滑稽可笑的地步。

据陆定一回忆说，曾经一位当过中央人民政府卫生部副部长的老同志，知道了苏联的巴甫洛夫学说之后，要改造中国的医学。他说："中医是封建医，西医（以细胞病理学者微尔啸的学说为主导）是资本主义医，巴甫洛夫是社会主义医。"在这种认识的指导下，持此观点的人坚决反对中医和西医，要求取消一切现在的医院，靠巴甫洛夫的药（只有一种药，就是把兴奋剂和抑制剂混合起来，叫"巴甫洛夫液"）来包治百病。

当时人们对苏联盲目崇拜的态度由此可见一斑。

怎样才能克服教条主义，毛泽东提出的方案是："百花齐放，百家争鸣。"

③ "百花齐放"方针的提出

1950 年 11 月至 12 月召开的全国戏曲工作会议上，发生了京剧和地方戏以哪个为主的争论。1951 年 4 月，中国戏曲研究院成立，毛泽东应梅兰芳之请题词祝贺："百花齐放，推陈出新"。

早在延安时期，对于京剧（曾称平剧）的问题就有些争论，1942 年毛泽东曾为延安平剧研究院的成立题了"推陈出新"四个字，对这个争论起了很好的引导作用。这个题词和 1942 年的题词相比，多了"百花齐放"四个字。这个"百花齐放"是从何而来呢？毛泽东 1956 年 4 月 28 日在政治局扩大会议上说："'百花齐放'是群众中间提出来的，不晓得是谁提出来的。人们要我题词，我就写了'百花齐放，推陈出新'"。当时在座中有人插话：是周扬提出来的。党史专家龚育之曾对此作过考察，指出周扬对人说过，"百花齐放"是戏曲会议上提出来的，他认为很好，向毛泽东同志报告了。1956 年 5 月 2 日毛泽东在最高国务会议上的讲话中再次提到："'百花齐放'是文艺界提出的，后来有人要我写几个字，我就写了'百花齐放，推陈出新'"。

可见，"百花齐放"是群众的智慧，被毛泽东引用，用来指导戏曲界发展，鼓励各种戏曲形式同时并存和发展。

③ "百家争鸣"方针的提出

1953 年 10 月，陈伯达在中国科学院召集的一个会议讲话中指出：最近中央成立的历史问题研究委员会由他负责，历史研究委员会的工作，就从增设历史研究所、办刊物、出一批资料书做起。经讨论决定出版《历史研究》杂志，据与会的刘大年回忆，陈伯达这时特别指出：办刊物必须"百家争鸣"。以前有军阀、财阀、学阀,你们办刊物,不要当"杂志阀"。什么叫"杂志阀"?就是只发表与自己观点相同的文章,不发表观点不同的文章。那不好。要"百家争鸣",这是一个方针问题。刊物要照这个方针去办。

陈伯达在会上没有明白地讲"百家争鸣"方针是党中央的意见,还是他个人的意见。刘大年回忆说,1956 年 1 月,中央召开知识分子问题会议,康生在会上发言,回顾那几年的思想理论工作,就举例说陈伯达提出了"百家争鸣"问题。坐在附近的陈伯达很快递上一个条子,康生照念了。内容是:"百家争鸣"不是我提出的,是中国科学院办历史刊物,我向毛主席请示方针时,毛主席提出的。但是,这只是个人回忆,缺乏史料证据。直到 20 世纪 80 年代,中央文献研究室找到相关档案材料:1956 年 4 月 28 日,陈伯达在中央政治局扩大会议的讨论发言中说:"中央组织了历史研究委员会、文字改革委员会,要我参加委员会的工作。当时请问过主席关于学术界的路线和方针问题,主席提了一个'百家争鸣',我在历史研究会传达了这个口号。"这就印证了刘大年的回忆,表明"百家争鸣"最初的提出是为了解决史学研究问题。

当然,"百家争鸣"这个词也早已有之,1956 年 4 月毛泽东就说:"'百家争鸣',这是两千年以前就有的事。"

🌀 "百花齐放,百家争鸣"方针的出台

20 世纪 50 年代初,"百花齐放"和"百家争鸣"这两个口号只是分别提出,而且"百家争鸣"这个口号并没有公开宣传。把"百花齐放,百家争鸣"确定为我们党在科学文化工作中的重要指导方针,并突出地加以宣传和贯彻,是 1956 年的事情。

当时,一方面,我国生产资料的社会主义改造取得了决定性胜利,党和国家面临的迫切任务,是要调动一切积极因素建设社会主义,迅速发展我国的经济、科学和文化事业。但是,另一方面,在科学文化领域内仍然存在着某些"左"的思想影响,在学术、文化和艺术问题上动辄打棍子、扣帽子的情况时有发生。这与党和国家面临的形势与任务是不相适应的。针对这种情况,党中央和毛泽东提出了这一旨在繁荣科学和文化艺术、调动各方面积极性的方针。

1956 年 2 月,在毛泽东主持召开的一次会议上,中宣部部长陆定一汇报

了当前学术界的情况，谈到在学术研究中存在着抬高某个学派、压制另一个学派的现象。因此，会议决定在科学研究工作中实行"百家争鸣"的方针。

也就在这个时候，1956年2月1日，中宣部给中央写了一个报告，说中山大学党委反映，当时在中国讲学的一位苏联学者，向中国陪同人员谈了他对毛泽东的《新民主主义论》中关于孙中山世界观的论点的不同看法，这有损于我们党负责同志的威信。中宣部请示中央，是否有必要将此事向苏联方面反映。

2月19日，毛泽东批示说："我认为这种自由谈论，不应当去禁止。这是对学术思想的不同意见，什么人都可以谈论，无所谓损害威信。因此，不要向尤金（时任苏联驻华大使）谈此事。如果国内对此类学术问题和任何领导人有不同意见，也不应加以禁止。如果企图禁止，那是完全错误的。"毛泽东在这封信里所表明的态度，对中共中央作出"双百方针"这一决策，显然起了很重要的作用。

4月25日，中共中央召开政治局扩大会议，毛泽东在会上发表了著名的《论十大关系》的讲话。号召"以苏为鉴"，走自己的路。在大会讨论中，陆定一等就科学文化问题发言。陆定一说："一个问题就是对于学术性质、艺术性质、技术性质的问题要让它自由，要把政治思想问题同学术性质的、艺术性质的、技术性质的问题分开来。"毛泽东和周恩来对此表示认同，几次插话，气氛十分活跃。

4月28日，毛泽东在政治局扩大会议上作总结讲话，明确提出："艺术问题上的'百花齐放'，学术问题上的'百家争鸣'，我看应该成为我们的方针。"这就第一次把"百花齐放"和"百家争鸣"放在一起作为科学文化发展的指导方针。

5月2日，在最高国务会议上，毛泽东正式宣布了"百花齐放，百家争鸣"的方针。他说：

在艺术方面的百花齐放的方针，学术方面的百家争鸣的方针，是有必要的。……现在春天来了嘛，一百种花都让它开放，不要只让几种花开放，还有几种花不让它开放，这就叫百花齐放。百家争鸣，是说春秋战国时代，二千年以前那个时候，有许多学派，诸子百家，大家自由争论。现在我们也需要这个。……在中华人民共和国宪法范围之内，各种学术思想，正确的、错误的，让他们去说，不去干涉他们。在刊物上、报纸上可以说各种意见。

1957年2月27日，毛泽东作《关于正确处理人民内部矛盾的问题》的讲话，3月12日作《在中国共产党全国宣传工作会议上的讲话》，这两篇讲话内容进一步系统地论述了"百花齐放、百家争鸣"的方针。他明确宣布："百花齐放，百家争鸣，这是一个基本性的同时也是长期性的方针，不是一个暂时性的方针。"

"双百方针"的提出，犹如一面镜子，折射出一个政治稳定、经济发展、人民团结的国家形象，反映了繁荣文艺、发展科学的时代要求。它同党在科学文化领域的其他重要方针一起，构成我国科学文化事业繁荣进步的根本保证。

主要参考资料：

陆定一：《"百花齐放，百家争鸣"的历史回顾》，《光明日报》1986年5月7日。

中共中央文献研究室：《毛泽东传（1949—1976）》上册，中央文献出版社2003年版。

1957年:

天堑变通途

　　乘京广线列车南下北上,途经武汉,过浩瀚长江,人们一路可以饱览晴川阁、龟山、莲花湖、古琴台、蛇山、黄鹤楼、首义园等风景名胜,观赏壮丽逶迤的长江。武汉长江大桥正是美景尽收眼底的纽带。

　　武汉长江大桥被称为"万里长江第一桥",横跨在湖北武昌蛇山和汉阳龟山之间,是中国在长江上修建的第一座铁路、公路两用桥梁。

🌀 "黄河水，长江桥，治不好，修不了"

在浩瀚的长江上架起一座贯通南北的大桥，变"天堑"为通途，是我国人民的夙愿。20世纪上半叶，自1912年孙中山提出要在地处华中"内联九省，外通海洋"的武汉修建长江大桥后，我国工程技术人员曾先后4次在这里进行测量，然而，在北洋军阀及国民党的反动统治下，每次都只不过停留于测量、设计而已。

"黄河水，长江桥，治不好，修不了。"长江两岸人民吟唱的这首歌谣，恰当地表达了他们这种无奈的心情。这是新中国诞生前修建武汉长江大桥的一部辛酸史。

新中国成立后，修建武汉长江大桥开始由梦幻变为现实。1949年夏天，武汉刚解放不久，铁道部就对旧有的4次测量资料进行了研究。1950年初，中央人民政府指令铁道部在武汉组织筹划修建万里长江第一桥——武汉长江大桥。

第一个五年计划中，伴随大规模经济建设的开始，党和政府正式把修建武汉长江大桥确定为国家在武汉投资兴建的7个重点工程项目中的一项。

为适应建桥的需要，铁道部于1953年4月1日成立了新建铁路工程总局武汉大桥工程局，直接负责武汉长江大桥的设计和施工。

1954年1月21日，周恩来主持召开的政务院第203次政务会议，正式通过《关于修建武汉长江大桥的决定》。自此，修建武汉长江大桥的序幕正式揭开。

1954年7月，由中央出面聘请了以西林为组长的28名桥梁技术专家组成的苏联专家组来华给予技术援助。1955年2月成立了以全国著名桥梁专家茅以升为主任委员的"武汉长江大桥技术顾问委员会"，昔日曾在茅以升领导下参加修建钱塘江大桥的技术骨干和全国各地的知名桥梁专家，基本上调到了大桥局，并在各重要技术岗位上任职，可谓精英荟萃，群贤毕至。

🌀 "大型管柱钻孔法"，使大桥提前2年通车

1953年拟定的武汉长江大桥初步设计，规定采用"气压沉箱法"施工。

这种方法是桥梁深水施工的传统方法，已有百余年的历史，当时还没有哪个国家能突破这种方法施工，在中国也曾多次采用。但长江水势湍急，施工水深达到气压上限，既耽误时间又危及工人生命。正在进退维谷时，苏联专家组组长西林首创了"管柱钻孔法"代替"气压沉箱法"，将桥梁建设从水下施工变为水上施工，这为大桥顺利竣工奠定了基础。

专家们抵汉后，中苏两国桥梁技术专家便开始对新的施工设想进行酝酿探讨，经过4个多月的研究和考察，充分证实了新方案的优越和旧方案的缺点。在获得铁道部批准后，长江大桥工地于1955年1月开始了试验工作。从冬天到夏天，建设者们孜孜不倦地进行了6个多月的试验。为了试验，他们还特地在长江中修建了一个临时性的"试验桥墩"。在那些进行试验的艰苦日子里，日日夜夜奋战在长江上的苏联专家和中国建设者，并肩携手，解决了一系列层出不穷、令人烦恼的技术问题，终于揭开了世界桥梁史上新的一页。在武汉长江大桥工地，"管柱钻孔法"问世了。

"管柱钻孔法"，顾名思义，就是把一种大型钢筋混凝土空心管柱直接沉到江底岩层；然后掏尽管柱里的泥沙，在岩石上钻孔，用钢筋混凝土填实，使之牢固地与江底岩层凝结起来；然后才在上面筑墩架桥。这种施工方法有许多优点，如不受河床岩层性质和形状的影响；浮运工作简单，施工机具需求量小；工程量小，造价低；可在水利和其他工业建设上广泛运用等。而最妙的是，它恰好是针对武汉这一段长江的特点和地质情况设计的：不管水位高低，不管泥沙深浅，也不管岩石性质及其形状如何，全年都可以施工，反正把管柱插进去就是了。还有，全部施工都可以在水面上作业，这就大大地改善了劳动条件，加速了工程进度。

由于大型管柱钻孔法的运用，原计划4年零1个月完工的武汉长江大桥提前2年完成，为国家节约了大量资金。为此，国务院授予西林由周恩来亲笔签署的感谢状，大桥桥头墩的纪念碑上，用铜字铸上了西林等苏联专家的功绩。

☯ "天堑变通途"梦想实现

1955年7月，国务院批准武汉长江大桥技术设计方案、大桥的施工进度计划和总预算。9月1日正式开工建设。

大桥施工后，铁道部又先后从兰新铁路、宝成铁路和上海铁路管理局等10多个单位调来支援长江大桥建设的技术人员和工人2000多人，与原先调来的工人和技术人员以及苏联专家一起，组成了一支建桥大军。桥梁工程由武昌、汉阳两岸向江中同时推进。工地分为两处：汉阳岸为一桥处，武昌岸为二桥处。工地热火朝天，一片繁忙。

1955年12月底，水中8个桥墩已有6个开始施工。其速度之快、质量之好，不仅让中国建设者们感到惊讶，就连见多识广、经验丰富的苏联专家也赞叹不已。这些桥墩或下围图，或插打钢板桩，或下管柱，或在钻岩；机械的隆隆声，吸泥机吐水的哗哗声，装吊工吹笛指挥的"瞿瞿"声，木工斧锤的"嘭嘭"声……奏出了一曲曲令人振奋的交响乐。到1956年春，武汉长江大桥8个桥墩已全面展开施工。

1956年2月22日，第一号桥墩出了水面。1957年3月，大桥正桥桥墩全部胜利建成。

1957年9月25日，武汉长江大桥全部完工。10月15日，武汉长江大桥正式通车，有5万人参加了通车典礼，鞭炮声、奏乐声和欢呼声震撼大江两岸。

武汉长江大桥是当时我国前所未有的巨大桥梁工程，从正式开工到竣工，仅用了两年零1个月的时间，比原计划提前2年。这座上层是公路、下层是铁路的公路铁路两用桥全长1670米，正桥长1156米，有8墩9孔，每孔跨度为128米。其总投资预算为17200万元，实际只用了13840万元，节约近20%。从建桥的速度和节省预算的角度来说，真正是做到了多快好省。

武汉长江大桥的建成，使号称"九省通衢"的武汉市名副其实地成了我国内地交通枢纽。从此，纵贯中国南北的全长2300多公里的京汉、粤汉铁路干线在武汉携手，湘桂、浙赣等铁路都可直接或间接通过大桥与北方各铁路干线连结起来。正如毛泽东《水调歌头·游泳》词中说的"一桥飞架南北，天堑变通途"。工业城市武汉，从此结束了被长江、汉水分割成三个部分的局面。三镇成一统，水陆可联运，极大地方便了武汉人民，有力地支援了国家经济建设。

1958年：

解决台湾问题的"一纲四目"构想 ◢

　　1958年10月13日，毛泽东在会见原国民党中央通讯社记者曹聚仁时表示，只要蒋氏父子能抵制美国，我们可以同他合作；台、澎、金、马要整个回来，可以照原有方式生活，军队可以保存，继续搞三民主义。后来周恩来根据这个谈话精神概括成和平解决台湾问题的"一纲四目"。它为改革开放后"一国两制"方针的形成奠定了重要的思想基础。

新中国成立前后，毛泽东筹划以武力解放台湾

1949年初，随着辽沈、淮海、平津三大战役的胜利，国民党败局已定，党中央、毛泽东估计到国民党可能把最后的落脚点放在台湾，于是作出了解放台湾的战略部署，并明确提出了"解放台湾"的口号。

1949年3月15日，新华社发表了在毛泽东亲自过问下起草的《中国人民一定要解放台湾》的时评，指出，"中国人民（包括台湾人民）将绝对不能容忍国民党反动派把台湾作为最后挣扎的根据地。中国人民解放斗争的任务就是解放全中国，直到解放台湾、海南岛和属于中国的最后一寸土地为止。"这是中国共产党第一次提出"解放台湾"的口号。

新中国成立后不久，中国共产党再次提出"解放台湾"的战斗任务。1949年12月31日，中共中央发表《告前线将士和全国同胞书》，明确提出，"中国人民解放军和中国人民在1950年的光荣战斗任务，就是解放台湾，完成统一中国的事业"。

为此，毛泽东和中共中央做了精心准备。1949年6月，毛泽东两次为中共中央军委起草致华东局和第三野战军兼华东军区副司令员粟裕等电，责成其研究解放台湾问题。粟裕立即着手进行解放台湾的各项准备工作。

1950年6月6日，毛泽东在党的七届三中全会上重申"解放台湾、西藏，跟帝国主义斗争到底"的决心。已于当年5月担任攻台前线总指挥的粟裕在会上也汇报了解放台湾的准备情况和作战方案。

后来由于朝鲜战争爆发，中央军委和毛泽东决定出兵朝鲜，作战任务也由解放台湾、统一祖国转变为抗美援朝，保家卫国，解放台湾的计划因此被搁置。

20世纪50年代中期，毛泽东主张"和平解放台湾"

20世纪50年代中期，海内外形势发生了值得注意的新变化：由于国共两党在坚持一个中国原则，反对美国制造"一中一台""两个中国"的立场上具有高度共识，加之国际形势逐渐走向缓和，毛泽东和党中央开始在解放台湾的方式上展开新的思考和选择，1955年初明确提出了"和平解放台湾"的方针，把工作重点放到促成同台湾国民党当局的和平谈判上来。

1955 年 4 月 23 日，周恩来根据中央的授权，在万隆会议八国代表团团长会议上指出："中国人民解放台湾有两种可能的方式，即战争的方式和和平的方式，中国人民愿意在可能的条件下，争取用和平的方式解放台湾。"这是周恩来代表中国政府第一次向全世界公开提出"和平解放台湾"的方针。

1956年，毛泽东提出"第三次国共合作"的构想

1956 年，中国即将进入全面的社会主义建设时期，这不仅需要一个和平安定的环境，而且要调动一切积极因素参与进来。在这种形势下，中央对台政策相应地发生了进一步的变化。争取用和平方式解放台湾，并且愿意同国民党蒋介石进行第三次合作的思想更加明确，同时提出的政策措施更加具体全面。

1956 年 1 月 25 日，毛泽东在第六次最高国务会议上第一次正式提出了"第三次国共合作"的构想。他说："国共已经合作了两次，我们还准备进行第三次合作。"

6 月 28 日，周恩来在第一届全国人大第三次会议上进一步提出："我们愿意同台湾当局协商和平解放台湾的具体步骤和条件，并且希望台湾当局在他们认为适当的时机，派遣代表到北京或者其他适当的地点，同我们开始这种商谈。"至此，和平解决台湾问题的工作从一般号召进入具体寻求接触和协商的阶段。

7 月 29 日，经毛泽东审阅的中共中央《关于加强和平解放台湾工作的指示》对争取对象规定得更为明确，该文件指出：目前对和平解放台湾的工作，"工作重点应该放在争取台湾实力派及有代表性的人物方面。这就是通过各种线索，采取多样方法，争取以蒋氏父子、陈诚为首的台湾高级军政官员，以便使台湾将来整个归还祖国。"

周恩来根据毛泽东谈话精神概括出"一纲四目"原则

1956 年 10 月，毛泽东、周恩来会见新加坡《南洋商报》特派记者曹聚仁，曹曾在赣南同蒋经国共过事。毛泽东在谈话中表示：如果台湾回归祖国，"一切可以照旧"，台湾"现在可以实行三民主义，可以同大陆通商，但是不要派特务来破坏，我们也不派'红色特务'去破坏他们。谈好了可以订个协议公

布。”“台湾可以派人来大陆看看，公开不好来可秘密来。”毛泽东还说：台湾只要与美断绝关系，可派代表回来参加人民代表大会和政协全国委员会。

1958年10月13日，毛泽东在会见曹聚仁时明确表示：“只要蒋氏父子能抵制美国，我们可以同他合作。”“只要不同美国搞在一起，台、澎、金、马都可由蒋管。”“我们的方针是孤立美国。”“他的军队可以保存，我们不压迫他裁兵，不要他简政，让他搞三民主义。”

毛泽东的这次谈话是对和平解决台湾问题基本方针的重要补充，后来被周恩来概括成为“一纲四目”，于1963年1月4日通过张治中致陈诚的信转达给台湾当局。所谓“一纲”，用张治中的话来说，就是：只要台湾归还祖国，其他一切问题悉尊重总裁（指蒋介石）与兄（指陈诚）意见妥善处理。“四目”是：一，台湾回归祖国后，除外交必须统一于中央外，所有军政大权、人事安排等悉由总裁与兄全权处理；二，所有军政及建设费用，不足之数，悉由中央拨付；三，台湾之社会改革，可以从缓，必俟条件成熟，并尊重总裁与兄意见协商决定，然后进行；四，双方互约不派人进行破坏对方团结之事。

“一纲四目”，实际上是毛泽东、周恩来用和平方式解放台湾构想的具体化，既维护了民族大义，又尊重了台湾的现实情况，是一个合情合理的实现祖国和平统一的方针，因此可以作为国共两党进行商谈的政治基础。

党的十一届三中全会后，随着世界局势日趋缓和以及党的工作重心转移到经济建设上来，以邓小平同志为核心的党的第二代中央领导集体，继承第一代中央领导集体的智慧并创造性地加以发展，提出了“一国两制”的伟大战略方针。它不仅为台湾、香港、澳门回归祖国指明了方向，也为解决国际争端提供了范例。

主要参考资料：

熊华源、单劲松：《毛泽东、周恩来对解决台湾问题的思考和决策》，《党的文献》2009年第6期。

童小鹏：《风雨四十年》（第2部），中央文献出版社1996年版。

中共中央文献研究室：《毛泽东传（1949—1976）》上册，中央文献出版社2003年版。

1959年:

"工业学大庆"

    1959年9月26日，以"松基3井"喜喷工业油流为标志，勘探发现了大庆油田。以铁人王进喜为代表的老一辈石油人，在极其困难的条件下，自力更生、艰苦奋斗，仅用三年时间就拿下大油田，一举甩掉了我国贫油落后的帽子。

➌ "松基3井"一喷惊天

我国石油资源较为丰富，是世界上最早发现和利用石油的国家之一。但旧中国在剥削阶级的反动统治下，石油工业基础极其薄弱，原油产量极低。外国石油公司垄断了中国的石油市场，从中国人民身上榨取了大量的高额利润。

新中国的诞生揭开了中国石油工业的新篇章。

1959年2月11日（阴历正月初四），石油工业部领导余秋里、康世恩和地质部领导何长工、邝伏兆共同研究决定，在松辽平原黑龙江省肇州县大同镇西北部高台子以西打松基3井。该井不是一口普通的井，而是在松辽平原地质调查松基1井、2井没有发现油气之后的第三口基准探井。由于这一口井打出了石油，导致大庆石油会战，最终建成我国最大的油田——大庆油田。

松基3井于1959年4月11日开钻，从井深1050米处开始连续取岩心，在井深1112.2米至1171.5米的岩心中，见到多段油砂岩，含油饱满，并有较浓油味，到1300米时，发现可燃气泡。

7月22日，康世恩和苏联石油部总地质师、著名石油地质专家米尔钦克检查工作来到哈尔滨。当时适逢松基3井已钻到1460米。该井从1112米处开始连续发现油气显示，并已取出含油砂岩岩心，但该井钻井质量不好，有倾斜现象。米尔钦克听取了汇报，仔细察看岩心和电测图，提出松基3井要克服一切困难，按设计要求钻到3200米完钻，再按照苏联的程序，由下而上逐层试油。

康世恩听了专家的意见后说："打井的目的是为了找油，一旦见到油气显示，就马上把它弄明白，不要延误时机。从这口井资料看希望很大，应该停钻试油，尽快确定有无开采价值。"苏联专家当时并不了解康世恩找油心切的心情，激动地说："搞石油勘探要讲究程序，基准井就要完成基准井的任务，按设计要求，完井后才能试油。"康世恩说："这口井才打到1000多米，如果全井取完岩心，起码还得半年，油层被泥浆浸泡时间长了，恐怕油也试不出来了。如果现在试油，有开采价值，可以立即开发。另外，再打一口基准井也可以嘛。"

苏联专家看到自己说服不了康世恩，有些恼火。当时国内对苏联专家的意见一般要尊重执行，很少有人提出异议。而且提前试油，能否见到工业油流，谁也说不准，也有一定的风险。

康世恩为了争取时间发现大油田，自己认真地进行科学分析，坚持已见，反复向米尔钦克解释说明，最终说服了苏联专家。松基3井从9月上旬开始在康世恩的安排下开始试油，并在1959年9月26日下午喷出了棕褐色的原油。在场的职工情不自禁地欢呼跳跃。这一喜讯迅速传遍松辽盆地，传到长春、哈尔滨，传到北京。

松辽地区第一次发现了工业油流，之后，在附近又部署了一批探井，在长达100公里范围钻探，一口一口油井喷出了石油，一个大油田展现在中国人民面前。

当时，适逢全国人民欢庆国庆10周年。11月8日，石油职工在松基3井附近的大同镇召开庆祝大会。黑龙江省委秘书长李剑白提议，把大同改为"大庆"（以免同山西的大同市混同），得到了黑龙江省委第一书记欧阳钦的同意，著名的"大庆油田"宣告诞生。

🌑 "把石油落后的帽子甩到太平洋里去"

1960年2月13日，石油工业部向中央呈报《关于东北松辽地区石油勘探情况和今后工作部署问题的报告》，提出在大庆组织石油会战。2月20日，毛泽东、党中央迅速批准了这个报告。

1960年4月，在余秋里、康世恩等的领导下，石油工业部集中全国30多个石油厂矿、院校的4万名职工，调集7万多吨器材设备，来到了茫茫的大草原。

4月29日，大庆石油会战万人誓师大会在萨尔图广场召开。当日，广场被几万名石油职工挤得水泄不通，铁人王进喜"把石油落后的帽子甩到太平洋里去"的吼声，从这里传遍草原，传遍天涯海角。

那时正值国家"三年经济困难时期"，几万人拥到茫茫草原上，既无房屋，又缺少运输工具，还面临着夏季的阴雨和冬季的严寒，生产、生活极度困难。以铁人王进喜为代表的大庆石油工人，以强烈的爱国主义精神和民族自豪感，发出了"宁肯少活二十年，拼命也要拿下大油田""甩掉石油落后帽子，为中国人民争气"的誓言，并以高度的主人翁责任感和"有条件要上、没有条件创造条件也要上"的革命精神，攻克了生产、生活上的重重难关，终于把会战打了上去。

钻机到了，吊车不够用，几十吨的设备怎么从车上卸下来？王进喜说："咱们一刻也不能等，就是人拉肩扛也要把钻机运到井场。"他们用滚杠加撬杠，靠双手和肩膀，奋战3天3夜，最终，38米高、22吨重的井架迎着寒风矗立荒原。这就是会战史上著名的"人拉肩扛运钻机"。要开钻了，可水管还没有接通。王进喜振臂一呼，带领工人到附近水泡子里破冰取水，硬是用脸盆、水桶，一盆盆、一桶桶地往井场端了50吨水。接着苦干5天5夜，终于打出了大庆第一口喷油井！

第一口油井打好之后，王进喜的腿被滚落的钻杆砸伤，他顾不上住院，挂着拐杖缠着绷带连夜回到井队。第二口油井在即将发生井喷的危急时刻，没有重晶石粉，他当机立断用水泥代替。当时由于没有搅拌机，水泥沉在泥浆池底。王进喜便扔掉双拐，纵身跳进泥浆池，用身体搅拌泥浆。在他的带动下，工友们也纷纷跳进入。经过3个多小时，井喷被制服，保住了油井和钻机，王进喜身上却被碱性很大的泥浆烧起了大泡。

经过3年多时间，高速度、高水平地探明和建设了大庆油田，形成年产600万吨原油的生产能力。1963年，大庆油田产原油439.3万吨，占全国原油产量的67.8%。

1963年12月3日，第二届全国人民代表大会第四次会议新闻公报宣布："我国需要的石油，过去绝大部分依靠进口，现在已经可以基本自给了。"12月26日，《人民日报》在第一版又发表消息指出："中国人民使用'洋油'的时代，即将一去不复返了。"

1964年1月25日，毛泽东向全国人民发出"工业学大庆"的号召。1971年6月20日，《人民日报》发表社论《工业学大庆》。从此，毛泽东和党中央树立的大庆红旗一直在我国工业战线高高飘扬。

主要参考资料：

中共中央文献研究室《缅怀毛泽东》编辑组：《缅怀毛泽东》上册，中央文献出版社1993年版。

1960年：

"人工天河" 红旗渠

　　20世纪60年代，河南省林县（今林州市）人民靠一锤、一钎、一双手，苦干10个年头，硬是在万仞壁立、千峰如削的太行山上，斩断1250个山头，架设152座渡槽，凿通211个隧洞，建成了全长1500公里的"人工天河"红旗渠。

　　20世纪70年代，周恩来曾经自豪地告诉国际友人："新中国有两大奇迹，一个是南京长江大桥，一个是林县红旗渠。"不同的是，南京长江大桥的建设是举全国之力，而"红旗渠是英雄的林县人民用两只手修成的"。

💧 "一部林县志，满卷旱荒史"

"一部林县志，满卷旱荒史"，一个"水"字让世世代代的林县人心心念念。林县位于太行山东麓，历史上严重干旱缺水，年平均降水量只有 670 毫米，且时间分布不均，当地石多土薄，涵水能力差。雨降得多一些，就会造成顺着山势奔腾而下的洪涝灾害；正常年景之下，雨水会很快流走、渗漏殆尽。因而，干旱缺水就成了这里的"正常年景"，"十年九旱"是最写实的描述。

因为缺水，人们不得不翻山越岭去挑水吃。桑耳庄村桑林茂，大年除夕爬上离村七里远的黄崖泉担水，直到傍晚才挑了两担水回来，新过门的儿媳妇摸黑到村边去接，不小心绊倒在石头上，两担水都洒光了。回屋不久，这位新媳妇便羞愧地上吊自尽了。采桑镇狐王洞村王老二，媳妇洗衣服用水多了，婆婆说了几句，媳妇一气之下，上吊自杀。因为缺水，很多山区小伙子娶不上媳妇；因为缺水，林县人惜水如命，有些山村的农民，平时很少洗手脸、洗衣服，只有过年过节、走亲戚时才洗手脸。

1954 年 5 月，杨贵被任命为中共林县县委书记。他积极发动群众挖掘山泉水，管住天上水，开渠、打井，修建中小型水库、塘坝……建起一批水利工程，在生产中发挥了重要作用。然而，1959 年遇到特大旱灾，已修的水利设施无水可引，无水可蓄。在这种情况下，杨贵和县委一班人把寻水的目光移到了林县境外，想到了邻省山西水源丰富的漳河支流浊漳河。1960 年，杨贵率领全县人民以"重新安排林县河山"的万丈豪情，决定把浊漳河的水引到林县来，一个伟大的水利工程建设拉开了帷幕。

💧 千军万马战太行

1960 年 2 月 11 日，农历正月十五元宵节，"引漳入林"工程正式开工了。3.7 万名林县修渠大军，扛着工具，挑着行李，推着小车，从十几个公社向着浊漳河汇集。

根据最后确定的"引漳入林"引水渠路线，渠首设在平顺县侯壁断，主干渠渠尾落在林县坟头岭，全长71公里。侯壁断的海拔只比坟头岭高8.8米，这也就意味着，渠道每延伸8公里，垂直高度才能下降1米。而沿途经过的山体，都比这条渠的海拔高出许多。因此，渠道只能像盘山公路一样，时而挂在半山腰上蜿蜒，时而洞穿山体，穿山而过，像一条蓝色飘带缠绕在"北雄风光最胜处"的太行山上，所以又叫"人工天河"。

当时正逢三年自然灾害时期，在险峻的太行山上修建一项水利工程谈何容易。林县人硬是凭着双手和血肉之躯，风餐露宿，锤砸钎打，在山高石坚的山崖上打出一条引来清水挖断穷根的人工河。

陡峭的山体上，根本没有大型机械施展的空间——即便有，林县人也用不起。他们用的就是镐头和钢钎。

山体上全是坚硬的花岗岩。钢钎竖在上面，几铁锤砸下去，往往只留下几个白点。林县人民生产的钢钎钢质软，用不了多久就会报废。老红军顾贵山去找部队的老首长求援，搞到了一批抗美援朝时挖掘坑道剩下的钢钎。这些高标号的钢钎让挖渠大军如获至宝。他们舍不得将其一次性使用，而是截成几段，焊在原来的钢钎头上，一支变成了几支。

在修建过程中，没有住的地方，修渠的民工就睡在山崖下、石缝中，打土窑、搭席棚。白天干一天，晚上被子潮得不能贴身。在帐篷里睡，半夜醒来，一睁眼，看到满天星，原来席棚顶早被风刮跑了，真是"地为席来天为盖"，修渠10年，整个工地上没有用修渠的钱盖过一间房子；没有工具，民工们就带着家里的铁镢、铁锹、小推车上工地，用双手和这些原始的劳动工具坚持推动着这项大工程；没有石灰，全县便广招烧制石灰的能手，在学习的基础上创新烧灰法，彻底解决了工地用石灰难的问题；没有炸药，全县就招聘制造炸药的人才，办工厂，解决了炸药难的问题；没有水泥，他们又办起了水泥厂，自给自足。依靠群众的智慧和力量，工地还先后办起了机械厂、荆编厂、车辆修配厂等，逐步解决了资金和物资的短缺问题。

在开工8个月后，"引漳入林"第一期工程，即山西段工程竣工通水。仅仅这一段，林县人就斩断了45座山崖，搬掉了13座山头，填平了85道山沟……

⓷ "为有牺牲多壮志"

修建红旗渠，林县人付出的不仅是汗水，还有鲜血和生命。10年建设过程中，共有81位优秀儿女牺牲在红旗渠工地上。

林县水利局技术人员吴祖太被誉为红旗渠的总设计师。在接到设计红旗渠的任务后，不畏艰险，翻山越岭，进行实地勘测。期间他遭遇了母亲病故和妻子救人牺牲的巨大变故，仍没有停下手中的工作，坚持奋斗在红旗渠建设的第一线。1960年3月28日下午，吴祖太听说王家庄隧洞洞顶裂缝掉土严重，深入洞内察看险情，却不幸被洞顶坍塌掉下的巨石砸中，夺去了年仅27岁的生命。

除险队长任羊成，每天腰系大绳，飞崖除险，为崖下修渠民工的安全开路，而自己几次从半崖上摔下来，掉到荆棘窝里，浑身扎满了枣刺，石头落下砸掉了三颗牙，仍不下火线。

青年洞是红旗渠上的咽喉工程，也是总干渠上最大的隧洞之一。长616米，宽6.3米。1960年2月，当总干渠修到狼牙山"小鬼脸"上时，正遇一边高山挡道，一边悬崖峭壁，崖下深处是漳河，除了开山凿洞，别无办法。红旗渠工程指挥部当即决定，组织一支突击队来征服这个天险。300多青年，经过17个月的英勇奋战，终于凿通了这个岩石隧洞。因参加凿洞的突击队员是从全县民工中抽调出来的优秀青年，故将此隧洞取名为"青年洞"。

从1960年2月开始动工，红旗渠于1965年4月总干渠通水，1966年4月3条干渠同时竣工，1969年7月完成干、支、斗渠配套建设。至此，经过10年奋战，以红旗渠为主体的灌溉体系基本形成。

红旗渠的建成，彻底改善了林县人民靠天等雨的恶劣生存环境，有力促进了林州经济社会的健康快速发展。

"自力更生，艰苦创业，团结协作，无私奉献。"半个世纪来，红旗渠水滋润着林州人民，红旗渠精神也永不褪色，成为伟大民族精神的一部分，历久弥新。

主要参考资料：

杨贵：《红旗渠建设的回顾》，《红旗渠志》（第6编 · 附录），北京三联书店1995版。

1961年：

荒原变绿水青山

1961 年 10 月，塞罕坝已是冰天雪地。林业部国营林场管理局副局长、38
岁的"老革命"刘琨率队前来考察，进入茫茫荒野，无路无车，只能骑马。回
程路上，刘琨忧虑地说："这里海拔接近 1500 米，北京海拔只有 40 米左右。
沙尘暴刮到北京不是扬过去的，而是居高临下，成百吨成千吨砸下去的。如今
北京的老城墙都拆了，城区无遮无挡，风沙天越来越多，这种状况必须全力遏
阻，尽快改变，否则首都早晚被黄沙吞没。"

当地干部摇头叹气:"老天爷的事情,咱们管得了吗?"

刘琨17岁投身革命,参加过抗日战争和解放战争,从战火硝烟中走出来的人难免脾气火爆。他大眼一瞪,说:"共产党为老百姓谋福利,就得上管天,下管地,中间还要管空气!"在场的人当笑话听了,无不哈哈大笑——今天证明,刘琨说对了。

刘琨的考察报告惊动了中南海,在当时财政极其困难的情况下,中央下决心拨出一笔巨资,在河北北部开展大规模的防沙造林工程。林业部随即召开专门会议,商定调集一批精兵强将,在塞罕坝等荒漠化严重的地方筹建五个大型机械化林场,以弧线方式构筑一道保卫北京、造林固土的防线。

3 "建场初期的塞罕坝林场,条件异常艰苦"

"塞罕坝"是蒙汉合璧语,意为"美丽的高岭"。历史上,这里水草丰美、森林茂密、鸟兽繁多。公元1681年,清朝康熙皇帝设立木兰围场,作为"哨鹿设围狩猎之地"。塞罕坝是木兰围场的重要组成部分。

清朝末期,国势衰微,内忧外患,为了弥补国库亏空,从19世纪60年代开始,木兰围场开围放垦,树木被大肆砍伐,加之山火不断,到20世纪50年代初期,原始森林已荡然无存。数百里外的京城失去了天然屏障,内蒙古高原的风沙毫无遮挡地南侵,沙尘笼罩成为北京冬春季常见的景象。

1962年2月,"林业部承德塞罕坝机械林场"正式成立。这标志着人工造林工程的开启。

这年3月,一群身穿羊皮大衣、足登毡疙瘩的汉子顶着凛冽寒风,趟着没膝深的积雪来到塞罕坝。白天,他们搭起了第一个窝棚;夜里,他们点燃了第一堆篝火。篝火旁,坐着林场的第一任领导班子成员:从战争年代走过来的党委书记王尚海、场长刘文仕、毕业于北大的技术副场长张启恩、当过副县长的副场长王福明。他们议定:开春就干,没有树苗先跟外地借,机械没到人工先上。

4月下旬,春天来了。四个光杆司令扛着铁锹,率领收编的地方林场员工和周边人民公社的数百名社员,举红旗牵骡马,呼呼啦啦开进荒原,打响了改天换地的第一仗,20多天造林1000亩。瞧着绿油油的小树苗一排排站立在新土上，王尚海拿旧军帽抹抹额上的汗，喜滋滋地说："20 年后保准站起一片好林子！"

谁知，仅仅 20 多天后，九成以上的树苗都蔫头耷脑枯黄了。王尚海气得嗷嗷叫："我就不信这个邪，明年再来！"

1962 年 9 月，由全国 18 个省市的 369 人组成的林场第一代创业者来了。他们用自己的青春和热血在这片荒野上开始书写动人的传奇故事。

"建场初期的塞罕坝林场，条件异常艰苦。"满头银发的塞罕坝林场第一批建设者陈延娴回忆说：

> 房屋不够住，大家就住仓库、马棚、窝棚、干打垒、泥草房，夏天外面下大雨，屋里下小雨。最难熬的是冬天，最冷的时候达到零下 40 摄氏度左右，嗷嗷叫的白毛风一刮，对面看不见人，让人喘不过气来。炕上铺的只有一层莜麦秸子，睡觉要戴上皮帽子，早上起来眉毛、帽子和被子上会落下一层霜。喝的是雪水、雨水和沟塘水，吃的是含有麦芒的黑莜面、土豆和咸菜。在艰苦的工作和生活条件下，不少人都患上了心脑血管病、关节炎、风湿病。

当时还笼罩在三年困难时期的愁云惨雾中，缺吃少穿，人们面黄肌瘦。严寒的冬天里，马架子和窝棚被厚厚的积雪压塌是常有的事，地窖阴冷潮湿。入冬大雪封山，职工大半年被困在山里，没电没路，完全与世隔绝。天天跑荒原穿草莽，衣服被剐得千疮百孔，不会缝补的男人就用线绳把窟窿扎起来，远看活像一只只大刺猬。

当年的马架子宿舍门前，还有这样一副对联：

> 一日三餐有味无味无所谓，
> 爬冰卧雪冷乎冻乎不在乎。

"无所谓""不在乎"，这些看似轻松却饱含着眼泪和痛苦的词句，表现了塞罕坝人勇敢、乐观、坚韧不拔的精神。

为了植树造林，塞罕坝人真是拼了！

由于连年乱砍滥伐，当时的塞罕坝已成了人迹罕至的荒漠。"一年一场风，年始到年终"，加之年平均气温零下 1.2 摄氏度，最低气温零下 43 摄氏度，年均积雪达 169 天，树木很难成活。第一年栽下的树苗成活率不足 8%。

1963 年春，林场第二次造林 1240 亩，成活率仍不足 8%。连续两年的失败让塞罕坝人灰心丧气。造林没希望，环境又恶劣，投资也不足，林场干脆解散算了。

"山上能自然生长松树，我不信机械造林不活！"党交给的任务，无论多么艰巨，王尚海都保证一定要完成好！

经过无数次摸索和实践，塞罕坝人发现问题出在了传统的遮阴育苗法上，便改为全光育苗，首次就取得成功。后又摸索出培育"大胡子、矮胖子"优质壮苗的技术要领，育苗数量和产成苗数量成倍提升。

1964 年 4 月 20 日，王尚海带领精心挑选的 120 名员工，挺进"马蹄坑"，开展"造林大会战"。4 月的塞罕坝，白天平均气温零下 2 摄氏度。每个人的雨衣外面都溅满了泥浆，冻成了冰甲，走起路来，咣咣直响。30 多个昼夜奋战，近千亩落叶松小苗扎根"马蹄坑"，成活率高达 95%，塞罕坝人终于在这片土地上栽下了第一片林子。

全林场信心大振，大面积造林时代开启。创业者们开拖拉机加植苗机，像开着钢铁战车，一往无前、气势磅礴地向着茫茫荒野猛烈推进。

即使在"文化大革命"期间，塞罕坝人也没忘记自己的使命，至 1976 年全场累计造林 70 万亩，是河北省 8 个林场中唯一完成造林指标的单位。但此后打击接踵而来：1977 年，林场遭遇历史上罕见的"雪凇"灾害，57 万亩林木一夜之间被压弯折断，15 年的劳动成果损失过半。1980 年，遭遇百年不遇的百天大旱，12.6 万亩树木枯死。塞罕坝人眼看自己用心血汗水浇灌的大片林木毁于一旦，多少人痛哭失声。哭过之后，他们擦干眼泪，从头再来。他们不断探索，外出取经，一年一次的春季造林又变成春秋两季造林——塞罕坝人真是拼了！

塞罕坝自然条件恶劣，医疗卫生设施严重匮乏，心血管疾病、风湿病、意外事故等频发，病人却无法得到及时的看护与治疗。1962 年上坝的那一批学生多数已英年早逝，去世时平均年龄只有 52 岁。"一晃就几十年过去了，老同学一个个都走了，没几个像我活这么久。"2016 年，75 岁的李秀珠回首当年，眼角有些湿润。

塞罕坝人燃烧的生命，并没有随着时间的消逝而被人遗忘，他们永远矗立在这片土地上：是他们营造出了 112 万亩的世界最大人工林，使塞罕坝森林覆盖率达到 80%，每年向京津地区净化输送清洁淡水 1.37 亿立方米，固碳 74.7 万吨，释放氧气 54.5 万吨，成为守卫京津的重要生态屏障。

从荒原沙地到百万亩人工林海，塞罕坝林场三代人用青春和汗水构筑了一道为京津阻沙源、涵水源的绿色长城，创造了中国北方高寒沙地生态建设史上的绿色奇迹。2017 年 8 月，习近平指出，塞罕坝林场的建设者们听从党的召唤，在"黄沙遮天日，飞鸟无栖树"的荒漠沙地上艰苦奋斗、甘于奉献，创造了荒原变林海的人间奇迹，用实际行动诠释了绿水青山就是金山银山的理念，铸就了牢记使命、艰苦创业、绿色发展的塞罕坝精神。他们的事迹感人至深，是推进生态文明建设的一个生动范例。

主要参考资料：

蒋巍：《塞罕坝的意义》，《人民日报》2017 年 9 月 20 日。

刘毅、李志伟：《他们为何能站上联合国领奖台》，《人民日报》2017 年 12 月 8 日。

李青松：《塞罕坝时间》，《人民日报》2017 年 8 月 11 日。

段宗宝、朱悦俊：《河北塞罕坝林场：从一棵树到百万亩人工绿海》，《人民日报》2016 年 5 月 1 日。

1962年:

七千人大会上作自我批评

1962年1月11日至2月7日，中共中央在北京举行扩大的工作会议。参加会议的有中央、各中央局、各省市自治区党委及地委、县委、重要厂矿企业和军队的负责干部，共7000多人，这是中国共产党成立以来举行的规模最大的工作会议。人们习惯地称它为"七千人大会"。

为了"打通思想",毛泽东决定把全国县委书记都请来开会

召开如此大规模的会议,原本是为解决粮食紧缺这个当时非常具体而又重大的难题。1958 年开始的"大跃进"运动和 1960 年的严重自然灾害,造成全国粮食全面紧张,粮食征购计划无法完成;到 1961 年 11 月中旬,只完成当年任务的 20%,京、津、沪三大城市随时有断粮的可能。

为解决这个从 1954 年实行粮食统购统销政策以来从未遇到过的困难,党中央专门提请六个中央局第一书记会议商讨办法。结果与会者多表现出畏难情绪,怕答应了中央要求的粮食征购数目后回去难以落实。中南局书记陶铸提出,干脆把全国的地委书记请到北京来开一次会,以"打通思想"。毛泽东不仅同意了陶铸这个提议,还决定再扩大规模,把县委书记们也请来。这就是有7000 多人参加的扩大的中央工作会议的由来。

1962 年 1 月 11 日,七千人大会正式开始。刘少奇代表中央向大会提出的书面报告草稿,比较系统地初步总结了"大跃进"以来经济建设工作的基本经验教训,认为产生缺点错误的原因,一方面是由于在建设工作中经验不够,另一方面是几年来党内不少领导同志不够谦虚谨慎,违反党的实事求是和群众路线的传统作风,削弱了民主集中制原则,妨碍了党及时地尽早地发现问题和纠正错误。这些看法,使我们党在勇敢地正视现实、实事求是地认识"大跃进"以来实际工作和指导思想上的错误这一道路上,又向前迈进了一步。

刘少奇报告印发后,分组讨论进行得很热烈。

1 月 29 日下午,有许多人反映,话还没有说完,还憋着一肚子气要出。有的组还反映,会上有人压制民主,不让讲话。毛泽东和其他政治局常委商量后,决心让大家把要讲的话都讲出来,把"气"出完,在北京过一个"革命化的春节",获得全场极为热烈的鼓掌。

毛泽东这样解释他的决定:"不出气,统一不起来。没有民主,就不可能有集中。因为气都没有出嘛,积极性怎么能调动起来?到中央开会还不敢讲话,回到地方就更不敢讲话了。"毛泽东幽默定性"出气会":"白天出气,晚上看戏,两干一稀,大家满意。"毛泽东想通过"交心、出气"的方式达到另一个变局——让人讲真话,加强民主集中制,变上下交心为上下同心。

毛泽东强调"要让人家讲话"，要通过发扬民主来实现集中

1962 年 1 月 30 日下午，毛泽东在全体大会上发表讲话，他没有讲话稿，甚至连一个真正的提纲也没有，他的这个口头报告再次把整个会议推向高潮。

在这次大会上，有些领导同志不愿作自我批评，更不允许他人提意见。而那些受过委屈的同志则心中不快，这必将影响上下级之间、同志之间的团结，影响党的战斗力，毛泽东因此提出延长会期，开"出气会"，他的讲话就从坚持民主集中制原则的高度开始。

毛泽东这次讲民主集中制问题，与其说强调集中，不如说更强调民主。他说："不论党内党外，都要有充分的民主生活，就是说，都要认真实行民主集中制。"

他还批评说："我们有些同志，听不得相反的意见，批评不得。这是很不对的。在我们这次会议中间，有一个省，会本来是开得生动活泼的，省委书记到那里一坐，鸦雀无声，大家不讲话了。这位省委书记同志，你坐到那里去干什么呢？为什么不坐到自己房子里想一想问题，让人家去纷纷议论呢？平素养成了这样一种风气，当着你的面不敢讲话，那末，你就应当回避一下。"

在会上，毛泽东举了刘邦项羽争霸的例子。他说，西楚霸王项羽，就不爱听别人的不同意见。在同刘邦争夺天下时，他最后垮台了。我们这些同志如果不改，最后难免有一天也会像项羽一样垮台的。他针对有人不能接受批评的情况说："你老虎屁股真是摸不得吗？偏要摸！""不负责任，怕负责任，不许人讲话，老虎屁股摸不得，凡是采取这种态度的人，十个就有十个要失败。人家总是要讲的。"

由批评（出气）到自我批评，毛泽东成功地把握了这一转折

"大跃进"运动是毛泽东领导发动的，是想在较短时间内一下子把中国经济搞上去，打个翻身仗。但这个重大决策，违背经济规律，遭遇到重大挫折。对此，毛泽东是很内疚的。他也是党内高层中较早发现其中的问题，并努力进

行纠正的。从 1958 年冬发现"大跃进"运动中存在的弊端开始，一直到晚年，毛泽东曾在多种场合不下 50 次谈论这场运动的失误和教训，这在《毛泽东年谱（1949—1976）》中有大量的记载。

1959 年初，他在第二次郑州会议上开始承认对于搞经济建设还是小孩子，从 1958 年 9 月起，有一个很大的冒进主义错误，他表示要为错误承担主要责任。他说："这个责任我们得担负起来，原先这个稿子说了，我本人就是没搞清楚，有责任。"

1959 年 6 月 12 日，他在中央政治局扩大会议上说："看来，我第一次抓工业，像我 1927 年搞秋收起义时那样，第一仗打了败仗。"

1959 年 7 月，毛泽东在庐山会议上对杨尚昆说："去年犯了错误，每个人都有责任，首先是我。"

1960 年 6 月 18 日，毛泽东说："我本人也有过许多错误，有些是和当事人一同犯了的。"

1961 年 6 月 12 日，毛泽东在中央工作会议上再一次做了自我批评，并要求传达到各省、各地方去。

1961 年 11 月，毛泽东提出召开七千人大会的目的之一，就是要向全党交代，过去几年中央犯了错误，并向大会进行自我批评。他说：几年来中央在工作上犯了什么错误，要讲。这几年各省只讲自己错，不讲中央错，这不符合事实，要用这次大会讲清楚，还要承担责任。

毛泽东正是怀着这样一种自我批评的精神，在大会上说：

同志们，我们是干革命的，如果真正犯了错误，这种错误是不利于党的事业，不利于人民的事业的，就应当征求人民群众和同志们的意见，并且自己做检讨。

去年 6 月 12 日，在中央北京工作会议的最后一天，我讲了自己的缺点和错误。我说，请同志们传达到各省、各地方去。事后知道，许多地方没有传达。似乎我的错误就可以隐瞒，而且应当隐瞒。同志们，不能隐瞒。凡是中央犯的错误，直接的归我负责，间接的我也有份，因为我是中央主席。我不是要别人推卸责任，其他一些同志也有责任，但第一个负责的应当是我。

拿我来说，经济建设工作中间的许多问题，还不懂得。工业、商业，我就不大懂。别人比我懂，少奇同志比我懂，恩来同志比我懂，小平同志比我懂。陈云同志，特别是他，懂得较多。对于农业，我懂得一点。但是也只是比较地懂得，还是懂得不多。……我注意得较多的是制度方面的问题，生产关系方面的问题，至于生产力方面，我的知识很少。

毛泽东的自我批评，在会上引起震动。当时会上有这样的评价："毛主席绝对正确，有些事办错了，也是歪嘴和尚念错经，是下面的错。"有人当场表示："听了主席的讲话，只有一条意见，就是他老人家不该做检讨，我们把工作做坏了，为什么叫他老人家检讨呢？"说到这里，会上很多同志感动得流下眼泪。还有一些地委书记、县委书记激动地说："主席都检讨了，我们还有什么说的？"

党的主要领导人在如此广大的范围内作诚恳的自我批评，深深地感动了全体与会者。各省市自治区负责人和中央各主要部门负责人，也都在这次会上作了自我批评。由批评（出气）到自我批评，毛泽东成功地把握了这一转折，从而使七千人大会实现了克服歧见、上下同心的既定目标。

七千人大会，是一次总结大会，又是一次动员大会。通过这次会议，大家精神振奋，团结一致，积极投入到恢复和发展生产、克服经济困难的斗争中去。

主要参考资料：

中共中央文献研究室：《毛泽东传（1949—1976）》下册，中央文献出版社 2003 年版。

《毛泽东文集》第 8 卷，人民出版社 1999 年版。

张素华：《变局：七千人大会始末》，中国青年出版社 2006 年版。

中共中央文献研究室：《毛泽东年谱（1949—1976）》第 3 卷，中央文献出版社 2013 年版。

1963年：

"向雷锋同志学习"

　　他只活了22岁，但在中国家喻户晓，领袖题词号召人民向他学习。他的事迹不仅打动了他同时代的人，也感动着他身后一代又一代的人。他，就是雷锋。

● "孤儿" "工人" "解放军"

1940年，雷锋生于湖南望城一个穷苦农民家庭，7岁时成了孤儿，饱受旧社会的苦难。1949年8月，家乡获得解放后，雷锋加入了儿童团，当了儿童团长。

在抚顺雷锋纪念馆里，有一张1950年颁发给雷锋的土地证。新中国成立前，雷家几代人租种地主家的田，也没落下一寸土地。

1956年雷锋小学毕业，考上中学。就在这一年，雷锋主动要去农村。但是雷锋当农民的时间并不长，因他读书识字，被借调到乡政府，成为一名公务员。

根据雷锋当年的同事回忆，雷锋对谁都非常热情。在望城县机关仅仅工作两年，雷锋却三次被评为模范工作者。1957年，他光荣地加入共青团。在望城县发动干部为国营农场购买拖拉机捐款时，雷锋把攒了一年多准备买被子的20元钱捐了出去。不久，雷锋被选派到农场学习拖拉机驾驶技术。

1958年10月，辽宁鞍山钢铁公司到望城招工。雷锋毫不犹豫地报了名。11月15日，18岁的雷锋来到鞍钢。在这里他结识了乔安山，他们一起工作、生活了近4年。工友时同住过一间宿舍；入伍后进了同一个班，开同一辆车。在雷锋牺牲半个世纪后，乔安山回忆起当年和雷锋在一起的日子，讲到激动处，眼眶里闪着泪花：

我和雷锋曾经是工友、战友、好朋友，他也是我的大哥。我俩感情非常好，他给我买过书、买过笔记本，教我学文化，给我的太多太多。……雷锋个子不高，但很精神，身体很结实，干什么都是一副兴冲冲的样子。……一说到工作，说到生产，说到如何提高劳动技能，他就变得很兴奋，小小的个子，却总有使不完的劲儿。

在鞍钢期间，雷锋已经拿到每月30多元的工资，他没有亲人，也就没有家庭负担……他是当时工人中比较富裕的一个。生活勤俭的他便把钱存起来，只要谁有困难，他便帮助谁。

1959年11月14日的一场夜雨，让乔安山进一步认识到雷锋同志"思想特别好"。当晚，乔安山被雷锋叫醒，当时窗外电闪雷鸣，雨声滴答。雷锋大声说，他见工地上有好多水泥，如果遭雨淋就完了，他要乔安山跟他招呼大伙"抢救国家财产去"，于是，乔安山跟着他逐间敲门喊人起床。大家用雨衣、苫布、席子遮盖水泥，雷锋见盖不住，又脱下棉衣，然后跑回宿舍抱来了他的被子……7200 袋水泥被及时遮盖了。

雷锋在日记中记载了这一天的事："经过一场紧张的战斗，避免了国家财产受到重大损失。很高兴自己能为国家为党做了一点点工作。"组织上敏感地捕捉到这件事情中所蕴含的时代意义——社会主义建设中的主人翁精神的垂范作用。于是《矿报》刊登了雷锋"雨夜抢救国家财产"的事迹。这是雷锋的名字首次在小范围内彰显。

1960 年 1 月，雷锋应征入伍，同年 11 月加入中国共产党。入伍后，雷锋平时穿着打着补丁的军装和袜子，一个月只花 5 角钱买必备的牙膏等物品。然而，当抚顺和辽阳等地区遭到洪水灾害，每月津贴仅 6 元的他，却一下捐出了相当于 33 个月的津贴——200 元钱。

"人民的困难，就是咱们的困难……"雷锋和乔安山说过的话，久久回荡在他的耳畔。从相识到牺牲，乔安山的记忆中，雷锋总是在笑呵呵地缝补衣物、津津有味地捧着书本，不抽烟、不喝酒、不爱下馆子，甚至没来得及谈一场恋爱。

当时运输连有一辆抗美援朝时期苏联卖给中国的"嘎斯"51 型卡车，机件磨损严重，是全连有名的"耗油大王"。其他战友都不愿意要这辆车，而雷锋却主动申请驾驶。

为了根治这辆车耗油的毛病，雷锋牺牲了不少的休息时间，逐渐摸索出一套节油的窍门，例如汽车行驶中充分利用滑轮的惯性，汽车起步前不轰大油门，保养汽车时不用汽油清洗零件等，经过雷锋的精心维护和保养，这辆车变成了节能标兵车。

在乔安山的记忆中，雷锋活泼、开朗，爱唱爱跳。用乔安山的话说："雷锋的性格非常可爱。"雷锋的湖南口音重，歌也唱得不咋的，但每次班里排演节目，他总是抢着参加。虽是闻名全军区的先进，但雷锋没有一点架子。班里的战士见他憨厚、乐于助人，星期天放假上街时，把脏衣物丢给他，雷锋就吭哧吭哧全洗了，没有一点生气的样子。

乔安山记得，由于班里种的大白菜长蜜虫，须用烟丝泡水杀虫。周末班会上，雷锋笑眯眯地说："明天全班上街——"说到这里，他故意停下来，班里战士既兴奋又奇怪："怎么全班可以一起逛街？"看着大家急切的表情，雷锋才忍住笑说出后面三个字："捡—烟—头！"雷锋当时那说话的神态、活泼的样子一直清晰地印在乔安山的脑海里。

❸ 毛泽东题词背后的故事

1962 年 8 月 15 日，雷锋在执行运输任务时不幸殉职。

1963 年 3 月 5 日，《人民日报》一版发表了毛泽东题词"向雷锋同志学习"。

毛泽东一生只给三个人题过词——白求恩、刘胡兰和雷锋，而新中国成立以后，只有雷锋同志获此殊荣。

"向雷锋同志学习"题词，最早刊发在《中国青年》杂志。关于题词的经过，毛泽东的秘书林克是经办人，他回忆道：

记得大约在 1963 年 2 月中旬的某一天，《中国青年》杂志准备出版一期学雷锋专辑，该杂志编辑部给主席写了一封信，请他为学雷锋题词。我收到这封信时，主席正在北京，住在中南海丰泽园的菊香书屋院内。当天，值班警卫打电话告诉我，主席已经醒了。我立即拿出已选好要送给他批办和阅处的文件及资料，其中有《中国青年》杂志请主席题词的信，来到主席的寝室，向他汇报了需要批阅的文件、重大的国际新闻，也提到了《中国青年》杂志请他题词的信。

2 月 22 日，主席睡醒以后，值班警卫员打电话告诉我，主席让我去一下。我带着事先选好的文件、资料匆匆来到主席的寝室。主席正穿着睡衣斜倚在床栏上看文件，看见我到了身旁，便放下了手中的文件。我随即将新文件放到他床头的长桌上。他示意我坐下，我便在他床前一张藤桌旁的椅子上坐下来。这时，主席从他左半边床的书堆上拿起了一张信纸递给我。我一看，只见他已在纸上用毛笔书写了"向雷锋同志学习"七个潇洒苍劲的行草字。我为他拟的十来个题词，他一个也未用。这时，他吸了一口香烟，从容地带着询问的目光问道："你看行吗？"我爽朗地回答说："写得很好，而且非常概括。"主席好像要解释为什么没有采用我拟的题词这一疑问似的，接着说道，学雷锋不是学他哪一两件先进事迹，也不只是学他的某一方面的优点，而是要学他的好思想、好作风、好品德；学习他长期一贯地做好事，而不做坏事；学习他一切从人民的利益出发，全心全意为人民服务的精神。当然，学雷锋要实事求是，扎扎实实，讲究实效，不要搞形式主义。不但普通干部、群众学雷锋，领导干部也要带头学，才能形成好风气。

1963 年 3 月 2 日，《中国青年》杂志首先刊登了主席"向雷锋同志学习"的题词。3 月 5 日，《人民日报》《解放军报》《光明日报》《中国青年报》等都刊登了主席的题词手迹。

从此，雷锋成为中国道德星空中的最美星辰，雷锋精神成为中国人民宝贵的精神财富。

主要参考资料：

王国平：《告诉你一个真实的雷锋》，《华西都市报》2016 年 3 月 5 日。

余玮：《乔安山：深情回忆和雷锋在一起的日子里》，《党史纵览》2012 年 9 期。

林克：《毛泽东同志为雷锋题词经过》，《人民日报》1993 年 3 月 5 日。

为早日实现四个现代化贡献力量

1964年：

"四个现代化"宏伟目标的提出

在共和国历史上，实现"四个现代化"的宏伟目标，曾激励、鼓舞过几代中华儿女，成为无数中国人憧憬向往的崇高理想。这一奋斗目标的形成和确立，经历了一个长期的历史过程，它凝聚着毛泽东、周恩来等老一辈无产阶级革命家的心血和智慧。

从"三个现代化"到"四个现代化"

近代以来，中国无数仁人志士为实现强国富民的现代化梦想，先后提出"工业救国""教育救国"等主张。以毛泽东为代表的共产党人对中国社会现代化进行了不懈探索。最初，党对现代化的认识是与实现社会主义工业化紧密联系的。早在中共七大和七届二中全会上，毛泽东就指出，革命胜利以后，要"使中国稳步地由农业国转变为工业国"。随着实践的发展和认识的深化，党对国家建设的战略性目标逐渐清晰起来。

1954年9月15日，毛泽东在第一届全国人大第一次会议上致开幕词时说："准备在几个五年计划之内，将我们现在这样一个经济上文化上落后的国家，建设成为一个工业化的具有高度现代文化程度的伟大的国家。"周恩来在这次会上所作的《政府工作报告》中，从"摆脱落后和贫困"必须具备的条件出发，提出要"建设起强大的现代化的工业、现代化的农业、现代化的交通运输业和现代化的国防"。这是新中国领导人关于"四个现代化"的最早提法。

1957年二三月间，毛泽东在《关于正确处理人民内部矛盾的问题》和《在中国共产党全国宣传工作会议上的讲话》中，两次提及"三化"，就是要将我国建设成为"一个具有现代工业、现代农业和现代科学文化的社会主义国家"。这个表述，不再把工业能够涵盖的交通运输业单列为现代化的一项内容，而是把"现代科学文化"列入了实现中国现代化的整体构想之中，现代化的内容更丰富。1958年召开的党的八大二次会议，沿用了这个"三个现代化"提法。

1963年1月29日，周恩来在上海市科学技术工作会议上的讲话中谈到"四个现代化"时，将"科学文化现代化"改为"科学技术现代化"。这样就表述为："我们要实现农业现代化、工业现代化、国防现代化和科学技术现代化，把我们祖国建设成为一个社会主义强国。"

这样，"四个现代化"的基本内容完整地提了出来。

"四个现代化"被正式确定为我国社会主义建设的战略目标

"四个现代化"战略目标的提出，经过了以毛泽东为代表的中国共产党人对社会主义建设道路的深入探索和对中外发展经验的总结，通过反复权衡和深思熟虑，最终被确定下来。它成为鼓舞全国人民奋发图强的精神力量，更是中国人民通过努力奋斗可以达到的未来建设目标。实现了"四个现代化"，中华民族便当之无愧地自立于世界民族之林。因此，1964 年 12 月 13 日，毛泽东在审阅周恩来主持起草的《政府工作报告》初稿时，特意加写了如下一段话：

我们不能走世界各国技术发展的老路，跟在别人后面一步一步地爬行。我们必须打破常规，尽量采用先进技术，在一个不太长的历史时期内，把我国建设成为一个社会主义的现代化的强国。我们所说的大跃进，就是这个意思。难道这是做不到的吗？是吹牛皮、放大炮吗？不，是做得到的。既不是吹牛皮，也不是放大炮。只要看我们的历史就可以知道了。我们不是在我们的国家里把貌似强大的帝国主义、封建主义、资本主义从基本上打倒了吗？我们不是从一个一穷二白的基地上经过十五年的努力，在社会主义革命和社会主义建设的各方面，也达到了可观的水平吗？我们不是也爆炸了一颗原子弹吗？过去西方人加给我们的所谓东方病夫的称号，现在不是抛掉了吗？为什么西方资产阶级能够做到的事，东方无产阶级就不能够做到呢？中国大革命家，我们的先辈孙中山先生，在本世纪初期就说过，中国将要出现一个大跃进。他的这种预见，必将在几十年的时间内实现。这是一种必然趋势，是任何反动势力所阻挡不了的。

政府工作报告稿上有一句话是："我们应当更有信心用比较不太长的时间，赶上科学技术先进国家的水平。"毛泽东认为，只讲"赶上"还不行，还要讲"超过"。于是把这句话改为："我们应当更有信心用比较不太长的时间，赶上和超过科学技术先进国家的水平。简单地说，我们必须用几十年时间，赶上和超过西方资产阶级用几百年时间才能达到的水平。"毛泽东加写和修改的这两段话，反映了他对发展和振兴中国的理想和信念。

在 1964 年底到 1965 年初召开的第三届全国人大第一次会议上，"四个现代化"被正式确定为我国社会主义现代化建设的战略目标。1964 年 12 月 21 日，周恩来在会上所作的《政府工作报告》中正式公布了"四个现代化"：我们今后发展国民经济的主要任务，"就是要在不太长的历史时期内，把我国建设成为一个具有现代农业、现代工业、现代国防和现代科学技术的社会主义强国，赶上和超过世界先进水平。"他同时提出，要在20世纪内分两步实现四个现代化，即"第一步，建立一个独立的比较完整的工业体系和国民经济体系；第二步，全面实现农业、工业、国防和科学技术的现代化，使我国经济走在世界的前列"。从此，四个现代化成为激励全国各族人民共同奋斗的宏伟目标。这一宏伟目标和"两步走"的战略方针，原本准备从1966年起开始实施，但是"文化大革命"打断了这个进程。

1975年1月，第四届全国人大第一次会议在北京召开。1月13日，已重病在身的周恩来受中共中央和毛泽东的委托，向大会作政府工作报告。5000字的报告，周恩来已经没有气力读完，他对2864名代表说，我只念头尾两段。但是，当读到我国经济发展战略目标时，周恩来站了起来，用沉稳有力的声音重申："在本世纪内，全面实现农业、工业、国防和科学技术的现代化，使我国国民经济走在世界的前列。"时隔10年后再次听到四个现代化的宏伟目标，绝大多数代表噙着热泪，报以长时间雷鸣般的掌声。1月17日，会议通过关于政府工作报告的决议。重申实现四个现代化的宏伟目标，再次唤起和鼓舞全国各族人民为把我国建设成为强大的社会主义国家而努力奋斗的决心和信心。

改革开放以来，中国共产党领导全国人民不懈奋斗，努力实现社会主义现代化，进一步提出"三步走"战略，开创了中国特色社会主义道路，不断丰富和完善经济社会发展的目标和内涵，向全面建设小康社会、实现中华民族伟大复兴的宏伟目标阔步前进。中国人的现代化梦想正在逐步成为现实。

主要参考资料：

《毛泽东文集》第8卷，人民出版社1999年版。

中共中央文献研究室：《毛泽东传（1949—1976）》下册，中央文献出版社2003年版。

1965年：

"备战、备荒、为人民"

　　"备战、备荒、为人民"是1965年周恩来根据毛泽东的有关论述概括出来的提法，这个思想成为20世纪六七十年代我国国民经济发展遵循的重要指导方针。这一提法后来被收入《毛主席语录》，得到广泛流传。那么，这句口号是什么时候提出的？它的背后又有着怎样一段不为人知的历史细节呢？

20世纪60年代初，中国周边战争阴云密布

新中国成立后，外交上采取向苏联"一边倒"的策略，与以美国为首的西方国家长期处于敌对状态。随着中苏交恶，20世纪60年代初期的中国面临四面受敌的窘境。当时的中国南部，随着北部湾事件的发生，美国全面卷入越南战争，由以往的提供军事援助改为直接向越南派兵参战，战火大有燃到中国境内的可能；东部，败退到台湾的国民党不甘失败，虎视眈眈，时刻不忘反攻大陆，而美军在太平洋上的几次军事演习，均以红色中国为假想敌；西部，中印交恶，摩擦升级为小规模战争；北部和西北部漫长的边境线，以往因背靠"老大哥"苏联而倍感安全，但随着中苏关系破裂乃至针锋相对，"老大哥"便成了最危险的敌人。这一系列严峻的事实，使得中国领导人不能不把国家安全放在一个非常重要的地位加以考虑，不能不高度重视战备工作。

1963年9月，毛泽东审阅《关于工业发展问题（初稿）》时加写了一段文字："我国从十九世纪四十年代起，到二十世纪四十年代中期，共计一百零五年时间，全世界几乎一切大中小帝国主义国家都侵略过我国，都打过我们，除了最后一次，即抗日战争，由于国内外各种原因以日本帝国主义投降告终以外，没有一次战争不是以我国失败、签订丧权辱国条约而告终。"他指出："我们应当以有可能挨打为出发点来部署我们的工作。"12月，毛泽东在听取聂荣臻汇报十年科学技术规划时插话说："要注意防御问题的研究，也许我们将来在作战中主要是防御。""我们准备做一些蠢事，要搞地下工厂、地下铁道，逐年地搞。"

1964年4月14日，美国侦察到中国可能在当年要爆炸原子弹，起草了对中国核基地突然袭击予以摧毁的秘密报告，提出了四种手段。美国总统、国防部长、国家安全事务助理一起讨论了这个报告，并计划召集台湾当局参与行动。4月25日，解放军总参谋部作战部向中央和毛泽东转交一份报告说：国家经济建设如何防备敌人突然袭击问题很多，有些情况还相当严重，比如工业、人口、交通设施过于集中在14个100万人口以上的大城市及附近，遇到空袭，将遭受严重损失。该报告建议国务院组织一个专案小组，采取切实可行的积极措施，以防备敌人的突然袭击。

外有强敌，内有隐患，毛泽东对此非常关注，1964年8月12日，毛泽东批示："此件很好，要精心研究，逐步实施。"他还关切地问道："国务院组织专

案小组，已经成立，开始工作没有？"

1964年8月中旬，毛泽东在中央书记处会议上两次提出，要准备帝国主义可能发动侵略战争。

在"要准备打仗"这个大背景下，国家计委提出的以基本解决人民吃穿用为中心的《第三个五年计划的初步设想》，自然受到了毛泽东的批评。

③ 毛泽东批评"吃穿用计划"

1964年4月，在国务院副总理兼国家计委主任李富春的主持下，国家计委提出了《第三个五年计划（1966—1970）的初步设想（汇报提纲）》。这个设想以基本解决人民的吃穿用问题为中心，因此被形象地称为"吃穿用计划"。

随着备战问题摆到党的重要议事日程上来，这个初步设想受到了毛泽东的质疑和批评。5月10日、11日，在听取李富春等人汇报"三五"计划初步设想时，毛泽东担心地插话说："酒泉和攀枝花钢铁厂还是要搞，不搞我总是不放心，打起仗来怎么办？"6月6日，毛泽东在中央工作会议讲话时明确批评了国家计委的工作方法。他说，"过去制定计划的方法基本上是学苏联的，这是摇计算机的办法，不符合实际，行不通。这样计算，把老天爷计算不进去，天灾来了，偏不给你那么多粮食，城市人口不增加那么多，别的就落空。打仗计划不进去，国际援助也计划不进去。"毛泽东强调，"要改变计划方法，这是一个革命"。

毛泽东还特别强调了备战。他说，"只要帝国主义存在，就有战争的危险。我们不是帝国主义的参谋长，不晓得它什么时候要打仗。"他提出：要搞三线工业基地的建设，一、二线也要搞点军事工业。各省都要有军事工业，要自己造步枪、冲锋枪、轻重机枪、迫击炮、子弹、炸药。有了这些东西，就放心了。"攀枝花钢铁工业基地的建设要快，攀枝花搞不起来，睡不着觉。"他风趣地说："你们不搞攀枝花，我就骑着毛驴子去那里开会；没有钱，拿我的稿费去搞。"

薄一波回忆说：

毛主席的这番话，引起与会同志的共鸣。大家一致拥护他的主张，认为应在加强农业生产、解决人民吃穿用的同时，迅速展开三线建设，加强战备。自此，全国备战的气氛日趋浓厚。

这样，"吃穿用计划"被搁置。由于毛泽东多次表示对计划工作的不满，1965年初成立了一个由当时石油工业部长余秋里等5人组成的"小计委"，实际主持国家计委的工作。余秋里走马上任后，首要的任务就是编制"三五"计划。此时"三五"计划的方针任务，已经由重点解决吃穿用转向以备战为中心。

❸ 周恩来根据毛泽东讲话精神 提出"备战、备荒、为人民"的口号

1965年6月16日，毛泽东在杭州汪庄召开会议，听取余秋里汇报编制"三五"计划初步设想。在座的有周恩来、彭真、陈毅、李先念、薄一波等。余秋里重点汇报了"三五"计划的方针任务、建设规模、主要指标和在编制计划中遇到的一些问题。汇报过程中，毛泽东不时插话，对计划工作作了很多指示。毛泽东最后强调说：计划要考虑三个因素，第一是老百姓，不能丧失民心；第二是打仗；第三是灾荒。

8月23日，国务院第158次全体会议讨论长期规划问题时，周恩来把毛泽东的上述思想概括为"备战、备荒、为人民"。他说："主席提出要我们注意三句话，注意战争，注意灾荒，注意一切为人民。这三句话，我把它合在一起顺嘴点，就是备战、备荒、为人民。"

这就是"备战、备荒、为人民"口号的最早提出。

1966年3月12日，毛泽东在关于各省发展农业机械化问题给刘少奇的信中，对"备战、备荒、为人民"这一战略口号作了具体解释。毛泽东指出：发展农业机械化，应与备战、备荒、为人民联系起来，否则地方有条件也不热心去做。"第一是备战，人民和军队总得先有饭吃有衣穿，才能打仗，否则虽有枪炮，无所用之。第二是备荒，遇了荒年，地方无粮棉油等储备，仰赖外省接济，总不是长久之计。一遇战争，困难更大，而局部地区的灾年，无论哪一个省内常常是不可避免。几个省合起来看，就更加不可避免。第三是国家积累不可太多，要为一部分人民至今口粮还不够吃、衣被甚少着想；再则要为全体人民分散储备以为备战备荒之用着想；三则更加要为地方积累资金用之于扩大

再生产着想。"

从毛泽东这封信中可以看出，备战也好，备荒也好，一切都是为了人民。

1966年10月13日，"备战、备荒、为人民"明确作为毛泽东指示在《人民日报》上发表，很快广为流传，成为妇孺皆知的一句话。

以"备战、备荒、为人民"为口号的三线建设，由于对战争作了立足于准备应对"早打""大打"的估计，因而在部署上要求过急，铺开的摊子过大，忽视经济效益，造成了不少浪费。但是，从总体上看，三线建设对于提高国家的国防能力，对于改善我国国民经济结构布局、推进中西部落后地区的经济社会发展，具有重要意义。

主要参考资料：

中共中央文献研究室、中国人民解放军军事科学院：《建国以来毛泽东军事文稿》下卷，军事科学出版社、中央文献出版社2010年版。

薄一波：《若干重大决策与事件的回顾》下册，中共党史出版社2008年版。

熊华源：《一条"毛主席语录"的真象》，《党的文献》1994年第6期。

1966年：

县委书记的榜样——焦裕禄

1966年2月7日，新华社播发长篇通讯《县委书记的榜样——焦裕禄》，全面介绍了焦裕禄的感人事迹。随后，全国各大报刊先后刊登了数十篇文章通讯，在全国掀起了一个学习焦裕禄的热潮。焦裕禄成为各级干部特别是领导干部学习的榜样。

县委书记的榜样

1962 年冬天，正是豫东兰考县遭受内涝、风沙、盐碱"三害"肆虐最严重的时刻，全县粮食产量下降到历年最低水平。就在这样的关口，焦裕禄来到了兰考，受命担任县委书记。

离黄河岸边几里地的张庄村，曾被叫作"下马台"。过去，这里通着官道。因风沙大，路过的文官须下轿，武官须下马，因而得名。

风沙不知吹了多少代，也治了多少代，代代无功而弃。

焦裕禄来到兰考后，一次次下乡走访，开座谈会，首先确定了种植泡桐的思路。因为泡桐能吃苦，沙窝子里也能扎根，并迅速根深叶茂，挡风压沙。

满地满坡的泡桐，成为焦裕禄带领兰考人民治理水沙碱"三害"的金钥匙。

"看到泡桐树，想起焦裕禄。"兰考人民至今保留着这个习惯，房前屋后、庭院地头，有空地就种上几棵泡桐。泡桐树栽在农田里，既防风治沙，还能提高粮食产量。

50 余年来，徜徉于焦林中，总有人这样问：为什么焦裕禄在兰考工作仅一年零四个月，就找到了多少辈人没有找到的"除三害"的办法？

答案并不复杂。

走进焦裕禄纪念馆，一辆 50 多年前的破自行车、一双 50 多年前的破胶鞋记录下他的足迹。焦裕禄靠骑车走路，踏遍了全县 149 个生产大队中的 120 多个，住牛棚下大田，蹲点调研。

在盐碱区，他经常抓一点碱土放在嘴里品尝，说出咸的是盐，凉丝丝的是硝，又臊又苦的是马尿碱，这让和盐碱地打了一辈子交道的老农目瞪口呆。

无论瓢泼大雨、风沙漫天，别人往屋里跑，焦裕禄总是往外冲；为了弄清兰考水道，焦裕禄冒着大雨站在洪水中，扔下一片树叶，带着技术人员追着树叶测定洪水流向……

焦裕禄在兰考工作了一年零四个月即病逝在岗位上。然而，这一年零四个月却成为穿越时空的永恒。

1963 年冬天，风雪交加，焦裕禄顶着狂风大雪，走出县委大门。他说："大雪封门，我们党员干部不能坐在屋里烤火。我们应该到群众中去，解决群众最需要解决的问题。"在许楼村，他走进一个低矮的柴门，这里住的是一对无儿

1966 年：县委书记的榜样——焦裕禄

无女的老人。握住双目失明的老大娘的手，焦裕禄问寒问饥。一旁的老大爷问："你是谁？"焦裕禄回答："我是您的儿子。"老人哆嗦着手不停地抚摸着焦书记，热泪纵横。

"我是您的儿子"，半个多世纪过去了，这一深情的表达，今天听起来，仍直抵人心，发人深省。

女儿心中的父亲

焦裕禄去世50年后的2014年7月1日，女儿焦守云在《人民日报》上发文《我的父亲焦裕禄》，深情回忆道：

1962年冬天，父亲到兰考工作，这一年也是三年自然灾害的最后一年。"三害"加上自然灾害，兰考的粮食产量降到历史最低点，亩产只有43斤。当时兰考有36万人，灾民近20万。兰考紧邻陇海铁路，火车一来，大家都哭着喊着往火车上挤，灾民要逃荒到丰收区去。

当时兰考的沙土地有24万多亩，风沙非常大，一刮风水井都会被沙填平，晚上关好的门第二天就能被风沙堵住。当然，最可怕的还是兰考的沙丘，一刮风，沙丘就随风滚动，危害很大。

"必须查清风从哪来、到哪去，哪儿是风口，不能再让沙丘到处流动。"这是一项非常艰苦的工作。风最大的时候就是父亲他们查风口的时候，风刮得他们睁不开眼，一张口就是满嘴的沙土，合上嘴，嘴巴里就咯吱咯吱乱响。可就是在那样的条件下，他们查清了兰考的风口和风沙走向。

查出了风口，如何治理风沙？大家着急。一天早上，父亲在村口看见一个农民拿黏土封坟，父亲问他为何这样做。农民说，这是他母亲的坟，一刮风，坟头就没了，拿黏土封上坟，种上草，再大的风也刮不动，只要一个上午就能封好。当时父亲就想，兰考36万人还愁封不上那些沙丘吗。回去后，父亲立即召开会议，提出"贴上膏药、扎上针"的计划，贴上膏药就是拿黏土把沙丘封上，扎针就是种上树，时间长了再大的风也刮不动沙丘了。沙丘不流动了，沙土地就好治理了。

但执行计划时又遇到了困难，大家吃不饱肚子，怎么干重体力劳动？父亲召开了动员大会，他说："你们出去要饭，是小要饭的，我出去要，是大要饭的。如果你们留下来治理沙丘，我保证你们能吃饱。"

兰考的土地上不长粮食，父亲组织多个小分队用救济款去丰收区采购萝卜干、红薯片、粉条等代用粮。于是，许多村民就留下来勒紧裤腰带干，有了领导干部带头，村民也发挥了冲天的干劲，很快，他们就用最简单、最实用的办法解决了封沙丘的问题。

兰考有16万多亩盐碱地，寸草不长、颗粒不收，铁路两边都是白花花的，像刚下过小雪。治盐碱非常难。父亲下乡的时候发现一个农民的菜长得特别好，问其原因，才知道是农民把一米以下的土挖上来翻到上面来种地，土质能维持一两年。"兰考急需生产自救，这样做起码能解决当年的吃饭问题。"于是兰考就开始了土地深翻工作。1963年，在经过改造的盐碱地上，终于种上了庄稼，兰考取得了1958年以来最好的收成。

记者眼中的焦裕禄

1966年2月7日，新华社播发穆青和冯健、周原合作采写的长篇通讯《县委书记的榜样——焦裕禄》。

这篇稿件的诞生，源自1965年12月穆青和新华社记者冯健的一次中原之行。

作为新华社副社长，穆青的脑海中反复思考着一个问题：该怎样将蕴含于人民之中那种打不垮、压不倒的英雄精神，通过新华社的报道，播撒到每一个中国人的心头？

为了能找到一个突破口，穆青决定到自己熟悉的故乡河南去。根据新华社河南分社记者周原摸到的线索，穆青得知，在豫东兰考县有一位深受百姓爱戴、"开展除'三害'斗争活活累死"的县委书记焦裕禄。

1965年12月17日上午，穆青一行来到了兰考县委大院。

尽管对这位县委书记的事迹已有所耳闻，也看了当时报纸的一些报道，但穆青还是被现场看到的、听到的故事深深震撼。

"那晚下大雪，我看见焦书记房间里的灯光亮了一夜。大清早他挨门把我们干部叫醒，干啥？他说快去看看老百姓，在这大雪封门的时候，共产党员应该出现在群众面前！这一天焦书记硬是忍着病痛，在没膝的雪地里转了九个村子……"

"他后来被查出肝癌，人都不行了，还在病床上念叨，张庄的沙丘，赵垛楼的庄稼，老韩陵的泡桐树。临死前还要我们去拿把盐碱地的麦穗给他看一眼……"

穆青一行访问了几十位基层干部和群众，走到哪儿，群众都满含热泪叙说着焦书记。穆青对冯健和周原说，"焦裕禄就是一代共产党员的典型！我们一定要把他的事迹原原本本写出来，让人们看看咱们共产党的干部是怎么舍生忘死为人民群众服务的！"

他们对这篇报道反复推敲修改，先后七易其稿。

1966 年 2 月 7 日上午，中央人民广播电台播出了新华社长篇通讯《县委书记的榜样——焦裕禄》，随后，焦裕禄这个名字传遍了全国各地，震撼了千千万万个中国人。

焦裕禄在这个世界上只生活了短短的 42 年，却感动了几代中国人，他以清正廉洁、无私奉献，为了党和人民的事业鞠躬尽瘁、死而后已的精神被誉为"县委书记的好榜样"。他的事迹激励一代又一代共产党人忠实履行全心全意为人民服务的宗旨。正如习近平同志 2009 年 4 月在兰考调研时所指出的那样："焦裕禄同志离开我们 45 年了，但他的崇高精神却跨越时空、历久弥新，无论过去、现在还是将来，都永远是亿万人民心中一座永不磨灭的丰碑，永远是鼓舞我们艰苦奋斗、执政为民的强大思想动力，永远是激励我们求真务实、开拓进取的宝贵精神财富，永远不会过时。"

主要参考资料：

焦守云：《我的父亲焦裕禄》，《人民日报》2014 年 7 月 1 日。

《穆青与〈县委书记的榜样——焦裕禄〉》，新华社新媒体专线 2016 年 11 月 3 日。

1967年：

"二月抗争"

1967年2月，面对全国的混乱局势，谭震林、陈毅、叶剑英、李富春、李先念、徐向前、聂荣臻等中央政治局、国务院和中央军委的领导同志，忍无可忍，挺身而出，在怀仁堂会议上对"文化大革命"的错误做法提出了强烈批评，对中央文革小组乱党、乱政、乱军的罪恶行径进行愤怒斥责。这就是著名的"二月抗争"。

忍无可忍

　　1967 年初，当全面"夺权"的狂潮席卷全国的时候，社会动乱空前加剧，党政机关陷于瘫痪，军队也受到严重冲击，一大批党政军高级干部遭到"残酷斗争，无情打击"。这一切使老一辈革命家感到强烈的震惊和愤怒。尤其是 1967 年 1 月 4 日，刚上任几个月的中央政治局常委、国务院副总理陶铸，因不同意一些错误做法，坚持抓生产，而遭到林彪、江青一伙的忌恨，突然被打倒。7 天前，在周恩来主持的中央政治局和中央文革小组碰头会上，江青等人把矛头指向陶铸，诬蔑他"是中国的最大保皇派"，犯了方向路线错误。李富春提出让陶铸回中南局工作。会议并没有给陶铸做什么结论。

　　突然打倒陶铸这么重大的事情，没有经中央政治局和中央常委会讨论，而是由陈伯达一个常委发表讲话就把另一个常委打倒了。对此，谭震林、陈毅和李先念百思不得其解，就到李富春家，问时任中央政治局常委的李富春知道不知道事情的原委。李富春说他也不知道，常委没有讨论过。后来又听说周恩来和陶铸本人事先也不知道。这激起了老一辈革命家的强烈义愤。他们忍无可忍，与中央文革小组的尖锐冲突一触即发。

　　在 1967 年 2 月 10 日的中央政治局常委扩大会议上，毛泽东第一次对中央文革小组提出严厉批评。他针对陈伯达、江青没有报告中央就公开在群众中点名打倒陶铸这件事，批评他们："你这个陈伯达，你是一个常委打倒一个常委！""你这个江青，眼高手低，志大才疏。打倒陶铸，别人都没有事，就是你们两个人（指江青与陈伯达）干的。"他当场指示，要中央文革小组开会批评陈伯达、江青。12 日，他又找张春桥等人谈话，批评中央文革小组成为"独立王国"，批评张春桥、姚文元宣布成立"上海人民公社"。毛泽东的这一态度使反对动乱的老一辈革命家深受鼓舞，觉得应该站出来批评中央文革小组了。

　　2 月 11 日下午，在周恩来主持的怀仁堂碰头会上，叶剑英再次拍案而起，斥责康生、陈伯达和张春桥："你们把党搞乱了，把政府搞乱了，把工厂、农村搞乱了，你们还嫌不够，还一定要把军队搞乱，这样搞，你们想干什么？"他又质问说："上海夺权，改名为'上海公社'，这样大的问题，涉及国家体制，不经政治局讨论，就擅自改变名称，又是想干什么？""革命，能没有党的领导吗？能不要军队吗？"徐向前也激愤地拍着桌子说："军队是无产阶级专政的支柱，你们这样把军队乱下去，还要不要支柱啦？"会上，针对江青等人迫害一些对中央文革小组表示不满的老干部子女的做法，聂荣臻指出：你们不能为了要打倒老子，就揪斗孩子，株连家属。残酷迫害老干部，搞落井下石，这就是不安好心！

🔵 "大闹怀仁堂"

1967 年 2 月 16 日下午，怀仁堂碰头会上的斗争达到白热化。这天的会议原定讨论"抓革命、促生产"问题，但会议一开始又围绕要不要党的领导、要不要广大老干部、要不要稳定军队等根本性问题展开激烈争论。下面是张春桥、姚文元、王力"集体整理和核对"的会议记录《2 月 16 日怀仁堂会议》的详细摘引（尽管这个记录有歪曲事实、断章取义之处，但还是部分地反映出当时的一些斗争场景）：

2 月 16 日下午，周恩来同志主持的政治局常委碰头会，原订日程"抓革命，促生产"。

开会前，谭震林提出要张春桥保陈丕显，张说，我们回去同群众商量一下，谭震林同志打断了话，大发雷霆说：

什么群众，老是群众群众，还有党的领导哩！不要党的领导，一天到晚老是群众自己解放自己，自己教育自己，自己闹革命。这是什么东西？这是形而上学！

你们的目的，就是要整掉老干部。你们把老干部一个一个打光。把老干部都打光。老干部一个一个被整，四十年的革命，落得家破人亡，妻离子散。

高干子弟统统挨整，见高干子弟就揪，这不是反动血统论是什么？这是用反动的血统论来反对反动的血统论。这不是形而上学吗？

蒯大富是什么东西？就是个反革命！搞了个《百丑图》（编者注：《百丑图》是丑化刘少奇、邓小平、陶铸、彭真、罗瑞卿、陆定一、杨尚昆等许多老一辈无产阶级革命家的漫画）。这些家伙，就是要把老干部统统打倒。

这一次，是党的历史上斗争最残酷的一次。超过历史上任何一次。

捕鱼问题，连续逼我四次。说政治上造成很大影响，经济上造成很大损失。江青要把我整成反革命，她是当着我的面说的。（谢富治插话：江青和小组的同志多次保谭震林同志，从来没有说过什么"反革命"）我就是不要她保！我是为党工作，不是为她一个人工作！

（谭起来，拿文件，穿衣服便走。要退出会场，说：）让你们这些人干，我不干了！砍脑袋，坐监牢，开除党籍，也要斗争到底！

陈毅同志说：不要走，要跟他们斗争！

陈毅同志说：这些家伙上台，就是他们搞修正主义。

历史不是证明了到底谁是反对毛主席吗！？以后还要看，还会证明。

余秋里同志拍桌子发言：这样对老干部，怎么行？

（谢富治不断插话，文革小组经常讲谭震林的好话，劝他不要这样讲法）先念同志说：不要和稀泥。现在是全国范围内的大逼供信。联动怎么是反动组织哩，十七八岁的娃娃，是反革命吗？

谭震林同志说，我从来没有哭过，现在哭过三次。哭都没有地方哭，又有秘书，又有孩子。先念同志说：我也哭过几次。

谭震林同志说，我从井冈山到现在，你们检查一下，哪里有一点反毛主席。（谢富治说，不要从个人出发，要从全局出发）我不是为自己，是为了整体的老干部，是为整个党。

先念说，从（1966年）红旗十三期社论开始，那样大规模在群众中进行两条路线斗争，还有什么大串连，老干部统统打倒了。

这就是著名的"大闹怀仁堂"事件。

面对老一辈革命家在怀仁堂会议前后正气凛然的抗争，中央文革小组的几个头面人物无言以对，惊恐异常。"大闹怀仁堂"的当夜，在江青的策划下，张春桥、姚文元、王力整理出《2月16日怀仁堂会议》的记录，抢先向毛泽东作了汇报。

2月19日凌晨，毛泽东召集会议，周恩来、康生、李富春、叶剑英、李先念、谢富治、叶群等参加。会上，毛泽东严厉批评谭震林、陈毅等老同志，认为他们是搞复辟、搞翻案，强调"文化大革命"不容否定。会上还决定陈毅、谭震林、徐向前"请假检讨"。2月25日至3月18日，中央政治局连续召开7次"政治生活批评会"，批判谭震林等，周恩来也被迫检讨。同时，林彪、江青在全国掀起"反击自上而下的复辟逆流"的浪潮，更大规模地打击迫害不满和抵制"文化大革命"的各级领导干部，使本来已经混乱的局势更趋恶化。此后，这场正义抗争被说成是"二月逆流"，中央政治局被迫停止活动，中央文革小组实际上取代了中央政治局的职能。

历史已经证明，1967年2月前后的这场斗争，是党和人民与"左"倾错误和林彪、江青两个集团长期斗争的组成部分，是党内正义力量要求纠正"文化大革命"错误的一次意义重大的抗争，它对于后来党和人民日益深入、广泛的反对"左"倾错误的斗争产生了极为深远的影响。

主要参考资料：

中共中央文献研究室：《毛泽东传（1949—1976）》下册，中央文献出版社2003年版。

中共中央文献研究室：《周恩来传》第4册，中央文献出版社1998年版。

王年一：《大动乱的年代》，河南人民出版社2005年版。

1968年：

坦赞铁路见证中非友谊

　　1968年5月，中国派出勘探人员在极端恶劣的自然环境中开始进行坦赞铁路全线的勘测设计。在勘测途中，一位勘测员被毒蜂蜇得遍体鳞伤，不幸去世。面对生命威胁，中国的勘测设计队克服种种困难，用两年时间完成了勘测任务。随后几年间，中国援建人员同当地工程技术人员一起，为高质量地完成筑路任务而战斗。坦赞铁路后来被誉为是一条帮助非洲人民实现民族独立和解放的"自由之路"，是象征中非人民世代友好的"友谊之路"，在中非关系史上树立了一座不朽丰碑。

❸ 当初坦、赞打算修建铁路时，首选并不是中国

坦桑尼亚和赞比亚都是在 20 世纪 60 年代非洲民族解放浪潮中新独立的国家。但是，由于一些国家的封锁，这两国的经济发展面临很大困难。因此，坦、赞两国领导人向世界有关国家请求援建一条连接两国的铁路。一些西方国家考察后的结论是：修筑坦赞铁路没有经济意义。无奈之下，坦、赞两国想到了社会主义中国。

作为这段历史的亲历者，赞比亚前外交部长姆旺加记忆犹新。他回忆道：

1965 年 11 月 11 日，南罗德西亚（现在的津巴布韦）单方面宣布独立。由于我们赞比亚、坦桑尼亚等非洲国家不承认南罗德西亚的独立是合法的，所以他们借此反过来威胁我们，禁止我们使用经南罗德西亚前往南非或莫桑比克出海口的南部铁路线。因此，我们当时的国家领导人卡翁达找到邻国坦桑尼亚的国父尼雷尔商谈，决定要在坦桑尼亚和赞比亚之间修建一条铁路，来缓解南罗德西亚禁运给我们带来的进出口运输压力。

姆旺加记得，当初坦、赞两国打算修建坦赞铁路时，他们首先找到的并不是中国，而是一些西方国家。他说：

有了这个想法之后，我们首先向美国、加拿大、德国等西方国家寻求帮助，请求由他们来帮忙修建坦赞铁路，但是，这些国家无一例外地表示修建坦赞铁路在经济上是不可行的，不愿予以考虑。因此，尼雷尔和卡翁达决定向当时的中国领导人毛泽东和周恩来求助。先是尼雷尔带着这个想法前往中国，卡翁达也随后到访，最终他们联合请求中国政府为坦赞铁路项目提供资金、技术和专家支持，正式请求中国政府来负责坦赞铁路的建设。

当时坦赞两国领导人之所以没有首选中国，主要是有两方面的担心。第一，中国在当时从未在海外做过如此之大的工程项目；第二，中国也是发展中国家，也跟我们一样正处在起步阶段，提出需要资金援助，着实让我们难于启

1968年：坦赞铁路见证中非友谊

89

齿。但是，让人意想不到的是，中国政府欣然地接受了我们的请求，除了提供资金和技术外，还为我们派出修筑铁路的工人。

● "我们宁可自己不修铁路，也要帮你们修"

1965 年 2 月，坦桑尼亚总统尼雷尔访华。刘少奇和周恩来在与尼雷尔总统会谈时表示：中国政府同意帮助修建一条从坦桑尼亚到赞比亚的铁路。刘少奇坚定地说："帝国主义不干的事，我们干，我们帮助你们修。"毛泽东对尼雷尔说："你们有困难，我们也有困难，但是你们的困难和我们的不同，我们宁可自己不修铁路，也要帮你们修建这条铁路。"尼雷尔没想到中国领导人会给他这样的答复，激动地说："这是非常好的消息。"

相比坦桑尼亚，赞比亚对中国援助的态度较为消极，与中国接触也更谨慎。究其原因，除了出海通道为西方所控制之外，还源于长期殖民统治所形成的畸形经济结构。赞比亚独立后，许多部门仍然掌握在外国人手中，正如副总统卡曼加所担忧的："如果他们全都走了，我们的工作就陷入停顿。"但随着南罗得西亚于 1965 年 11 月 11 日单方面宣布独立，加之西方国家对南罗政权的暧昧态度，使卡翁达逐渐认清了西方政策的本质。特别是尼雷尔曾多次劝解卡翁达，表示周恩来会对援助进行非常妥善的安排，他非常清楚第三世界国家的实际关切，使得卡翁达开始将求助意向转向中国。

1967 年 6 月，卡翁达访华时，与中国商定了修建坦赞铁路的相关事宜。毛泽东在会见他时鼓励道："要下决心干，开始干就好了。""这条铁路只有 1700 公里，投资也只有 1 亿英镑，没有什么了不起嘛。"毛泽东的一番话，打消了卡翁达的疑虑。

1967 年 9 月 5 日，中国、坦桑尼亚、赞比亚三国政府在北京签订《关于修建坦桑尼亚—赞比亚铁路的协定》。协定规定：中国提供无息的、不附带任何条件的贷款 9.88 亿元人民币，并派专家对这条铁路进行修建、管理、维修，培训技术人员。

💡 生命换来的奇迹：60多位中国援建人员为坦赞铁路牺牲

1970年10月26日和28日，坦、赞两国人民盼望已久的坦赞铁路终于破土动工，尼雷尔总统和卡翁达总统先后在坦赞铁路的两端主持奠基仪式，方毅率中国代表团参加奠基仪式。随后5年多时间里，中国先后派出工程技术和管理人员5.6万人次，高峰期间有1.6万中方人员在现场施工，共有68位中国援建人员被毒蜂、恶性疟疾和工伤夺去年轻的生命。

即便有过修筑成昆铁路的经验，坦赞铁路修筑的难度也是非常大的，美国专家甚至认为这条路不可能修得起来。全长1860.5公里，而高原区海拔近两千米，九成以上为杳无人烟地带，亦是蚊虫散布疟疾、黄热病之地。桥梁大小300座，最长一座400多米；隧道19处，最长一处接近900米。加上食品短缺、气候炎热、缺医少药，修建坦赞铁路是在极为艰苦的条件下进行的。

1972年2月，正是北回归线暖空气南移的雨季，赞比亚卡鲁鲁河里，水草底下由于淤积雨水和年复一年腐烂草叶层层覆盖形成了一望无际的恐怖沼泽，当地人称这里是"可怕的坟场"，祖辈从未有人涉足，听说中国工人要穿过水草地，吓得直吐舌头，比划着告诉施工人员，里面很危险，千万不要进去。

为掌握第一手资料，工人周树贵自告奋勇下沼泽探险，把安全绳往身上一系，迎着扑鼻的腥臭气，跳上一墩墩塔塔草，像踏在水中浮起的厚海绵上一颤一颤前行。后来，沼泽没过脚面、膝盖，拔腿艰难还直往下陷；水凉得扎骨头，像无数根针刺一样。再往后，淤泥没过腰身，胸口像有大石头死死压着，头痛得像被铁环紧紧箍住。可小周仍在一点点摸索着、刨路前进……

1973年6月，是殷国良出国援建的第三年。国内的孩子高烧，上吐下泻，正打点滴，妻子的心像被万箭穿伤，多想亲人相伴。可她哪里知道，丈夫此时在大洋彼岸因脑出血正在弥留之际。殷国良记得，离家那天，5岁女儿一个劲地缠着他："爸爸，你走了，什么时候回来？"妻子的眼里晃动着一汪泪潮："国良，到了国外，要保重身体，要照顾好自己……"他吃力地拉着四分队教导员孙同佳的手说："我没有完成任务，回不去了，我还有点钱，麻烦你回国帮我买架照相机交给我妻子做个纪念吧……"第二天，殷国良闭上了双眼，永远长眠在非洲大地上。

1975年6月，坦赞铁路全线铺通，同年10月23日开始试运营。1976年

7 月 14 日正式移交给坦、赞两国政府。

坦赞铁路是中国政府在非洲大陆上最大的援助项目,它东起坦桑尼亚首都达累斯萨拉姆,西至赞比亚中央省的卡皮里姆博希,与赞比亚原有铁路接轨,全长 1860.5 公里,是一条贯通东非和中南非的大干线,极大地改善了坦、赞两国的交通运输状况。截止 2017 年 9 月,累计运送货物 3000 多万吨,运送旅客 4000 多万人次,为赞比亚铜矿出口提供了新的出海口。一位西方工程师在参观过坦赞铁路后,感叹地说:"只有修建过万里长城的民族,才能修建出如此高质量、高标准的铁路。"

主要参考资料:

邢一行:《赞比亚前外长:坦赞铁路见证中、坦、赞三国的深厚友谊》,国际在线 2017 年 4 月 26 日。

薛琳:《周恩来推动援建坦赞铁路》,《党的文献》2012 年第 3 期。

董奎、蔡国光:《回忆援建坦赞铁路的难忘岁月》,《北京青年报》2013 年 4 月 11 日。

1969年:

珍宝岛反击战

1969年3月2日至17日，中国边防部队指战员，被迫对入侵珍宝岛的苏联边防军进行自卫反击作战，保卫了中国的神圣领土珍宝岛。在战斗中，中苏各有较大伤亡。冷战结束后，俄方公布：苏联方面亡58人，伤94人。中方公布：中国边防部队亡29人，伤62人，失踪1人。

3月2日保卫珍宝岛的战斗

珍宝岛，位于黑龙江省虎林县境内，在乌苏里江主航道中心线中国一侧，面积 0.74 平方公里，历来为中国领土。因为它两头尖，中间宽，形似中国古代的元宝，故得名为珍宝岛。1964 年中苏边界谈判时，苏方出示的地图上竟把边界线画到黑龙江和乌苏里江的中国岸边，把珍宝岛划归苏联所有。从此形成争议，并在该地开始出现摩擦。对于苏军接连不断的挑衅，中国边防部队不得不进行反击。

1969 年 3 月 2 日，珍宝岛地区冰天雪地，气温为零下 27 摄氏度。上午 8 时 40 分，中国边防部队派出例行巡逻分队，分成两个组对珍宝岛进行巡逻。当边防站站长孙玉国带领的第 1 组沿着中国境内的冰道抵近珍宝岛时，苏联边防军立即从位于珍宝岛上游的下米海洛夫卡和下游的库列比亚克依内两个地方，出动 70 余人，分乘 2 辆装甲车、1 辆军用带篷卡车和 1 辆指挥车，向珍宝岛扑来。苏军头戴钢盔，荷枪实弹，抢先侵入珍宝岛。他们下车后，就阻止中国边防巡逻分队登岛巡逻。中国边防巡逻第 1 组当即发出警告，令其从中国领土上撤走。但是，苏军却摆开战斗队形，持枪步步进逼，并以 1 个班的兵力向第 1 巡逻组左翼穿插，企图切断这个巡逻组的退路。面对这种严重情况，中国边防巡逻第 1 组毫不示弱，继续巡逻。9 时 17 分，苏军另一个小队进到第 1 巡逻组的右侧。当苏军对第 1 巡逻组形成三面包围的态势后，突然向这个巡逻组开枪射击，当场打死打伤中国边防战士 6 人。中国边防巡逻第 1 组忍无可忍，被迫自卫反击。第 2 巡逻组听到枪声后，在班长周登国的指挥下果断行动，给侧后的苏军以沉重打击。

苏联边防军装甲车不断地向中国巡逻分队开枪开炮，其中 1 辆装甲车侵入珍宝岛北端的江汊，企图从侧后攻击岛上的中国巡逻分队。中国边防部队当即以猛烈火力将其击退，并抓住战机转入反击，但是遭到隐蔽在丛林中的苏军机枪的猛烈扫射，前进受阻。副连长陈绍光心如火燎，立即扑向丛林勇猛还击。当他指挥 1 个班迂回到苏军的背后欲断其退路时，苏军的增援人员也正好赶到，并发起了攻击。在腹背受敌的紧要关头，陈绍光沉着指挥，带领战士们对苏军增援人员进行反击。他发现前方 100 米处有苏军的两挺机枪在交叉扫射，便一边命令战士们掩护，一边向机枪冲去。在战斗中，陈绍光的左臂和前胸受伤，鲜血浸透了他的棉衣。他以钢铁般的意志支撑着站立不稳的身躯，端枪接连打了两个点射，消灭了苏军的 1 个机枪火力点，而他自己也倒在了血泊中。经过 1 个多小时的激战，中国边防部队驱逐了入侵的苏联边防军。

▶ 3月15日保卫珍宝岛的战斗

3 月 15 日凌晨，珍宝岛风停雪住。4 时许，苏联边防军步兵 60 余人，趁拂晓前的暗夜，在 6 辆装甲车的掩护下，从珍宝岛北端侵入，潜伏在丛林之中，企图偷袭守岛的中国边防部队。营长冷鹏飞奉命带领 1 个加强排立即登岛，依托珍宝岛东南的天然壕沟，与侵岛苏军对峙。

8 时许，入侵的苏军以装甲火力和步兵轻重武器，向守岛的中国边防分队猛烈射击。接着，苏军步兵在 6 辆装甲车的掩护下，向中国守岛分队进攻。冷鹏飞指挥守岛分队运用集火近战的战术，对进至 200 米以内的苏军步兵予以打击，并集中火力将步兵与装甲车分割，使其不能相互配合。同时，他又组织40 火箭筒和无坐力炮打击苏军装甲车。经过 1 个多小时的激战，中国边防部队打退了苏军的第 1 次进攻。

当日 9 时 46 分，苏联边防军的地面炮兵和坦克，对中国边防部队的岸边阵地和岛上分队进行猛烈射击。接着，又出动 6 辆坦克和 5 辆装甲车，向珍宝岛逼近。其中 4 辆坦克扑向珍宝岛南端，窜入中国江汊，迂回到中国边防部队守岛分队的侧后；另外 2 辆坦克和 5 辆装甲车由珍宝岛北端侵入，向中国守岛分队的正面发起进攻，企图前后夹击中国守岛分队。苏联江岸上的大口径火炮和机枪火力也同时封锁了中国江汊，拦阻中国江岸上的部队上岛支援。中国守岛分队根据苏军坦克从中国江汊迂回、登岛比较困难的情况，决定在珍宝岛西侧留置少数兵力，监视和阻击苏军的迂回坦克；集中兵力和反坦克兵器，抗击正面进攻的苏联边防军。坚守在岸上 2 号阵地的无坐力炮班长杨林，上岛占领有利地形阻击苏军，待苏军坦克驶近到只有 10 余米远时，他接连投出 5 枚手雷，打乱苏军队形，先头一辆 T-62 型坦克闯入雷区履带被炸坏。杨林抓住战机，带两个炮班机动射击，他连续击中 3 辆装甲车，但他也不幸被苏军坦克炮击中而壮烈牺牲。经过两个多小时的激战，中国边防部队打垮了苏军的第 2 次进攻。

3月15日13时35分，苏联边防军的纵深火炮、岸边坦克炮，对中国边防部队的防御阵地和边防站，大规模地进行炮火袭击。炮击正面达10公里，纵深约7公里，持续时间长达两小时。接着，苏军100余人，在10辆坦克和14辆装甲车的掩护下，向珍宝岛发动了第3次猛烈进攻。苏军登岛后，以部分坦克、装甲车首先在岛中部东侧的丛林中成一线展开，用火力掩护其余坦克、装甲车以及步兵，分成两个梯队向岛上中国边防分队的防御正面实施轮番冲击，企图以优势兵力将中国边防分队赶出珍宝岛。中国边防分队抓住苏军害怕步兵与坦克、装甲车分割的弱点，发扬敢于近战的光荣传统，采取几个战斗小组同时围打1辆坦克或装甲车的战法，予以各个击破。苏军步兵和坦克的战术协同被打乱后进展缓慢，于是不断增加兵力。中国边防战士机动灵活，越战越勇。15时30分，岛上与岸上的中国边防分队指挥员，迅速组织步兵和炮兵火力，继续打击登岛的苏联步兵、装甲车和坦克，使其严重受挫。经50多分钟激战，中国边防部队胜利地粉碎了苏军的第3次进攻。

被中国边防部队炸断履带的苏军T-62型坦克，留在中国江汉的冰面上，成为苏联边防军入侵中国领土的铁证。因此，苏军千方百计想夺回这辆坦克。

后来，苏军为了防止坦克被中国边防部队拖走，一面用炮火阻止中国边防部队接近坦克，一面昼夜不停地炮击这辆坦克，企图将其彻底炸毁。由于附近的冰层被炮弹炸开，坦克沉入江底。中国边防部队在海军潜水员和当地民兵的帮助下，利用简易器材，成功将这辆苏军坦克打捞上岸，送到中国军事博物馆展出。

守卫珍宝岛的中国边防部队指战员，在武器装备处于劣势的情况下，面对苏联边防军的坦克、飞机、大炮和装备精良的摩托化步兵，毫不畏惧，奋勇作战，运用灵活多变的战术，战胜了入侵者，用鲜血和生命保卫了祖国的领土，维护了中华民族的尊严。

主要参考资料：

《当代中国》丛书编辑部：《当代中国军队的军事工作》(上)，中国社会科学出版社1989年版。

何明：《中苏关系重大事件述实》，人民出版社2007年版。

1970年：

"东方红一号"横空出世

1970年4月24日21点35分，搭载着"东方红一号"卫星的"长征一号"运载火箭点火升空。随着雄壮的《东方红》乐曲通过广播电台的电波响彻神州大地，我国第一颗自行研制的卫星——"东方红一号"成功入轨，遨游太空，标志着中国拉开了太空时代的大幕。

🌀 中央政治局决定拨巨款支持科学院搞卫星

1957 年 10 月 4 日，苏联发射了世界上第一颗人造地球卫星"伴侣一号"。美国加紧研制，并于 1958 年 2 月 1 日成功发射"探险者一号"人造卫星。

1958 年 5 月 17 日，在党的八大二次会议上，毛泽东郑重向世界宣布："苏联和美国把人造卫星抛上了天，我们也要搞人造卫星！"

1958 年 8 月 21 日，中国科学院成立了以钱学森为组长，赵九章、卫一清为副组长的领导小组，负责组织人造卫星规划和业务领导，并负责由三个设计院构成空间技术体系。与此同时，中国科学院还成立了新技术办公室，主管人造卫星研制工作。

1958 年 11 月，中国科学院副院长、党组书记张劲夫作为候补中央委员在参加武昌八届六中全会期间，向中央书记处汇报科学家们对研制人造卫星的意见和计划，得到会议的赞同，中央政治局研究并决定拨 2 亿专款支持科学院搞卫星。经李先念副总理批示，中央专款当年年底到位。于是，中国科学院开始了人造卫星的规划工作。

三年经济困难时期，陈云、邓小平分别对张劲夫说："卫星还要搞，但是要推后一点，因为国家经济困难。"随后，中国科学院调整空间技术计划，提出"大腿变小腿，卫星变探空"的工作方针，决定调整机构、停止研制大型运载火箭和人造卫星，把工作重点转向研制探空火箭上来。

🌑 人造卫星工程再次上马

1964 年，我国经济形势好转和中近程导弹发射成功。当年 12 月三届人大会议期间。赵九章上书周恩来，认为抓卫星工作是时候了。与此同时，钱学森致函聂荣臻，也建议早日制订卫星计划，列入国家任务。

1965 年 5 月 6 日，在周恩来主持召开的中央专门委员会第十二次会议上，作出了关于发展人造卫星研制工作的决定：以中国科学院为主，负责发射人造卫星的总体设计和技术抓总，由四机部、七机部及总后勤部军事医学院等部门协作。从此，中国第一颗人造卫星的研制任务正式启动。

1965 年 10 月 20 日至 11 月 30 日，中国科学院受国防科委委托，召开了中国第一颗人造卫星方案论证会，会期长达 42 天。对重大问题进行了反复的慎重的讨论，确定我国第一颗卫星为科学试验卫星，主要为发展我国对地观测、通信、广播、气象、预警等各种应用卫星，取得基本经验和设计数据。大家一致同意中国第一颗卫星在重量、寿命、技术等方面，都要比苏、美第一颗卫星先进，并做到"上得去、抓得住、测得准、报得及时、听得到、看得见"。还要慎重初战，努力做到一次成功。总体组何正华建议：第一颗卫星为一米级，命名为"东方红一号"，并在卫星上播放《东方红》乐曲，让全世界人民听到。这一建议得到与会专家的赞同。

1966 年 1 月，中国科学院卫星设计院成立，代号 651 设计院，公开名称科学仪器设计院，赵九章任院长，杨刚毅任党委书记，钱骥等为副院长。

正当"东方红一号"进入攻坚阶段时，"文化大革命"的大火烧进了中国科学院。1967 年 1 月之后，科学院卫星研制科研队伍、试验基地、科研设施、工厂以及研制任务一起交给了国防部门。

1967 年初，聂荣臻向中央报告，建议组建"空间技术研究院"，全面负责人造卫星的研制工作，得到了毛泽东的批准。8 月，空间技术研究院筹备处成立，钱学森任筹备处负责人。1968 年 2 月中国空间技术研究院成立，继续完成"东方红一号"卫星的研制工作。

在赵九章、钱骥等人被打倒的情况下，1967 年秋，钱学森任命当时只有 38 岁的孙家栋负责第一颗人造卫星的总体设计工作。根据中央的指示，在前期工作的基础上，孙家栋带领科技人员主要是在这颗"政治卫星"的"上得去、抓得住、看得见、听得到"上下功夫。

所谓"上得去"是指发射成功，所谓"抓得住"是指准确入轨。这是发射人造卫星最起码的要求。"看得见"和"听得到"则难度很大。

所谓"看得见"是指在地球上用肉眼能看见，但当时设计的卫星直径只有 1 米，表面也不够亮，在地球上不可能看得到。孙家栋带领科技人员想出妙计，他们在火箭第三级上设置了直径达 3 米的"观测球"，该球用反光材料制成，进入太空卫星被弹出后，观测球也会被打开，紧贴卫星后面飞行，在地面望去，犹如一颗明亮的大星。这样，"看得见"的问题解决了。

所谓"听得到"是指从卫星上发射的讯号，在地球上可以用收音机听到。当时考虑，如果仅仅听到滴滴答答的工程信号，老百姓并不明白是什么，有人建议播放《东方红》乐曲，得到了中央的批准。科技人员经过多次试验，最后采用电子线路产生的复合音模拟铝板琴演奏乐曲，以高稳定度音源振荡器代替音键，用程序控制线路产生的节拍来控制音源振荡器发音，效果很好，解决了"听得到"的问题。

③ "十六字方针"保成功

"东方红一号"卫星的研制，是当时中央的一项"天"字号任务，由周恩来亲自组织指挥。因此，"东方红一号"卫星与周恩来的名字是分不开的，周恩来是中国第一颗人造卫星的组织领导者，是《东方红》乐曲天地合奏的首席指挥。

在"东方红一号"卫星研制的关键时刻，周恩来提出了"严肃认真，周到细致，稳妥可靠，万无一失"的"十六字方针"。参与研制发射任务的科技人员在周恩来的指示指导下，以科研人员应有的工作态度和精神，保证了"东方红一号"卫星的质量。

1970 年 4 月 10 日，"东方红一号"卫星试验队完成在酒泉卫星发射中心技术阵地的全部工作。4 月 14 日晚，周恩来等中央领导在人民大会堂听取刚从发射中心返回北京的钱学森、任新民和戚发轫等同志关于火箭卫星在发射场测试情况的汇报。当汇报到产品内有多余物时，周恩来很严肃地批评说：这个不行，不能把松香、钳子丢在里头，这个不能原谅。

1970 年 4 月 24 日 21 时 35 分，是中国航天史上一个具有划时代意义的时刻。"东方红一号"卫星在"长征一号"运载火箭的托举下，以雷霆万钧之势，飞向了广袤无垠的宇宙空间。

21 时 50 分，国家广播事业局报告，已经收到卫星播送的《东方红》乐曲。此刻的酒泉和北京一下子进入了欢乐的海洋，《东方红》从太空传遍了世界。

此时的周恩来却异常冷静，在接到新闻公报后，他说："我们先等一等。把公报中的有关参数搞准确了，等美国公布后，作个比较，然后再公布于世。"说完在新华社的发稿单上郑重地签上姓名，便连夜飞往广州，赶去参加第二天由越南、越南南方、老挝、柬埔寨领导人召开的"三国四方会议"。

4 月 25 日，"美国之音"抢先向世界发布了中国发射卫星的消息，并公布了"东方红一号"的入轨参数。结果与中国相差无几。正准备进入会场的周恩来知道这一消息后,一走进会场就高兴地说:"为了庆祝这次会议的成功。我给你们带来了中国人民的一个礼物,这就是昨天中国成功地发射了第一颗人造地球卫星!"

中国成为继苏联、美国、法国、日本之后,第五个成功发射卫星的国家。不仅如此,"东方红一号"卫星的重量超过了苏、美、法、日第一颗卫星之和。

从第一颗人造地球卫星"东方红一号"进入太空以来,我国的空间技术进入了一个新时代。特别是党的十一届三中全会以后,在党中央、国务院、中央军委的领导下,卫星事业正蓬勃发展。遥感卫星多次发射、回收成功;静止通信卫星发射、定点成功;极轨气象卫星发射成功。这一系列的胜利成果,标志着我国卫星技术在许多重要领域达到了世界水平,表明我们已经走出了一条适合我国国情的、有中国特色的发展卫星事业的道路。

主要参考资料:

周武等:《东方红一号上天记实》,《太空探索》2010 年第 4 期。

1971年：

"乒乓外交"传佳话

　　1971年4月10日，参加在日本名古屋举行的第31届世界乒乓球锦标赛的美国乒乓球代表团，应中国乒乓球代表团的邀请抵达北京，开启访问中国之旅，这一事件打开了隔绝22年的中美交往的大门，被国际舆论誉为"乒乓外交"。

🌙 美国选手搭错车

1971 年 3 月 21 日晚，中国乒乓球代表团抵达东京羽田机场。时年 30 岁的庄则栋已经连续三次荣获世界冠军，成为中国代表团的主力队员之一。

第 31 届世界乒乓球锦标赛进程过半时，19 岁美国选手科恩在练习结束后匆忙之中搭上了中国乒乓球队的大轿车。

突然上来个美国人，满车的中国运动员都不禁有些好奇，但谁也没有说话。在这位美国运动员上车后大约 10 分钟的时间里，车厢里一直是沉默的，大家心里都紧绷着根弦儿。

面对一车中国人，科恩也不安地站在车门口。此时，坐在最后一排的庄则栋心里却并不平静。"当时我就想，周总理给我们讲的是，这次你们出国要贯彻'友谊第一，比赛第二'的方针。人家既然已经上了我们的车，我们应该以礼相待，礼仪之邦嘛。"

一番思想斗争后，庄则栋不顾队友的阻拦，毅然走上前去，主动和这位美国运动员握手交谈，并送给他一块杭州织锦留作纪念。十几分钟的车程很快就过去了，当汽车到达体育馆时，庄则栋和科恩一下子就成了敏感记者的关注焦点。

中国代表团副团长宋中立即找到庄则栋，一再叮嘱他千万不要再跟这个美国运动员来往了，专心打比赛。可谁想到，第二天，科恩刻意早早地等在了中国队经过的地方。

"第二天他在那等我，把一个准备好的礼物，别着一个美国纪念章的运动衫送给了我。很快，报纸上就登出来了。第三天，美国副团长哈里森来到中国驻地请求接见，一进门就说，他这两天被中美两国运动员的友谊感染，所以向中国乒协提出了一个大胆的设想，世乒赛以后是不是也能邀请美国运动员访问中国。"庄则栋回忆说。

🌙 毛泽东深夜作出紧急决定

美国乒乓球队代表团要访问中国，这可不是小事。中国乒乓球队的领导不敢怠慢，当夜即将此情况向北京报告，迫切希望得到国内的指示。

当外交部和国家体委多次从名古屋获悉美国乒乓球队想来中国访问的信息后，也做了认真的研究，并向周恩来打了请示报告，报告认为，目前邀请美国队访华的时机尚未成熟。周恩来在文件上端批阅了三个字，"拟同意"，并谨慎地将报告呈送给毛泽东审批。经过三天考虑，毛泽东终于在世乒赛闭幕前夕作出决定：邀请美国队访华。他的护士长吴旭君回忆道：

毛主席在四月六日那天给我看了份文件。这是什么文件呢？这是由外交部和国家体委联合起草的一份关于不邀请美国乒乓球队访华的报告。这上面，毛主席在他自己的名字上圈阅了。我当时想，这么看来，不邀请美国乒乓球队访华这个大局已定，因为大家的意见都一致。主席让我看完文件后退给外交部去办理，办完这件事以后我觉得主席有心事，因为我跟他相处久了，看得出来，至于有什么心事我不知道。

就在四月六日那天，他要提前吃安眠药，提前睡觉。晚上十一点多了，他坐在这儿，当时那儿是床，他就坐在床边，我坐在他对面。他因为吃了大量的安眠药，困极了，他就脑袋这么低着，就在那儿这么低着睡，就是不肯躺。过了一会儿，他突然间说话了，嘟嘟哝哝的，听不清楚说什么。听了半天，我才听出来，他要我去给王海容同志打电话，当时王海容同志是外交部副部长，他说要邀请美国乒乓球队访华。我的天哪，我一听这话当时就愣了。我想这跟白天退走的文件正好相反，如果我按他现在说的去办，那跟文件的精神不符合呀，那总理和他都画了圈的，那可能会办错了。再有，主席曾经跟我交代过，他说他吃了安眠药以后讲的话不算数。那么现在他跟我交代的这件事就是他吃了安眠药后讲的，那算不算数呢？我如果照他现在说的去办，那不就是错上加错了吗？我在提醒自己，这么大的事可不能轻举妄动。我得想一个办法来证实主席现在到底是清醒还是不清醒。用什么办法呢？我想，那就是我得让他再主动地讲话。过了一会儿主席勉强地抬起头来，使劲睁开眼睛看着我说：小吴，你怎么还坐在那儿吃呀？我叫你办的事你怎么不去办呢？我想这下可好了，主席可说话了，我就很大声地问他，我说：主席，你刚才都跟我说了什么啦，我尽顾吃饭，没听清楚，你再跟我说一遍。不错，他又断断续续，一个字一个字地、慢慢吞吞地把刚才交代的事重新说了一遍。我就反问了一句，我说你现在都吃了安眠药了，你说的话算数吗？主席就向我这么挥了一下手，说：算，赶快办，要不就来不及了。这个时候我意识到了，毛主席作了最新的决定。

一场举世闻名的"乒乓外交"就由这次偶然的搭错车开启了。

吴旭君立即把毛泽东的决定通知了外交部。外交部负责同志及时把毛泽东的决定告诉周恩来，周恩来立即给中国代表团发去紧急指示，随后这个信息以最快的速度传到了日本名古屋。

❸ "小球推动大球"

毛泽东决定立即邀请美国乒乓球队访问中国，是在 1971 年 4 月 7 日的凌晨时分。而在名古屋的中国乒团接到这个紧急指示的时候已经是 7 号上午 10 点左右，那个时候中国乒团正在下榻的酒店举行招待会。美国乒乓球队原定是 8 号离开日本返回美国，因此向美国乒团传递访华邀请是事不宜迟的。中国乒团领导火速赶赴美方住处，向美国乒协国际部主任哈里森通报了此事。

美国代表团收到邀请后一片欢腾。尼克松总统在深夜得知这一消息后，立即指示发送加急电报给美国驻日大使，通知他白宫的意见是：乒乓球运动员务必去北京。全世界都被一个只有 2.5 克重的乒乓球震动了。关闭 22 年之久的中美交往大门终于打开了！

1971 年 4 月 10 日，新中国终于迎来了第一批来自美国的客人。美国运动员们按照周恩来亲自安排的日程表，游览了长城、天安门、故宫、颐和园等名胜古迹，并与中国乒乓球队进行了友谊赛，和中国运动员们切磋球技。4 月 14 日，周恩来接见了前来访问的美国乒乓球队员。

周恩来会见美国乒乓球队的消息迅速轰动了全球，这条消息传到美国不到 10 个小时，尼克松总统就发表声明，宣布了向中国人发放访美签证等五项改善中美关系的新举措。中美关系跨出关键性的一步。

4 月 17 日，美国乒乓球代表团带着中国人民的友好情谊离开中国。回国以后，代表团团长应尼克松总统的邀请迫不及待地前往白宫，尼克松请他讲述访华的情形和观感。

就在美国乒乓球代表团访华的 8 个月后，也就是 1972 年 2 月，尼克松终于实现了他中国之行的夙愿。尼克松访华期间，周恩来在首都体育馆为他安排了一场意味深长的体育表演。就是在这次访问中，中美双方在上海发表了《联合公报》，中美关系开启了灿烂辉煌的新篇章。

然而，中美乒乓外交，并没有止于尼克松总统的访华，真正画上句号的是中国乒乓球代表团对美国的回访。

在尼克松总统访华的两个月之后，也就是 1972 年 4 月 12 日，中国乒乓球代表团一行 16 人搭乘"友谊号"专机，抵达美国北部城市底特律，开始了这次友谊之旅。代表团的团长是周恩来亲自任命的庄则栋。此后的 18 天，他们把友谊的种子播撒到了从美国东海岸到西海岸的每一个角落。

多年后，庄则栋感慨地说："我打球只能从台子这边打到那边，不时地下网、出界，从地球这边打到地球那边的那是毛主席，用小球推动'大球'，打开了世界的格局，一个时代结束了，一个时代开始了，这是对人类的伟大贡献。"

主要参考资料：

翟磊：《亲历者忆往昔：讲述乒乓外交传奇》，国际在线专稿 2012 年 2 月 7 日。

中共中央文献研究室：《毛泽东传（1949—1976）》下册，中央文献出版社 2003 年版。

1972年：

中日邦交正常化

1972年9月，日本首相田中角荣应邀访华并与中国政府签署了中日两国政府联合声明。这是当年继美国总统尼克松访华及中美《联合公报》公布后又一举世瞩目的外交事件，开创了中日关系的新局面。当年田中角荣访华是如何成行的？其背后又有哪些鲜为人知的故事呢？

☻ 日中邦交正常化呼声日益高涨

中日两国一衣带水，又有良好的民间外交基础。但是，日本政府长期追随美国，采取敌视中国的政策，致使两国邦交迟迟不能恢复正常。

1972年6月17日，追随美国的佐藤政府下台。7月7日，田中角荣就任首相，大平任外务相。当晚，日本新内阁召开了首次内阁会议。田中首相在会上就内政和外交问题发表讲话提出："在外交方面，要加紧实现和中华人民共和国的邦交正常化；要在动荡的世界形势中强有力地推进和平外交。"

7月27日、28日、29日，周恩来连续3次会见作为首相"密使"访华的公明党委员长竹入义胜，听取他转达田中、大平关于同中国建交的设想，并向他说明中国准备提出的中日建交方案。竹入回国后即向田中、大平报告。田中、大平表示，周恩来所谈通情达理，照此谈判定能成功。8月12日，中国外交部长姬鹏飞宣布："中华人民共和国国务院总理周恩来欢迎并邀请日本首相田中角荣访问中国，谈判并解决中日邦交正常化问题。"9月21日，中日双方发表关于日本内阁总理大臣田中角荣应邀访华的《公告》。

至此，中日邦交正常化的实现，已成瓜熟蒂落、水到渠成之势。

☻ "添了麻烦"掀起波澜

1972年9月25日，田中角荣首相偕大平正芳外相、二阶堂进官房长官等启程访华。专机到达北京机场时，周恩来亲往迎接。随后两国政府首脑举行会谈。

当天下午，周恩来与田中角荣首相举行了第一轮会谈。

当晚，周恩来在人民大会堂举行盛大欢迎宴会。田中在祝酒词中讲到日本军国主义侵略中国时，说"遗憾的是过去几十年之间，日中关系经历了不幸的过程。其间，我国给中国国民添了很大的麻烦，我对此再次表示深切的反省之意。"田中"麻烦"的话一出口，周恩来的表情骤然严肃起来，田中见状也很是不安。

据当时参加接待的外交部工作人员江培柱回忆说：

出席宴会的中方人士听了都感到很吃惊、很别扭，当场就议论起来，表示不满。田中的这一表态被公开报道后，更是引起了广大公众的强烈反感与愤慨。

周总理在第二天与田中首相会谈，一开始就坦率而严肃地指出，日本军国主义的侵略，使中国人民蒙受深重灾难，其结果也使日本人民深受其害。"前事不忘，后事之师"，这样的经验教训日本政府应当牢牢记住。而"添了麻烦"意思太轻，许多人想不通，接受不了，更不要说那些有杀父伤亲之仇的人了。田中向周总理做了些表白和解释，说他首先是要反省、道歉，向中国人民谢罪，承认讲得不够，要设法改。

后来在两国外长会谈中，日方表示愿意照中方的意见修改，准备拿出一个方案来商量。9月27日晚，毛主席会见田中首相时一上来就问起："那个'添了麻烦'的问题吵得怎么样了？"田中称，已经基本解决，可以按中方的习惯改。毛主席高瞻远瞩地说："吵出结果就好，天下总没有不吵架的，不打不相识啊！"当天夜间，在姬外长（姬鹏飞）与大平外相第三次会谈中，大平提出并亲自口述对战争加害反省的措辞，为中方所接受。最后写进《中日联合声明》的就是大平口述的文字："日本方面痛感日本国过去由于战争给中国人民造成的重大损害的责任，表示深刻的反省。"

在此后的几轮会谈中，围绕日台关系和日本侵华赔款问题，双方展开一番唇枪舌剑，成为整个谈判过程中比较敏感和棘手的环节。

在姬鹏飞与大平举行两国第一次外长会谈时，日方外务省条约局局长高岛说明日本政府的意见。关于对中国的战争状态，高岛说：这已由《日华和平条约》宣告结束了，因此"联合声明"不应再使用"战争状态"结束的字样。如果中国一定要用，可由中国单方面宣布战争状态结束。关于中国放弃战争赔偿请求权的问题，他认为也由"日华和平条约"解决了，因此"请求权"的问题日方难以接受。

所谓《日华和平条约》，即1952年日本与台湾国民党在美国策划下签订的"条约"，我国并不承认。高岛提这个意见，无疑为会谈布下阴霾。

9月27日下午的首脑会谈中，周恩来以严厉的口气谴责日方的态度。他说："听到今天上午外长会谈的情况，高岛条约局长是不是来破坏中日关系正常化的。中日邦交正常化不是法律问题，是政治问题。高岛局长的主张是师爷的发言。高岛局长的意见不是田中首相、大平外相的真意吧！"在谈到日方提及的蒋介石已放弃要求战争赔偿时，周恩来指出：这使我们感到惊讶和愤慨。蒋介石政权早已被中国人民推翻，他在和日本签订所谓"和约"时宣布不要赔偿是慷他人之慨，而我们是从两国人民友好关系出发，为的是不增加日本人民的负担，才宣布放弃索取赔偿要求的。他还讲述了中国人民过去因赔偿负担而深受其苦的历史。

🌀 关键时候毛泽东出面

接连两次会谈都不顺利，整个日本代表团意气消沉，情绪低落，安排他们去游览故宫博物院，也高兴不起来。

就在这个关键时刻，9月27日晚，毛泽东出面，在中南海会见了田中首相、大平外相和二阶堂官房长官。会见气氛十分轻松。当时参与会见的外交部翻译周斌后来回忆道：

毛泽东第一句话就问田中角荣，他（指周总理）与你吵架吵完了吗？他没有为难你吗？田中回答，没有，没有，周总理和我谈得很好。同时，有时候也是"不打不成交"呀。

毛主席又问大平正芳，他（指姬鹏飞外长）没有欺侮你吗？大平回答，没有，没有，我们是在友好的气氛中交换意见的。

接着毛主席又对田中说，他（指廖承志）是在你们日本生、日本长的。你这次回国时，就把他带回去吧。田中笑着回答，廖先生在日本很有名气，日本各地都有他的许多朋友。如果他愿意参加参议院全国区选举，肯定会高票当选。

临别前，毛主席向客人赠送了《楚辞集注》。

这次会见是礼节性的，没有涉及任何实质问题，但会见本身就清晰地传递了一个最重要的信息：中国是真心实意欢迎他们来访，真心实意希望实现两国关系正常化的。但下一步怎么走，得看日方的行动了。

9月28日，周恩来与田中首相举行第4轮会谈。双方经过4次认真坦率地交换意见，中方的严正立场和严厉的态度，促使日方在原则问题上，转到正确的认识，终于就联合声明达成协议。

9月29日上午10时，中日两国政府在人民大会堂正式签署《中华人民共和国政府和日本国政府联合声明》。周恩来总理、姬鹏飞外长和田中首相、大平外相，分别代表两国政府在《联合声明》上签了字。

中日有分歧意见的问题在《联合声明》中有了双方都同意的表述："结束战争状态"表述为"迄今为止的不正常状态宣告结束"；"战争赔偿要求权"表述为"放弃对日本国的战争赔偿要求"；反霸权条写明"中日邦交正常化，不是针对第三国的"；日台条约没写进声明中宣布废除。但在《联合声明》签字仪式后，大平外相立即在民族文化宫的新闻中心举行记者招待会，宣布：日台条约"已失去了存在的意义，并宣告结束"。

中日建交结束了两国长期敌对的历史，打开了两国睦邻友好的新篇章。其重大影响正如周恩来总理9月28日在为田中首相举行的答谢宴会上所说："中日邦交的正常化，中日两国人民这一长期愿望的实现，将打开两国关系中的新篇章，并将对和缓亚洲紧张局势和维护世界和平，作出积极的贡献。"

主要参考资料：

曲青山、高永中：《新中国口述史》，中国人民大学出版社2015年版。

童小鹏：《风雨四十年》（第2部），中央文献出版社1996年版。

周斌：《1972年中日复交幕后》，《中国新闻周刊》2017年第22期。

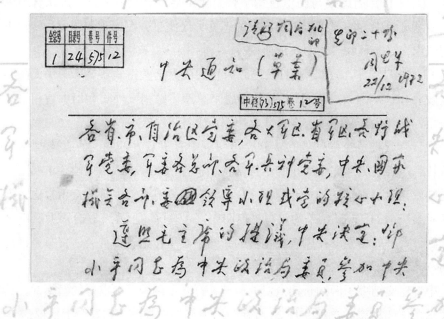

1973年：

周恩来亲笔起草的任职通知

　　1973年春天，引人注目的是：中国高层领导人行列中增加了一名"新成员"，他就是在"文化大革命"初期被作为"党内第二号走资本主义道路的当权派"而打倒的邓小平。

　　邓小平复出后公开露面，是在1973年4月12日。这一天，周恩来在人民大会堂为欢迎柬埔寨国家元首西哈努克亲王举行隆重晚宴，邓小平以国务院副总理身份参加宴会。这件事立刻"引起了很大的轰动"。"这天晚上，宴席未散就抢先急匆匆地走下楼梯的不是外交官，而是各国的新闻记者。他们直奔近处的邮电总局，向全世界传播一件重大新闻：'邓小平复出'！"

邓小平的复出，经历了相当复杂的过程。

周恩来机智促成毛泽东下决心起用邓小平

1972 年 1 月 6 日，陈毅在北京病逝。1 月 10 日，陈毅追悼会在八宝山革命公墓礼堂举行。人们没有想到，病中的毛泽东突然乘车来到了会场，并同陈毅夫人张茜谈话。在这次谈话中，毛泽东提到了邓小平。他把邓小平和刘伯承并列在一起，说邓小平与刘少奇是有区别的，是人民内部矛盾。在场的周恩来听到毛泽东对邓小平的"定性"，感觉邓小平复出的机会来了。他当即示意陈毅的亲属，把毛泽东对邓小平的评价传出去，为邓小平的复出制造舆论。

8 月 3 日，邓小平利用中央要求揭发批判林彪的机会，致信毛泽东，在批林的同时作自我检讨，并向党中央、毛泽东提出：愿为党和人民做一点工作。8 月 14 日，毛泽东对邓小平的信写了长篇批示：

邓小平同志所犯错误是严重的，但应与刘少奇加以区别。

(一) 他在中央苏区是挨整的，即邓、毛、谢、古，是所谓的毛派的头子。(二) 他没有历史问题。即没有投降过敌人。(三) 他协助刘伯承同志打仗是得力的，有战功。除此以外，也不是一件好事都没有做的，例如率领代表团到莫斯科谈判，他没有屈服于苏修。这些事我过去讲过多次，现在再说一遍。

有了毛泽东的批示，一直在为邓小平复出殚精竭虑的周恩来就有了"尚方宝剑"。毛泽东写下批语的第二天，即 8 月 15 日，周恩来就在中共中央政治局会议上传达毛泽东的批示，讨论邓小平复出问题，但因江青等人的消极态度没能取得结果。

1972 年 12 月 17 日晚，毛泽东当面对周恩来说："谭震林同志虽有一时错误，但还是好同志，应该让他回来。" 12 月 18 日，周恩来即致信中央政治局负责干部工作的纪登奎、汪东兴，传达应该让谭震林"回来"的"昨晚主席面示"、盼咐"此事请你们二人商办"。同时不失时机地提出："邓小平同志一家曾要求

1973年：周恩来亲笔起草的任职通知

113

做点工作，请你们也考虑一下，主席也曾提过几次。"

看来，毛泽东在 17 日晚与周恩来的谈话，只是讲谭震林的问题，没有提到邓小平。但周恩来巧妙地利用这一机会，夹带着把邓小平的问题提出来，为历史叩开邓小平政治上第二次再起的大门。

事情很快有了进展。12 月 27 日，纪登奎、汪东兴就安排邓小平、谭震林工作问题向周恩来报告，建议邓小平回京后仍担任国务院副总理。周恩来看后表示：谭震林安排工作的事可先办，邓小平的工作待请示主席后再定。他十分清楚，邓小平复职事关重大，而且一直受到江青一伙的干扰和阻挠，这件事非由毛泽东亲自决断不可。很快，毛泽东就同意周恩来关于邓小平恢复国务院副总理职务的请示。

在周恩来的亲自安排下，邓小平一家人于 1973 年 2 月 22 日回到北京，住在北京西郊花园村的一栋两层楼房里。

毛泽东问起这些年是怎么过来的，邓小平回答了两个字"等待"

为邓小平回京后的工作安排，周恩来做了大量耐心细致的工作。1973 年 3 月上旬，他抱病连续几次主持召开中央政治局会议，讨论并通过《关于恢复邓小平党的组织生活和国务院副总理的职务的决定》。

3 月 9 日，周恩来将草拟的《决定（送审稿）》报送给毛泽东，并在送审稿上写道："关于恢复邓小平同志的国务院副总理职务问题，政治局会议几次讨论过，并在主席处开会时报告过。现在小平同志已回北京。为在全国树立这样一位高级标兵，政治局认为需要中央作出一个决定，一直发到县团级党委。"这样做，是为了在全国范围内恢复邓小平的声誉，便于他复出后重新工作，周恩来可谓用心良苦。毛泽东同日阅后批示："同意。"《决定》说："一九七二年八月十四日，在邓小平同志写给主席的一封信上，毛主席作了重要批示。中央政治局认真讨论了毛主席的批示和邓小平同志的问题。遵照批示精神，中央决定：恢复邓小平同志的党的组织生活，恢复他的国务院副总理的职务，由国务院分配他担任适当的工作。"

3 月 10 日，中共中央正式发出这个决定。

3月29日下午3时，在周恩来的陪同下，毛泽东在中南海住地会见邓小平。这是两人分别6年后的第一次会面。握手时，毛泽东对邓小平讲了八个字："努力工作，保护身体。"毛泽东问起这些年是怎么过来的，邓小平回答了两个字："等待。"

当晚9时，根据毛泽东的意见，周恩来主持召开中央政治局会议进一步商定：邓小平"正式参加国务院业务组工作，并以国务院副总理身份参加外事活动；有关重要政策问题，邓小平列席政治局会议参加讨论"。

4月12日，柬埔寨国家元首西哈努克亲王由柬解放区返回北京，周恩来主持盛大国宴为亲王一行接风。邓小平参加了宴会，这就是开篇"引起了很大的轰动"的那个场面。

③ 周恩来亲笔起草"关于邓小平任职的通知"

重新走上中央领导岗位的邓小平，闯进了毛泽东的政治视野，旧交新知，使毛泽东对邓小平倍感亲切。他也慧眼识中了邓小平这个难得的人才。

1973年12月12日至22日，毛泽东连续主持召开中央政治局会议。会上，他表示赞成叶剑英的意见，"全国各个大军区司令员互相调动"，并提议邓小平担任中央军委委员和中央政治局委员，"我和剑英同志请邓小平同志参加军委，当委员。是不是当政治局委员以后开二中全会追认。"

12月14日晚，毛泽东召集有部分中央政治局委员参加的会议，邓小平也出席了。毛泽东谈及各大军区司令员对调问题说："现在请了一个军师，叫邓小平。发个通知，当政治局委员、军委委员。政治局是管全部的，党政军民学，东西南北中。我想政治局添一个秘书长吧！"毛泽东还指了指邓小平说："你不要这个名义，那就当个参谋长吧！"

12月15日上午，毛泽东同部分中央政治局委员及大军区负责人谈话。毛泽东介绍邓小平说："我们现在请了一位总参谋长。他呢，有些人怕他，但他办事比较果断。他一生大概三七开。你们的老上司，我请回来了，政治局请回来了，不是我一个人请回来的。"他对邓小平说："你呢，人家有点怕你。我送你两句话：柔中寓刚，绵里藏针。外面和气一点，内部是钢铁公司。"

毛泽东一而再、再而三地在各种场合大力宣传邓小平，要全面重用邓小平，病体沉重的周恩来深受鼓舞。就在12月22日政治局会议后，周恩来不顾疲倦的身体，用他那不很灵活的右手，当即逐字逐句地写下中共中央关于邓小平任职的通知全文：

中央通知（草案）

各省、市、自治区党委，各大军区、省军区、各野战军党委、军委各总部、各军兵种党委，中央、国家机关各部、委领导小组或党的核心小组：

遵照毛主席的提议，中央决定：邓小平同志为中央政治局委员，参加中央领导工作，待十届二中全会开会时追认；邓小平同志为中央军事委员会委员，参加军委领导工作。特此通知。

中共中央

一九七三年十二月二十二日

此后，由周恩来亲笔起草的邓小平任职通知，迅速发至全党、全军、全国。这时的邓小平集党政军三要职于一身，开始全面参与党和国家的重大决策。至此，迈出了邓小平正式接替周恩来主持国务院工作的第一步，病魔缠身的周恩来，终于如释重负地松了一口气。

主要参考资料：

中共中央文献研究室：《邓小平传》（下），中央文献出版社2014年版。

中共中央文献研究室：《毛泽东传（1949—1976）》下册，中央文献出版社2003年版。

1974年：

"世界第八大奇迹"

这里原本是一片普通的黄土地，日出而作日落而息的农家生活从古至今绵延不断，然而历史总是在不经意间带给人们莫大的惊喜和快乐。1974年初春，陕西省临潼县（今西安市临潼区）西杨村村民一次偶然的打井行动，无意中发现了秦兵马俑。此后，一个埋藏了2000多年的地下军阵被挖掘出来，并建成如今的秦始皇兵马俑博物馆。

偶然面世的奇迹

1974年初春，严重的旱情威胁着中国西部八百里秦川，各地兴起打井浇地、抗旱保苗的生产热潮，坐落在骊山脚下的临潼县西杨村也不例外。这天傍晚，为打井奔走了一下午的西杨村生产队队长杨培彦和副队长杨文学，站在柿树园一角的西崖畔上，眼望着这片只长树木、不长庄稼的荒滩。杨培彦终于下定决心，挥起镢头在脚下石滩上画了一个不规则的圆圈："就在这里吧。"

翌日晨，以西杨村杨志发等6人组成的打井队，挥动大镢在杨培彦画的圆圈里挖掘起来。他们要在此处挖一眼直径3米的大口井，以解决燃眉之急。这几天天气不错，他们唱起大跃进年代曾风靡北方的民歌："铁镢头，二斤半，一挖挖到水晶殿。龙王见了直打战，就作揖，就许愿，缴水、缴水，我照办。"干得热火朝天。

当他们挖到1米多深时，出乎意料地发现了一层红土。这是一层大约30厘米厚的黏合状红土，很像烧窑的盖顶，这层红土异常坚硬，使得他们挖起来很费劲，一连大干了三天三夜，才挖穿了这个红土层，这时井深已超过了3米。

3月29日，当杨志发的镢头再抡下去又扬起来的瞬间，秦始皇陵兵马俑军阵的第一块陶片出土了。同时，井下也有人发出惊呼："瓦神爷（关中土语，指庙中陶制、泥塑的神像）！"摆在面前的是一个陶制人头，形象极为恐怖。只见这个人头顶上长角，二目圆睁，紧闭的嘴唇上方铺排着两撮翘卷的八字须。

随着镢头的劈凿、铁锨的挥舞，一个个陶制俑头、一截截残腿断臂、一堆堆俑片，被装进吊筐拉上地面，抛入荒滩野地。在离地面4.5米的深处，大家发现了青砖铺成的平面台基，同时，还有3个残缺的弩机和无数绿色的青铜箭头。

这时，村民们望着不远处高大的秦始皇陵感到了蹊跷，感到了可能事关重大，他们觉得不能再往下挖了，工程就此停止下来。

西杨村打井挖出"瓦神爷"的消息不胫而走，周围的人们纷纷前来观看。

赵康民慧眼识"兵马"

1974年4月25日，临潼县文化馆文物干事赵康民接到晏寨公社下村检查打井工作的干部房树民的电话："老赵，你快来，西杨村打井打出好多瓦人，头比真人还大，还有铜箭头、秦砖。"这个消息让赵康民惊喜万分，凭着铜簇、秦砖以及西杨村邻近秦始皇陵的特殊位置，他当即判断村民可能挖到了秦武士俑陪葬坑。

赵康民当即放下手头的工作跨上自行车立即出发，一路如飞来到打井现场。赵康民被打井现场的场面惊呆了，在骊山脚下柿子园的打井工地，新土中四周到处可见陶人的头、身、肢和残片，还有许多灰黑色的整砖，偶尔还能找到一些铜箭头。经打听，当地老百姓认为出土的一些"瓦神爷"是天旱的罪魁祸首，是它喝干了地下的水，村里的老人们忙着烧香磕头；有些村民觉得"瓦神爷"面目狰狞，把它挂在麦地边的柿子树上吓麻雀，孩子们将"瓦神爷"残肢断臂当作戏耍的道具；还有些村民认为这种"大砖"沉甸甸的，里面含有铅，取名为"铅砖"。赵康民马上下到井底，对现场进行分辩，又仔细观察土层结构，对较为完整的陶件进行分析，联想到馆内收藏的跪坐俑，一种直觉告诉他这是秦代的遗物，这是与秦始皇陵相关的遗物。

于是，赵康民雇来村民将陶片收拢，装了整整3架子车送回博物馆，并向他们支付劳务费30元，当时村民的劳动日工资仅为一毛钱。赵康民又找来村民，把新土全部细细过筛，将所有的残片碎碴一网筛尽，全部收集起来运回博物馆拼对、粘接。同时，赵康民组织人员对打井现场进行了部分清理发掘，以寻找更多的线索。赵康民还得知，已有部分出土的铜箭头卖到了三原县的废品收购站。赵康民一听气得差点晕倒了，他当即以高于卖价的条件将200多个铜箭头、2个铜弩机全部赎回。

正当赵康民收集清理这些散失的文物时，回乡探亲的新华社记者蔺安稳闻讯前来观赏，凭着敏锐的职业嗅觉，他当即写成《秦始皇陵出土一批秦代武士陶俑》，于1974年6月27日，刊登在人民日报社主办的内部刊物《情况汇编》第2396期上。蔺安稳写道：

陕西省临潼县骊山脚下的秦始皇陵附近，出土了一批武士陶俑。陶俑身高1.68米（注：应是1.78米）。身穿军服，手执武器，是按照秦代士兵的真实形象塑造的。秦始皇陵周围以前曾出土过陶俑，但都是一些体积不大的跪俑，像这种真人一样的立俑，还是第一次发现。特别珍贵的地方，在于这是一批武士。

秦始皇用武力统一了中国，而秦代士兵的形象，史书上没有记载。这批武士陶俑是今年三四月间，当地公社社员打井时无意发现的。从出土情况推测，当时陶俑上面盖有房屋，后来被项羽焚烧，房屋倒塌，埋藏了2000多年。这批文物由临潼县文化馆负责清理发掘，至今只清理了一部分，因为夏收，发掘工作中途停止了。

这期《情况汇编》印发后引起中央领导的高度重视，6月30日，国务院副总理李先念亲自批示给国家文物局："建议请文物局与陕西省委一商，迅速采取措施，妥善保护好这一重点文物。"

埋藏两千余年的兵马俑重见天日

1974年7月7日，国家文物局与陕西省委的领导匆匆来到西杨村现场。当他们看到又一批武士俑屹立于大地上，在无比的震惊和赞叹之后，秦始皇兵马俑考古工作队成立了，并于7月15日在西杨村安营扎寨。这只考古队的第一任队长就是著名的考古学家、秦俑博物馆的首任馆长袁仲一。如果把3个多月以前的发现比作一支召唤黎明的序曲的话，那么从这一天起，世界考古史上最辉煌灿烂的乐章便浑然交响于中国的"金字塔"下这片古老的黄土地上。

1975年上半年，考古工作者在965平方米的试掘方内清理出与真人真马相仿的陶俑500余件，陶马24匹，木质战车6乘和大批青铜兵器、车马器，正式揭开兵马俑的神秘面纱。通过试掘和钻探，考古工作者了解到一号兵马俑坑面积14260平方米，内有陶俑、陶马6000多件。

1975年8月26日，国家文物局局长王冶秋来到陕西，传达了国务院关于建立"秦始皇兵马俑遗址博物馆"的决定。随后开始在一号俑坑遗址上修建展览大厅。在展览大厅基建工程进行时，1976年4月23日，考古人员在一号兵马俑坑东端北侧20米处，又钻探出二号兵马俑坑。它的面积6000平方米，埋藏有陶质兵马1300多件。同年5月11日，在一号兵马俑坑的西端北侧25米处，又发现了三号兵马俑坑，面积为520平方米，内有武士俑68件，战车1乘。据推算这三座兵马俑坑全部发掘完毕，可出土陶俑7000余件，陶马600多匹，战车百余乘，兵器数十万件。

1975 年 8 月，国务院批准在秦俑一号坑修建展览大厅，拨专款 150 万元，后来在谷牧副总理的支持下陆续追加数百万元。1979 年大厅落成，边发掘边开放，并正式定名为"秦始皇兵马俑博物馆"，叶剑英元帅亲书馆名。1989 年 10 月 1 日，秦俑三号坑大厅建成，全面进行发掘修复工作；1993 年 12 月 31 日，秦俑二号坑大厅落成，开始进行全面性发掘。

　　1978 年 9 月，法国前总理、巴黎市长希拉克在参观后留下这样的赞词："世界上曾有七大奇迹，秦俑的发现，可以说是'第八大奇迹'了，不看金字塔不算真正到过埃及，不看秦俑不算真正到过中国。"从此，"世界第八大奇迹"便成为秦兵马俑的代名词，飞向世界各地，飞入寻常人的心中。

主要参考资料：

张哲浩、张亚雄：《慧眼识"兵马"的伯乐走了》，《光明日报》2018 年 5 月 31 日。

《临潼文物事业发展的拓荒人：赵康民》，中国文博百家号 2018 年 5 月 30 日。

1975年:

一颗种子改变世界

　　袁隆平，中国工程院院士，国家杂交水稻工程技术研究中心暨湖南杂交水稻研究中心主任，被国际同行誉为"杂交水稻之父"。1975年，袁隆平研制成功杂交水稻制种技术，从而为大面积推广杂交水稻奠定了基础，他由此成为世界上第一个成功利用水稻杂种优势的科学家。

3 失败中诞生灵感火花：一个颇有传奇色彩的发现，打开了杂交水稻培育突破口

1961 年，袁隆平成为湖南省安江农校的一位教师。

1964 年 7 月，盛夏的一天，在安江农校实习农场早稻田中，袁隆平像往常一样下课后挽起裤腿到稻田查看。突然，他被一株"鹤立鸡群"的水稻吸引了：株型优异，穗大粒多。他蹲下身子仔细地数了数稻粒数，竟然有 160 多粒，远远超过普通稻穗。兴奋的袁隆平如获至宝，给这株水稻做了记号，将其所有谷粒留做试验的种子。

第二年的结果却让人很失望，这些种子生长的禾苗，高矮不一，抽穗的时间也有早有晚，没有一株超过它们的前代。

袁隆平百思不得其解，根据孟德尔遗传学理论，纯种水稻品种的第二代应该不会分离，只有杂种第二代才会出现分离现象。灵感的火花来了：难道这是一株天然杂交稻？而当时权威观点是水稻属自花授粉植物，不具有杂交优势。

从这时开始，袁隆平下定决心不为权威所限，通过科学的研究揭示出水稻杂交的奥秘和规律。他迈开双腿，走进了水稻的莽莽绿海，去寻找这从未见过、而且中外资料从未报道过的水稻雄性不育株。

在 1964 年到 1965 年两年的水稻开花季节里，他和助手们每天头顶烈日，脚踩烂泥，低头弯腰，终于在稻田里找到了 6 株天然雄性不育的植株。经过两个春秋的观察试验，对水稻雄性不育材料有了较丰富的认识。1966 年，他根据所积累的科学数据，在中国科学院主办的《科学通报》上发表论文《水稻的雄性不孕性》，论述了水稻具有雄性不孕性，并预言：通过进一步选育，可以从中获得雄性不育系、保持系和恢复系，实现三系配套，使利用杂交水稻第一代优势成为可能，带来大幅度、大面积增产。这就是袁隆平首创的"三系法"杂交水稻。

从 1964 年发现"天然雄性不育株"算起，袁隆平和助手们整整花了 6 年时间，先后用 1000 多个品种，做了 3000 多个杂交组合，仍然没有培育出不育株率和不育度都达到 100% 的不育系来。袁隆平总结了 6 年来的经验教训，并根据自己观察到的不育现象，认识到必须跳出栽培稻的小圈子，重新选用亲本材料，提出利用"远缘的野生稻与栽培稻杂交"的新设想。

在这一思想指导下，1970 年 11 月，他带着助手在海南寻找野生稻时，在三亚机场公路铁路桥边的一个水坑中找到一片正在开花的野生稻，经助手逐株观察，发现其中有 3 个呈雄性不育状的稻穗，袁隆平将之命名为"野败"（野生稻花粉败育株）。这个颇有传奇色彩的发现，打开了杂交水稻培育的一个突破口。

❸ "吹尽黄沙始到金"：1975年，世界上第一代杂交稻正式诞生了

探索的道路从来不会一帆风顺，尤其是在那个特殊的年代。1968 年 5 月 18 日，这是一个袁隆平终生都不会忘记的日子。这一天，他视为自己生命的试验田里的秧苗竟然全部被人连根拔起，整个试验田被彻底破坏。事发后第 4 天，痛不欲生的袁隆平才在学校的一口废井里找到残存的 5 根秧苗，继续坚持试验。在试种过程中，还曾出现过减产的挫折。那是在 1972 年，"野败"与栽培稻杂交转育成功的杂交水稻，除了稻草比常规稻多一倍之外，稻谷没有表现出增产优势。

当时，杂交水稻怀疑论者嘲讽地说："可惜人吃的是饭，不吃草，人要吃草，你这个杂交稻就大有发展前途了。"

大家都失望的时候，国际上的杂交水稻研究也陷入了困境。一些水稻种植大国，纷纷放弃了杂交水稻研究，杂交水稻没有优势的理论，再一次如一座大山般向袁隆平压过来。但袁隆平没有放弃，问题很快找到了，那就是他没把稻子的优势遗传到穗上，而是遗传到了杆上，但要想颠倒过来却并不容易，这一颠倒整整花去了三个年头。1975 年，世界上第一代杂交稻——三系杂交水稻正式诞生了。

当年在生产队的实验中，每亩稻子增产 300 多斤。1976 年，国家开始大面积推广杂交稻，推广面积 208 万亩，产量比常规稻增产 20%。深受杂交水稻惠泽的中国农民，用生动而朴实的语言称颂袁隆平为"当代神农"或"米菩萨"。

1980 年，杂交水稻作为我国第一项农业专业技术转让给了美国，为菲律宾等 30 多个国家培养了 500 多名杂交稻专家。20 世纪 90 年代起，袁隆平开

始协助联合国粮农组织推广杂交稻，全世界越来越多的人受惠于此，在告别饥饿的同时，也记住了袁隆平这三个字。

1981年6月6日，袁隆平被授予新中国第一个、迄今为止唯一一个国家特等发明奖。

在对杂交水稻的一片赞扬声中，袁隆平自揭其短：三系杂交水稻"前劲有余，后劲不足；分蘖有余，成穗不足；穗大有余，结实不足"。

他决心开展新的研究攻关，在1986年提出了杂交水稻育种方法从三系向两系再向一系迈进的战略设想。1987年，"两系法"杂交水稻研究被列为国家"863"计划项目，袁隆平出任责任专家，主持全国16个单位协作攻关。1995年，"两系法"杂交水稻研制成功并大面积生产应用，到2000年全国累计推广面积达5000万亩，平均产量比"三系"增长5%—10%。

从"三系法"到"两系法"再到"超级稻"，水稻夺高产是袁隆平毕生追求的梦想

20世纪90年代后期，美国学者布朗抛出"中国威胁论"，撰文说到21世纪30年代，中国人口将达到16亿，到时谁来养活中国，谁来拯救由此引发的全球性粮食短缺和动荡危机？这时，袁隆平向世界宣布："中国完全能解决自己的吃饭问题，中国还能帮助世界人民解决吃饭问题。"

1996年，中国农业部制定了"中国超级稻计划"。袁隆平把塑造优良的株叶型与杂种优势有机结合起来，提出了旨在提高光合作用效率的超高产杂交水稻选育技术路线。1998年，这一项目受到国务院的高度重视，获总理基金1000万元资助，同时也被列入国家"863"计划。

袁隆平为此深受鼓舞。在海南三亚农场基地，袁隆平率领着一支由全国十多个省、区成员单位参加的协作攻关大军，日夜奋战，攻克了两系法杂交水稻难关。经过5年的攻关，袁隆平终于在2000年达到了农业部制定的第一期目标——共有数十个百亩片和数个千亩片亩产700公斤以上。2004年，超级杂交稻又达到"中国超级稻计划"的第二期产量指标——亩产800公斤以上。

从"三系法"到"两系法"再到"超级稻"，从亩产400公斤到600公斤再到800公斤，袁隆平的脚步从来没有停止过。

2006 年，袁隆平提出"种三产四"丰产工程，致力于中低产田的增产。即"运用现有的超级杂交稻技术成果，用 3 亩地产出 4 亩地的粮食，大幅提高现有水稻的单产和总产"。截至 2017 年 9 月，"种三产四"丰产工程实施十多年来，已累计增产稻谷 60 多亿公斤。

2013 年 9 月 29 日，从国家杂交水稻工程技术研究中心证实，经农业部测产验收，由袁隆平科研团队攻关的国家第四期超级稻百亩示范片"Y 两优900"中稻平均亩产达 988.1 公斤，创世界纪录。

从《诗经》慨叹的"天降丧乱，饥馑荐臻，无以卒岁"，到清朝《履园丛话》描写的"蝗旱不登，饿殍载道"，饥荒现象已成为文献记载，停留在历史书卷中。2005 年年底，联合国世界粮食计划署在北京正式宣布从 2006 年起停止对华粮食援助。这标志着中国 26 年的粮食受捐赠历史画上了句号，并开始成为一个重要的援助捐赠国。中国以占世界不到 10% 的耕地养活了占世界 20% 多的人口，其中袁隆平的杂交水稻立下了汗马功劳。

主要参考资料：

《大功至伟袁隆平：我是人民农学家》，新华网 2007 年 5 月 22 日。

1976年:

玉泉山中央政治局紧急会议

1976年10月6日晚，一向幽静的北京西郊玉泉山却灯火通明。一辆辆特殊牌号的汽车鱼贯驶入这里，来者俱是行色匆匆、神情凝重。随后在叶剑英住地玉泉山9号楼，华国锋、叶剑英召集中共中央政治局紧急会议。就在几小时前，他们在中南海分别将王洪文、张春桥、姚文元和江青、毛远新等人成功隔离审查。这应该是自新中国成立以来政治局势最不稳定的一个晚上，沉沉夜幕之下尚不知多少暗流在涌动。毕竟，搅动我国政治长达10年之久的"四人帮"

代表的并不只是四个人。出于这种考虑，玉泉山9号楼成为比中南海更加合适的会议地点。

◯ 华国锋宣布"四人帮"已被拘捕

1976年10月6日晚10时，出席会议的中央政治局成员已全部到齐，有华国锋、叶剑英、李先念、汪东兴、吴德、陈锡联、纪登奎、陈永贵、苏振华、倪志福、吴桂贤共11人。刘伯承因病重无法出席。许世友、韦国清、李德生、赛福鼎4位在外地，未能与会。李鑫（中央办公厅副主任）和周启才（中央办公厅秘书局局长）列席会议。

会议开始时，华国锋请叶剑英主持会议并讲话。叶剑英说："这次会议应该由你主持，你是毛主席提议、中央政治局讨论批准的党中央第一副主席，一直主持中央的日常工作，责无旁贷，你就主持开会吧！"

"那我就先讲几句，再请叶帅主讲。"华国锋说："我现在向大家宣布：今天晚上八时，中央已在中南海怀仁堂正厅以召开政治局常委会、讨论《毛泽东选集》第五卷的出版和建造毛主席纪念堂选址问题为由，在中南海怀仁堂正厅拘捕了王洪文、张春桥。姚文元不是常委，通知他来怀仁堂列席会议，做些'毛选'文字的修改工作，他来后，在怀仁堂东休息室被拘捕了。江青是在中南海她的住地拘捕的。根据他们篡党夺权的严重罪行，分别向他们宣布了由我签署的中央对他们实行隔离审查的决定。对王洪文、张春桥的拘捕是在怀仁堂正厅，叶帅坐镇，我分别向他们宣布的。江青和姚文元是由执行任务的有关负责人员向他们宣读的。对毛远新实行了保护审查。'四人帮'在北京的几个骨干分子，由北京市委、北京卫戍区根据中央指示解决的。"

关于这一重大行动的实施，华国锋说："东兴同志按照预定方案，组织指挥参战人员具体实施。由于决策正确，精心组织，高度保密，措施得当，整个行动过程进行得很顺利。对中央新闻单位，我们选派了耿飚同志带领精干的工作组进驻，掌控情况，把好关。"

华国锋接着说："中央采取了坚决、果断的措施，非常的手段，稳妥、快速地粉碎了'四人帮'反革命集团，取得了重大的历史性胜利，为党为国为民除了一大害。"

华国锋的话音刚落，叶剑英强调，粉碎"四人帮"是解决毛泽东生前提出而没有来得及解决的问题，又是当前不能不解决的问题。"在决策和实施这一重大行动过程中，保密问题重之又重，知密人员范围很小，参与人员十分精干。实战证明，这样做是正确的，未放一枪一弹，即迅速粉碎了这个反革命集团，取得了预期的胜利。"

叶剑英说到这里，华国锋插话说："这场粉碎'四人帮'斗争的胜利，我们的叶帅起了最为重要的作用。"

叶剑英连忙说："不能这样讲。解决'四人帮'的问题，是毛主席的遗愿。毛主席逝世后，你是党中央第一副主席，主持中央的日常工作，又是国务院总理，这件大事，如果你不下决心，你不拍板，做起来就难啊！正是因为你下了决心，你拍了板，做起来就相对容易了。"

③ 会议讨论和确定了党中央主席人选

叶剑英接着说："在这场同'四人帮'的斗争中，东兴同志具体对行动方案组织实施，胜利完成，是出了大力、立了大功的。8341 部队的参战人员也为党为人民作出了很大贡献。"

汪东兴插话说："叶帅过奖了。在这场同'四人帮'的决战中，我是在国锋同志和叶帅的直接领导和指挥下，做了应该做的一些事情。一个老共产党员，长期从事保卫毛主席、保卫党中央的领导干部，为了党、国家和人民的根本利益，完成中央交给我的政治任务，是完全应该的。"

会场沸腾了！

华国锋、叶剑英的讲话不时被热烈的掌声打断。有些人流着热泪，互相握手拥抱，拍打着肩膀，嘴里不停地说着："好""好""这一下可好了！"

华国锋说："毛主席离开我们快一个月了。乱党、乱军、乱国，妄图夺取党和国家最高领导权的'四人帮'反革命集团，被党中央及时果断地粉碎了。在此新的形势下，我向中央政治局提议，请我们叶帅担任党中央的主席，主持中央的工作。叶帅德高望重，长期在中央协助毛主席、周总理、朱老总，处理国际、国内重大问题，多谋善断，有多方面丰富的实践经验，思想政治理论水平很高，在危难时刻，两次挽救了党。"

叶剑英起来大声说："国锋同志这个提议不妥。我年事已高，今年已 79 岁了，且长期从事军事工作，工作面窄。经过慎重考虑，我提议由华国锋同志担任党中央主席、中央军委主席。他年龄比我小二十多岁，有实际工作经验，为人实在，民主作风好，能团结同志，尊重老同志。他现在是党中央第一副主席，主持中央的日常工作，我认为他是比较合适的人选。这个担子是不轻，我们大家可以协助。请大家考虑。"

在叶剑英提议下，会议一致通过华国锋任中国共产党中央委员会主席、中央军事委员会主席，以后提请中央全会追认。

当天，中共中央即向全国县团以上党组织发出 1976 年第 15 号文件《中共中央关于华国锋同志任中国共产党中央委员会主席、中国共产党中央军事委员会主席的通知》。通知说："现将中共中央关于华国锋同志任中国共产党中央委员会主席、中国共产党中央军事委员会主席的决议发给你们，请你们立即在党内传达。"

玉泉山会议还讨论了向全党全军和全国各族人民通报党中央对"四人帮"实行隔离审查这一重大事件的中共中央 1976 年第 16 号文件。16 号文件在 10 月 7 日至 14 日举行的一系列"打招呼"会议后于 10 月 18 日最终形成，标题为《中共中央关于王洪文、张春桥、江青、姚文元反党集团事件的通知》，10 月 19 日由中央办公厅印发。

这次中央政治局紧急会议从 10 月 6 日晚 10 时开到 10 月 7 日清晨 4 时多，历时 6 个多小时顺利结束。

中央政治局紧急会议结束后，汪东兴给外地的中央政治局成员许世友、韦国清、李德生、赛福鼎一一打电话通报了会议情况，他们都表示坚决拥护中央政治局的上述决定。

粉碎"四人帮"结束了"文化大革命"这场灾难，从危难中挽救了中国的社会主义事业，为党和国家进入新的历史时期创造了前提。共和国的历史翻开了新的一页。

主要参考资料：

周启才：《中央政治局玉泉山紧急会议》，《世纪》2006 年 2 期。

程中原、夏杏珍、刘仓：《1976：从四五运动到粉碎"四人帮"》，人民出版社 2017 年版。

搞好大学招生是全国人民的希望

社论

今年高等学校的招生工作即将开始。

高等学校的招生工作，直接关系到培养人才的质量，影响中小学教育，涉及各行各业和千家万户，是一件实在加强领导。我们要把这次招生的过程，变成动员广大知识青年和在校学生更牢固、更自觉地为革命学文化，走又红又专道路的过程。

实现四个现代化，迫切需要培养和造就大批又红又专的建设人才。早在二十年前，伟大领袖毛主席就明确指出，要叫十年树以好的革命精神，扩大和提高工人阶级的知识队伍，并指示"各级党委必须重视抓好培养无产阶级自己的知识分子队伍"。

招生工作是高等学校培养人才的重要环节。二十八年来，在毛主席的英明领导和周总理的亲切关怀下，招生工作取得了很大成绩，积累了不少经验，我们逐步改革了招生制度，随着社会主义计划经济的需要，一般实行统一招生，这一分配，适应了社会主义计划经济的需要，体现了社会主义制度的优越性。通过毛主席关于"工农及其子女有享受教育的优先权"的教导，我们采取了一系列的有效措施，使大学招收的学生中工农及其子女的比例逐年增加，轻快地培养出成百万个无产阶级革命和社会主义建设的人才，他们参加劳动，为人民出了力，为社会主义事业作出了贡献，不少人已成为各条战线的骨干力量。

"四人帮"一伙扶植建国以来招生工作的巨大成绩，否定毛主席革命路线的主导地位。他们鼓吹"宁要没有文化的劳动者"，反对大学培养工人阶级自己的知识分子队伍。他们把交白卷的反革命分子张铁生誉为"真正的又红又专"，反对无产阶级

1977年：

恢复高考

在当代中国历史中，1977 年绝对是要浓墨重彩写上一笔的。这年的冬天，570 多万从农村、工厂、部队一路风尘走来的年轻人，怀着忐忑的心情和奋发的意气，奔向高考考场。而此前，中国高考大门已关闭了 11 年之久。

这年的高考，积聚了太久的希望。那是渴望了太久的梦想，那是压抑了太久的信念；那是一个民族对知识的渴求，那是一个国家重建社会公平与公正的开始。恢复高考不仅是简单恢复一个入学考试，而是一个国家和时代的拐点，

许多人的命运从此发生改变。

☑ 关键时刻，邓小平一锤定音

1977 年 7 月，第三次复出的邓小平自告奋勇地提出主抓科技和教育工作。

8 月 4 日，邓小平在北京饭店亲自主持召开科学和教育工作座谈会，邀请 30 多位著名科学家和教育工作者参加。这是他恢复工作后主持召开的第一个会议。

会议前两天，专家们表现得非常拘谨，只敢谈一些不敏感的小问题，而且还都是纯粹的专业话题。毕竟，"文化大革命"十年让人们的心灵饱受摧残，对于知识分子不公正的待遇、一次次的打击更让这些专家学者谨小慎微，心有余悸。人们对未来充满期望，但又不敢存有过于乐观的奢望。会议在谨慎的氛围中小心地进行着。

有一位来自武汉大学的化学系副教授查全性一直没有发言，他感觉自己的有些话已被别人讲了，因此找到了时任教育部党组成员、高等教育司司长的刘道玉。在刘道玉的启发下，他决定第二天集中讲迟群一伙推行的所谓"自愿报名，群众推荐，领导批准，学校复审"的"十六字"方针。

因此，8 月 6 日下午，当邓小平明确对有人反映的"清华新生还得补中学课程"作出强烈不满时，查全性毅然举起手说道，"邓副主席，我要发言"。接着他提出，大学的学生来源参差不齐，没法上课，必须废除群众推荐、领导批准那一套，恢复高考招生，凭真才实学上大学。

查全性慷慨陈词，完全不同于前几天座谈会上平淡的发言，显然击中了邓小平的心弦，邓小平聚精会神倾听。

查全性越说越激动，"现行的招生制度，有四个严重弊端：一，埋没人才。一些热爱科学有前途的青年选不上来，而那些不想读书、文化程度又不高的人，却占去了招生名额，这是极不合理的。二，现行招生制度卡了那些没有特殊关系的工农子弟上大学。群众反映说：新中国成立前上大学靠钱，'文化大革命'前 17 年靠分，现在靠权。新中国成立前，我们没有钱，现在没有权，靠分还能有份。三，坏了社会风气，助长不当之风，而且越演越烈。今年招生还没有开始，已经有人开始请客送礼，走后门。四，严重影响中小学学生和教师的积极性。现在，甚至连小学生都知道，今后上大学不需要凭文化，只要有个好爸爸！"

查全性的话一出，坐在沙发上的邓小平被查全性的一席发言感动了，他深深地吸了一口烟，探出半个身子，示意查全性往下说，"查教授，你说，你继续说下去，这个意见很重要！"

查全性接着建议："应该建立全国统一的招生报考制度，招生名额不要下放到基层，改成由省、市、自治区掌握。现在名额分配上很不合理，走后门很严重。按照高中文化程度统一考试，并要严防泄露试题。考试要从实际出发，重点考语文和数学。另外，要真正做到广大青年有机会报考和自愿选择专业。应届高中毕业生、社会青年，没有上过高中但实际达到高中文化水平的人都可以报考。"

没想到，邓小平听完后，向查全性点点头，然后环视四座问："大家对这件事还有什么意见？"查全性的发言引起与会者强烈共鸣，人们开始七嘴八舌地补充着他的发言，心情也越来越激动。他们建议中央下大决心对现行招生制度来一个大的改革，宁可今年招生晚两个月。不然，又招来20多万人，好多不合格的，浪费损失可就大了。

这时，坐在他身边的教育部长刘西尧迟疑道："今年恢复高考来不及了，招生工作会议已开过了。"

邓小平略一沉吟，一锤定音："改嘛！既然今年还有时间改，就坚决改嘛！把太原招生会议的报告收回来，根据大家的意见修改！这涉及几百万人的问题。今年开始就改，不要等了！重新再召开一次招生会议就是了。"

由于纸张严重匮乏，动用印《毛泽东选集》的纸张印试卷

8月13日起，教育部在北京召开了第二次全国高校招生工作会议，教育部个别领导受"两个凡是"的束缚，不敢改革高校招生制度，不敢推倒"两个估计"，对邓小平提出的正确主张持犹豫、观望的态度，会上发生了激烈的争论，招生方案迟迟定不下来。

9月19日，邓小平召集刘西尧等教育部负责人谈话，严肃指出，"教育部要争取主动。你们还没有取得主动，至少说明你们胆子小，怕又跟着我犯'错

误'"。"现在群众劲头起来了，教育部不要成为阻力。教育部首要的问题是要思想一致。赞成中央方针的，就干；不赞成的，就改行。"他还直截了当地批评道："你们起草的招生文件写得很难懂，太繁琐。关于招生的条件，我改了一下。政审，主要看本人的政治表现。政治历史清楚，热爱社会主义，热爱劳动，遵守纪律，决心为革命学习，有这几条，就可以了。总之，招生主要抓两条：第一是本人表现好，第二是择优录取。"

10月5日，中央政治局讨论通过了由邓小平修改的高等学校招生工作的意见。10月12日，国务院批转了教育部《关于1977年高等学校招生工作的意见》，宣布当年立即恢复高考。文件规定：废除推荐制度，恢复文化考试，择优录取；修改政审标准，贯彻"重在表现"的原则。10月21日，《人民日报》在第一版发表《高等学校招生进行重大改革》的报道，正式公布了恢复高校招生统一考试制度。如同秋天里的一声惊雷，唤醒了千百万中国青年沉睡的梦。

1977年的高考很特别，是在冬天举行的。由于当时纸张严重匮乏，为了赶印高考试卷，经邓小平批准，动用了准备印制《毛泽东选集》第五卷的纸张。11月28日至12月25日，全国约有570多万知识青年参加高等学校招生考试，其中27.3万人被录取。十年耽误和积压，一朝汇聚和喷涌。这次高考的考生经历五花八门，年龄差距大，不仅有兄弟、姐妹、师生同考，还有叔侄、夫妻同考的现象，大家都有一种兴奋、紧张和神圣的感觉。

恢复高考荡涤了"读书无用论""唯成份论"的浊流，为百废待兴的中国大地吹来了第一阵尊重知识、尊重人才的春风，其意义重大而深远。当年的一位考生回忆说："高考重新给了一代人以竞争的机会，它是我们国家恢复竞争活力的源头，当570万满身风尘、满怀喜悦的考生从四面八方、从10亿人中间涌向考场的时候，这个民族的血脉重新开始流通，而我们77级高考人和时代的脉搏在一起，构成她坚韧有力的律动。"

主要参考资料：

王扬宗：《记忆与实录：恢复高考的拍板过程》，《南方周末》2009年12月9日。

刘道玉：《拓荒与呐喊：一个大学校长的教改历程》，世界知识出版社2011年版。

实践是检验真理的唯一标准

《光明日报》特约评论员

检验真理的标准只能是社会实践

革命导师是坚持用实践检验真理的榜样

任何理论都要不断接受实践的检验

1978年：

真理标准与"两个凡是"的交锋

　　德国诗人海涅说："思想走在行动之前，就像闪电走在雷鸣之前一样。" 1978 年真理标准大讨论正是这样一场思想的闪电，回应了时代的呼声，抓住了社会变革的脉搏，是行动的先声，是社会变革的先导，吹响了前进的号角。

3 《光明日报》特约评论员文章激起轩然大波

1978 年 5 月 11 日，《光明日报》第一版发表署名"本报特约评论员"文章《实践是检验真理的唯一标准》。

40 年后，这篇文章的主要作者、时为南京大学哲学系教师的胡福明说起当年那段历程依然心潮澎湃。他回忆道：

1977 年 2 月，"两报一刊"搞出一个社论，提出"两个凡是"。我是学新闻出身，看到这个社论，意识到这代表了当时的主要指导思想。

"两个凡是"就是说毛泽东的话句句是真理。但这在理论上是错的，检验真理的标准是什么？我想到这个问题。实践是检验真理的标准。

1977 年夏天，我妻子住院，病房还有其他女病人，我不便在病房里照顾。就把《毛泽东选集》都带着去，在走廊把几张凳子拼起来，在凳子那边写提纲。

于是，胡福明写出了 8000 多字的长文，题目是《实践是检验真理的标准》。他把稿子寄给了《光明日报》编辑部。

1978 年 1 月，胡福明收到编辑要求修改的回信。时任《光明日报》总编辑的杨西光还在标题中加了"唯一"两个字。随后这篇文章经过多人参与、数易其稿，于 5 月 10 日首先在中央党校内部刊物《理论动态》上刊发。5 月 11 日，《光明日报》以"本报特约评论员"名义在头版发表，新华社当天发了通稿；12 日，《人民日报》《解放军报》以及《解放日报》等全文转载；13 日，又有多家省报转载。

当时，中央报纸上许多重要文章如果以社论或本报评论员名义发表，必须送当时党中央主管宣传工作的负责人审定，那就很难通过。为了绕过他，他们决定先在中央党校的《理论动态》上发表，再由《光明日报》以"特约评论员"的名义见报。而以特约评论员名义发表，可以避免送审，而且，这个名义还隐含着文章出自某权威人士之手的意味，能引起读者注意。这个想法请示了中央党校副校长胡耀邦，他同意了。

《人民日报》转载该文的当晚，有人打电话给报社总编辑，指责这篇文章"犯了方向性的错误。理论上是错误的，政治上问题更大，很坏很坏""很明显，作者的意图就是要砍旗"。

如果说这些只是个别理论家的"担忧和讨伐"，那么，当时主持中央宣传工作的负责人的言论就不能等同一般了。

5月18日上午，这位负责人在一次小范围的会议上指责文章"理论上是荒谬的，思想上是反动的，政治上是砍旗的""（文章）我们都没有看过。党内外议论纷纷，实际上是把矛头指向主席思想"。他还责问"这是哪个中央的意见"。

❸ 危难时邓小平拍案而起

在当时，"凡是派"有相当强大的力量，他们这些责难来头大，来势猛，声浪高。组织发表《实践是检验真理的唯一标准》的同志感受到巨大的压力。胡耀邦也产生了"冷却一下"的想法。在这种情况下，如果得不到强有力的支持，真理标准问题的讨论很可能夭折，这是一个紧要关头。

那时华国锋还是党中央主席，一些推行"两个凡是"的同志，还在中央领导层占据着重要位置。邓小平当时不可能通过签发红头文件来扭转"两个凡是"所造成的局面，他只能借用自己的无私无畏，以及在人民群众中的崇高威望和影响，通过发表讲话、作报告来支持、引导，并亲自领导这场事关国家前途、民族命运的真理标准大讨论。

6月2日，邓小平在全军政治工作会议上，针对"两个凡是"鲜明地指出："有一些同志天天讲毛泽东思想，却往往忘记、抛弃甚至反对毛泽东同志的实事求是、一切从实际出发、理论与实际相结合的这样一个马克思主义的根本观点，根本方法。不但如此，有的人还认为谁要是坚持实事求是，从实际出发，理论和实际相结合，谁就犯了弥天大罪。"在这次会议上，邓小平大声疾呼：一定要"拨乱反正，打破精神枷锁，使我们的思想来个大解放"。

第二天这个讲话在《人民日报》全文发表，并加上倾向性很强的标题《邓副主席精辟阐述毛主席实事求是光辉思想》，马上引起广泛注意，给了"凡是派"沉重一击。

7月22日，邓小平把胡耀邦找到家中，明确肯定和支持真理标准问题的讨论，指出："这篇文章是马克思主义的。争论不可避免，争得好。引起争论的根源就是'两个凡是'。"

为了将讨论进一步引向深入，邓小平离开了北京，先后去了四川、广东，9月又到了吉林。用他自己的话说："我这是到处点火。"邓小平到各地都宣讲实事求是的精神。

9月16日，他在听取吉林省委常委汇报工作时指出："怎么样高举毛泽东思想旗帜，是个大问题。现在党内外、国内外很多人都赞成高举毛泽东思想旗帜。什么叫高举？怎么样高举？大家知道，有一种议论，叫做'两个凡是'，不是很出名吗？凡是毛泽东同志圈阅的文件都不能动，凡是毛泽东同志做过的、说过的都不能动。这是不是叫高举毛泽东思想的旗帜呢？不是！这样搞下去，要损害毛泽东思想。毛泽东思想的基本点就是实事求是，就是把马列主义的普遍原理同中国革命的具体实践相结合。"

⚫ "进行这个争论很有必要，意义很大"

邓小平的"到处点火"，对于争取各地对真理标准讨论的支持，起到了极大的推动作用。这样，从最早响应的甘肃，到最晚的湖南，截至12月8日，全国29个省、市、自治区党委纷纷对"真理标准"问题表态拥护。军队各总部和各大军区也对此表态赞成。全国理论界、学术界、新闻界更是踊跃参与，站到讨论的前沿，支持这场大讨论。这就意味着，党中央主导权开始转向了邓小平这边。

在中共十一届三中全会之前召开了中央工作会议，在11月27日的分组讨论中，一位代表发言不赞成把真理标准的讨论看成是政治问题、路线问题，是关系国家命运的问题。他在发言中肯定讨论是有益的同时，又说这样的讨论会引起国内外对安定团结政治局面的担忧。

此发言之后，代表们展开了热烈的讨论。大多数代表在发言中对主张"两个凡是"、反对实践标准的同志进行了严肃的批评，指出"两个凡是"背离了党的实事求是的思想路线，是完全错误的。

12月13日，邓小平在中央工作会议闭幕会上发表《解放思想，实事求是，团结一致向前看》的讲话，指出："目前进行的关于实践是检验真理的唯一标准问题的讨论，实际上也是要不要解放思想的争论。大家认为进行这个争论很有必要，意义很大。从争论的情况来看，越看越重要。""关于真理标准问题的争论，的确是个思想路线问题，是个政治问题，是个关系到党和国家的前途和命运的问题。"

随后召开的党的十一届三中全会高度评价关于真理标准问题的讨论，"认为这对于促进全党同志和全国人民解放思想，端正思想路线，具有深远的历史意义"。

真理标准问题讨论，冲破了"两个凡是"的严重束缚，是党的十一届三中全会实现伟大历史转折的思想先导，为党重新确立马克思主义的思想路线、政治路线和组织路线奠定了思想基础。

主要参考资料：

《胡福明忆〈实践是检验真理的唯一标准〉：病房走廊写提纲》，《新京报》2018 年 12 月 18 日。

马立诚、凌志军：《交锋：当代中国三次思想解放实录》，今日中国出版社 1998 年版。

1979年：

"小康"中国

    "小康"一词最早见于《诗经·大雅·民劳》中的"民亦劳止，汔可小康"，这里的"小康"是指介于温饱和富裕之间的生活水平，是一种社会生活稳定、丰衣足食、国泰民安的状态。"小康"蕴含了几千年来中国人对宽裕和殷实生活的美好向往。党的十一届三中全会以后，改革开放总设计师邓小平立足中国国情，放眼发展大势，提出了"小康社会"这一中国特色社会主义现代化新概念。

⚫ "现代化"的实地考察

1964年12月21日，根据毛泽东的提议，周恩来在三届人大一次会议上宣布，我国今后的战略目标是："要在不太长的历史时期内，把我国建设成为一个具有现代农业、现代工业、现代国防和现代科学技术的社会主义强国，赶上和超过世界先进水平。"然而，一年多以后开始的"文化大革命"，使这个战略目标刚开始实施就被迫中断了。

1975年1月13日，周恩来在四届人大一次会议上，重申"四个现代化"的目标，提出要"在本世纪内，全面实现农业、工业、国防和科学技术的现代化，使我国国民经济走在世界的前列。""在本世纪内"成为我们实现四个现代化的一个期限。

"文化大革命"后，中国人民实现"四个现代化"的热情空前高涨。然而，我们究竟与先进国家的差距有多大，到20世纪末中国的经济将会发展到怎样的程度，大多数人并没有一个清醒的认识。

为了摸清国情，邓小平先后到广东、成都、东北等地视察，他看到的实际情况是：社会主义搞了20多年还很穷，很落后。1978年全国农民中，有1.12亿人每天能挣到一角一分钱，1.9亿人每天能挣一角三分钱，有2.7亿人每天能挣一角四分钱。相当多的农民辛辛苦苦干一年不仅挣不到钱，还倒欠生产队的钱。因此，邓小平在国务院一次会议上尖锐地提出："什么叫社会主义？它比资本主义好在哪里？每个人平均六百几十斤粮食，好多人饭都不够吃，28年只搞了2300万吨钢，能叫社会主义优越性吗？"

为了使更多的人了解世界各国现代化的进程，看看发达国家是怎样搞的，在邓小平的大力倡导下，1978年我国相继派出多批考察团出国考察，邓小平本人也访问了日本、新加坡、美国，真切地感受发达国家的现代化文明，对现代化概念有了全新的认识。访日期间，他看到那里的劳动生产率比我国高几十倍，感慨地说了那句著名的话："我懂得什么是现代化了。"

⚫ "中国式的现代化"

中国与世界现代化先进水平之间的巨大差距，使邓小平意识到我们要在本世纪末实现四个现代化是有困难的。

1979年3月21日，邓小平在会见英国客人时，提出了"中国式的四个现代化"的全新概念。他说："我们定的目标是在本世纪末实现四个现代化。我们的概念与西方不同，我姑且用个新说法，叫做中国式的四个现代化。现在我们的技术水平还是你们五十年代的水平。如果本世纪末能达到你们七十年代的水平，那就很了不起"，"就是达到这个水平，也还要做许多努力。由于缺乏经验，实现四个现代化可能比想象的还要困难些"。

3月23日，在中央政治局讨论国家计委1979年计划和国民经济调整时，邓小平又把"中国式的四个现代化"表述为"中国式的现代化"，他说："我同外国人谈话，用了一个新名词：中国式的现代化。到本世纪末，我们大概只能达到发达国家七十年代的水平，人均收入不可能很高。"

10月4日，邓小平在与省市自治区党委第一书记的座谈中，再次阐述"中国式的现代化"，他说，"我们开了大口，本世纪末实现四个现代化。后来改了个口，叫中国式的现代化，就是把标准放低一点。特别是国民生产总值，按人口平均来说不会很高。""我们到本世纪末国民生产总值能不能达到人均上千美元？""等到人均达到一千美元的时候，我们的日子可能就比较好过了"。也就是说，"中国式的现代化"标准大体上是人均国民生产总值1000美元。

🌓 "小康之家"

1979年12月6日，邓小平在人民大会堂东大厅会见来华访问的日本首相大平正芳。这是两位老朋友第三次见面了，会谈气氛融洽，话题广泛而深入。

在谈及20世纪末中国经济发展规划时，大平委婉地问道：中国的现代化规划确实是十分宏伟动人的。但是我想知道，你们的现代化蓝图究竟是如何构思的？中国将来会是什么样的情况？阁下能具体谈谈吗？

讲这些话时，大平首相心底不免泛起些许激动的波澜。20世纪60年代，池田内阁组成时，大平担任内阁官房长官。在经济增长速度问题上，他力排多数人的"稳定增长论"，制订并实施雄心勃勃的"国民收入倍增计划"。该计划目标是10年内将实际国民收入增加一倍，结果7年内使计划得以实现。日本的国民生产总值1966年超过英国，1967年超过联邦德国和法国，经济规模达到世界第二位。大平功不可没，如今提及此事，自豪之情仍溢于言表。

邓小平看了一眼日本客人，没有立即回答，他缓缓地点上一支香烟，陷入了沉思。他感到大平提出的问题切中要害，需要认真回答。粉碎"四人帮"以后，全国开始"新长征"，建设"四个现代化"的呐喊声越来越高。但"四个现代化"以什么为标志，步子怎么走，中央高层并没有底数，为此还一度陷入了"洋跃进"的泥潭，不得不在党的十一届三中全会后花大气力来调整和整顿。看来，仅有口号、热情和干劲是远远不够的……

过了片刻，邓小平弹了弹烟灰，注视着大平，缓缓地说道："我们要实现的四个现代化，是中国式的四个现代化。我们的四个现代化的概念，不是像你们那样的现代化的概念，而是'小康之家'。到本世纪末，中国的四个现代化即使达到了某种目标，我们的国民生产总值人均水平也还是很低的。要达到第三世界中比较富裕一点的国家的水平，比如国民生产总值人均一千美元，"说到这里，邓小平伸出手指向大平示意，"也还得付出很大的努力。就算达到那样的水平，同西方来比，也还是落后的。所以，我只能说，中国到那时也还是一个小康的状态。"

说完，邓小平重重地抽了一口烟，然后朝着日本客人笑笑。这边，译员低声翻译，大平专注地倾听。

邓小平第一次明确将"中国式的现代化"称为"小康之家"，目标是"国民生产总值人均一千美元"，这一阐述是邓小平对过去设想的要在 20 世纪末"走在世界前列"，赶上或超过世界先进水平从而"全面实现四个现代化"的目标，所作的重大调整和修改。

1980 年 5 月 12 日，在会见英国前首相卡拉汉时，邓小平进一步阐释了为什么提出"小康"的目标。他坦言，"我们头脑里开始想的同我们在摸索中遇到的实际情况有差距"，"我们的雄心壮志是实现四个现代化，而且要在本世纪末实现，经过摸索，肯定了一点，我们的四个现代化，不同于包括你们英国在内的发达国家的现代化。中国人口太多，要达到你们那样的现代化，人均年收入五千至七千美元，不现实。所以，我们提出的现代化是中国式的现代化"，"日本大平首相同我谈话时，我说中国平均每人年收入达到一千美元，变成'小康之家'，这就是我们的目标"。

小康社会不是一蹴而就的，自改革开放以来，通过历届中央领导集体带领全党全国各族人民不断探索和不懈奋斗，中国人民几千年来小康社会的梦想，正在不断地变为现实。

2012 年 11 月 15 日，在新一届中央政治局常委和中外媒体的见面会上，习近平说："我们的人民热爱生活，期盼有更好的教育、更稳定的工作、更满意的收入、更可靠的社会保障、更高水平的医疗卫生服务、更舒适的居住条件、更优美的环境，期盼孩子们能成长得更好、工作得更好、生活得更好。人民对美好生活的向往，就是我们的奋斗目标。"他用朴实的语言，道出了人民心中的梦想，拨动了海内外中华儿女的心弦。这个梦想，是人民对中华民族伟大复兴的美好憧憬，是对全面小康社会的通俗表达，是党的十八大描绘的全面小康蓝图的生动呈现。

主要参考资料：

中共中央文献研究室:《邓小平思想年编》，中央文献出版社 2011 年版。

1980年:

"正义的审判"

　　北京天安门的东南角是正义路，公安部的大礼堂就坐落在这条路上。1980年11月20日至1981年1月25日，新中国历史上最大的一次审判，对"文化大革命"中犯下严重罪行的林彪、江青两个反革命集团的10名主犯的公开审判在这里进行。选择在"正义路"审判林彪、江青两个反革命集团的主犯，倒不是刻意而为，但它似乎向人们昭示，这是一次"正义的审判"。

　　受审判的10名主犯，都曾担任过党和国家的重要领导职务，是中国政治舞台上红极一时的显赫人物，他们是江青、张春桥、姚文元、王洪文、陈伯达、黄永胜、吴法宪、李作鹏、邱会作、江腾蛟。

✿ "我们是审理罪行的，路线问题我们管不着"

1979 年 9 月 3 日，中央政治局常委召开会议，听取中央"两案"审理领导小组的汇报。邓小平在听取汇报后提出，要将林彪、"四人帮"集团"作为篡党夺权、阴谋政变的集团案子来处理"，"黄、吴、李、邱，还有陈伯达可算一案。王、张、江、姚也作为一案"。这次会议实际上明确了林彪、江青集团的反革命性质，初步提出了对"两案"审理的基本原则。

1980 年 3 月 17 日，刚刚担任中共中央总书记的胡耀邦在中南海勤政殿主持召开中央书记处会议，讨论审判林彪、江青集团问题。会议决定成立中央"两案"审判指导委员会，统一领导"两案"的审判工作。指导委员会由彭真任主任。

林彪、江青反革命集团的犯罪活动，主要发生在"文化大革命"时期。这一时期的情况错综复杂，既有属于林彪、江青反革命集团的罪行的情况，也有属于党在工作中犯的严重错误的问题。分清哪些是林彪、江青反革命集团的罪行，哪些是党的路线错误，实际上是"两案"审判能否顺利进行的关键问题。

早在中央决定要对林彪、江青反革命集团进行审判的时候，有关"两案"起诉书的起草工作就已经开始了。这两个起诉书基本上是按照"文化大革命"时把什么东西都叫罪行，罪和错不分，包括"文化大革命"的错误，包括党的路线错误，包括工作中的错误。

彭真调阅了对林彪、江青集团的起诉书和其他材料后，认识到这个问题的严重性。经过深思熟虑，他在 1980 年 3 月底的中央书记处讨论"两案"审判方案的会议上提出：我们是审理罪行的，路线问题我们管不着。他认为林彪、"四人帮"的犯罪和党所犯的错误，是两个性质完全不同的事情，罪行和错误要分开，决不能审判党的错误。据时任公安部副部长凌云回忆，彭真在接手"两案"之后，曾多次找他到家里谈话，主要是强调要把林彪、江青反革命集团的罪行同党的路线错误分开。路线错误是党犯的错误，不能审《我的一张大字报》、九大决议等问题。

"要把这个案子办成铁案，使案子千秋万代，永不得翻身"

1980 年 4 月，公安部受理了林彪、江青反革命集团案，并开始侦察预审。

预审工作起初并不顺利。林彪集团除吴法宪态度较好外，黄永胜、李作鹏、邱会作，拒不认罪，他们把"文化大革命"中的一切，都归于党的路线错误。江青集团中也只有资历最浅的王洪文认罪态度较好，"女皇"江青尽是撒泼耍赖，张春桥始终不开口，姚文元则和黄、李、邱一样，认错不认罪。起草起诉书的工作，更是困难重重。

1980 年 5 月中旬，彭真在人民大会堂专门听取了"两案"人员的汇报。5 月 21 日，他在"两案"审判指导委员会会议上，就审判工作提出了八条意见。针对林彪、江青一伙把许多事情的责任都推到毛泽东、周恩来身上的问题，彭真严正地指出，"文化大革命"的许多事，对毛主席、周总理来说是好人犯错误，而对林彪、江青一伙则是坏人办坏事。他要办案人员一定要注意这两个阴谋集团在报告毛主席和中央之前搞阴谋，当毛主席、党中央决定之后，他们又利用权力加以歪曲和篡改搞阴谋的部分。他把这样看问题叫做"两头抓麻秆"。

预审上路后，彭真把主要精力放在了起草起诉书上。起诉书的关键是证据问题。彭真认为，"两案"审判，在证据上不能有一点纰漏，要把这个案子办成铁案，使案子千秋万代，永不得翻身。

1980 年 9 月下旬，先后结束了对"两案"的侦查预审，公安部写出了起诉意见书，认定林彪、江青反革命集团犯有 4 大罪状 60 条罪行。中央"两案"审判指导委员会办公室对公安部移送的案卷材料、证据和起诉意见书，又经过一个多月的逐条逐句逐字的反复核查，认定林、江反革命集团犯有 4 大罪状，48 条罪行，形成《最高人民检察院特别检察厅起诉书》。

法庭宣判"宣告了一个加强社会主义民主和法制新时代的开始"

1980 年 9 月 8 日，中央政治局常委会在人民大会堂福建厅召开会议，听取彭真的汇报，并就"两案"总起诉书及审判方案进行讨论。彭真指出，林彪、江青两个集团没法分开，一案起诉好处理。黄、吴、李、邱由军人组成的第二法庭去审。这几个人一定要审，判刑可以轻一点，他们同江青不一样，历史上还做过一点好事，打过仗。

不久，中央确定了对林彪、江青反革命集团案的审判方案：将"两案"合并为一案起诉；成立特别法庭，公开审判；争取9月至10月间开庭。

1980年9月29日，第五届全国人大常委会第十六次会议通过了《关于成立最高人民检察院特别检察厅和最高人民法院特别法庭检察、审判林彪、江青反革命集团主犯的决定》。任命最高人民检察院检察长黄火青兼任特别检察厅厅长；最高人民法院院长江华兼任特别法庭庭长，曾汉周、伍修权分别担任第一、第二审判庭审判长。

11月20日下午3时，最高人民法院特别法庭在北京正义路7号公安部礼堂正式开庭审判林彪、江青反革命集团案10名主犯。随后分庭审理：第一审判庭在公安部礼堂审判江青反革命集团，第二审判庭在空军俱乐部（现空军学院）审判林彪反革命集团。

经过两个月零五天的审理，1981年1月25日上午，腰间佩戴武器的法警将10名被告依次押解入庭，这十人一字排开，俯首站立在台前。9时整，宣判的时刻终于到来了，江华宣读了《中华人民共和国最高人民法院特别法庭判决书》。判决书判决如下：江青、张春桥死刑，缓期2年执行，剥夺政治权利终身；王洪文无期徒刑，剥夺政治权利终身；姚文元有期徒刑20年，剥夺政治权利5年。

1月27日，新华社记者穆青、郭超人、陆拂为写出的长篇报道《历史的审判》集中反映了当时亿万人民的心情："如果说5年前人民的奋起，标志着中国历史上一段暗无天日的旧岁月的即将终结，那么，5年后法庭的宣判，则宣告了一个加强社会主义民主和法制新时代的开始。它表明中国的历史已把10年动乱中那种无奇不有的'生活形式'送进了坟墓，表明中国人民已经同自己灾难深重的'过去'诀别！"

主要参考资料：

刘荣刚：《审判林彪、江青反革命集团时的彭真》，《党史博览》2003年第10期。

刘复之：《刘复之回忆录》，中央文献出版社2010年版。

人民日报

RENMIN RIBAO

1981年7月
1
星期三
辛酉年五月三十
北京地区天气预报
白天　多云转阴，偏
　　　　南转小东风
　　　　风向　偏南
夜间　阴有小雨间转
　　　　多云
　　　　风向　二、三级
温度　最高　32°
　　　　最低　20°

《关于建国以来党的若干历史问题的决议》，运用马克思主义的辩证唯物论和历史唯物论，对建国三十二年来党的重大历史事件特别是"文化大革命"作出了正确的总结，科学地分析了在这些事件中党的指导思想的正确和错误，分析了产生错误的主观因素和社会原因，实事求是地评价了伟大领袖和导师毛泽东同志在中国革命中的历史地位，充分论述了毛泽东思想作为我们党的指导思想的伟大意义。

——摘自六中全会公报

关于建国以来党的若干历史问题的决议

（一九八一年六月二十七日中国共产党第十一届中央委员会第六次全体会议一致通过）

建国以前二十八年历史的回顾

（一）中国共产党自从一九二一年成立以来，已经走过六十年的战斗历程。为了总结党在建国以来三十二年的经验，需要扼要地回顾一下建国以前二十八年党领导人民进行的新民主主义革命斗争。

（二）中国共产党是马克思列宁主义同中国工人运动相结合的产物，是在俄国十月革命和我国"五四"运动的影响下，在共产国际帮助下诞生的。伟大的革命先行者孙中山一八一一年领导的辛亥革命，推翻了清朝，结束了两千多年的帝制。但是，中国社会的半殖民地、半封建性质并没有改变。无论是当时的国民党，还是其他资产阶级和小资产阶级政党，都没有也不可能找到国家和民族的出路。只有中国共产党指出了中国的出路在于彻底推翻帝国主义、封建主义的统治，并进而转入社会主义。中国共产党成立时只有五十几个党员。党发动了轰轰烈烈的工人运动和广大人民群众的反封建斗争，很快发展成为中国人民前所未有的领导力量。

其他国家人民的反法西斯战争互相支援，直到取得最后胜利。抗日战争期间，我们党从一九四二年开始在全党进行整风，这场马克思主义的思想教育运动收到了巨大的成效。在此基础上，一九四五年党的六届七中全会作出了《关于若干历史问题的决议》，接着举行了党的第七次全国代表大会，总结了历史的经验，为建立新民主主义的新中国，制定了正确的路线、方针和政策，使全党在思想上、政治上、组织上达到空前的统一和团结。抗日战争结束后，蒋介石政府依赖美国帝国主义的援助，发动全面内战。党在全国各解放区人民的全力支持下，在国民党统治区学生运动、工人运动和各阶层人民斗争的有力配合下，在各民主党派和无党派民主人士的积极合作下，领导人民解放军进行了三年多的解放战争，经过辽沈、平津、淮海三大战役和渡江作战，消灭了蒋介石的八百万军队，推翻了国民党反动政府，建立了伟大的中华人民共和国。从此，中国人民站起来了。

（四）二十八年斗争的胜利充分说明：

一、中国革命的胜利，是在马克思列宁主义的指导下取得的。我们党创造性地运用马克思列宁主义的基本原理，把它同

人民民主专政即无产阶级专政的国家政权。它是中国历史上从来没有过的人民当家作主的新型政权，是建设社会主义的富强民主文明的现代化国家的根本保证。

二、实现和巩固了全国范围（除台湾等岛屿以外）的国家统一，根本改变了旧中国四分五裂的局面。实现和巩固了各族人民的大团结，形成和发展了平等民族互助的社会主义民族关系。实现和巩固了全国工人、农民、知识分子和其他各阶层人民的大团结，加强和扩大了中国共产党领导的、同各爱国民主党派、人民团体通力合作的、由全体社会主义劳动者、拥护社会主义的爱国者和拥护祖国统一的爱国者组成的，包括台湾同胞、港澳同胞和国外华侨在内的广泛爱国统一战线。

三、战胜了帝国主义、霸权主义的侵略、破坏和武装挑衅，维护了国家的安全和独立，胜利地进行了保卫祖国边疆的斗争。

四、建立和发展了社会主义经济，基本上完成了对生产资料私有制的社会主义改造，基本上实现了生产资料公有制和按劳分配。剥削制度消灭了，剥削阶级作为阶级已经不再存在，他们中的绝大多数人已经改造成为自食其力的劳动者。

五、在工业建设中取得重大成就，逐步建立了独立的比较

1981年：

科学评价毛泽东

1981年6月，中共十一届六中全会通过了《关于建国以来党的若干历史问题的决议》。决议全面科学地分析了新中国成立以来党的历史，彻底否定了"文化大革命"，科学评价了毛泽东和毛泽东思想，维护了毛泽东的历史地位，肯定了毛泽东思想的指导作用。以此为标志，改革开放新时期党在指导思想上拨乱反正的任务基本完成。

⬤ 天安门城楼的毛主席像"永远要保留下去！"

1980 年 7 月 30 日，中共中央发出《关于坚持"少宣传个人"的几个问题的指示》，其中指出：毛主席像、语录和诗词在公共场所过去挂得太多，这是政治上不庄重的表现，有碍国际观瞻，今后要逐步减少到必要限度。

几天以后，北京人民大会堂东门前，开来了两辆吊车和一辆加长大卡车，工人们奉命将悬挂在那里的巨幅毛泽东像取下。此后，从首都到全国各地采取一致行动。毛泽东的画像从会议室、教室的墙上被摘了下来，路边砖墙上粉刷多年的"毛泽东语录"被清理掉，"文化大革命"期间竖起的绝大多数毛泽东塑像被推倒。

天安门广场历来是中国政治的中心，这一由天安门广场开始的清除浪潮，立即引起全国百姓的疑虑不安及世界舆论的关注，种种公开的和私下的评论开始了。国内在对待毛泽东问题上存在着两种极端倾向：一种是坚持"两个凡是"的错误方针，不愿承认毛泽东犯了错误这一客观事实，回避正确评价毛泽东；一种是把中国共产党的失误，甚至把林彪、"四人帮"的罪行也归咎于毛泽东，否定毛泽东和毛泽东思想。西方一些媒体则认为"毛泽东时代从此结束"，中国要"否定毛""非毛化"。港台报纸也说："大陆批毛，势在必行。"在这种情况下，如何评价毛泽东和毛泽东思想，成为全党和全国人民关注的一件最大的事情。

此时，在邓小平主持下，《关于建国以来党的若干历史问题的决议》的起草工作正在紧锣密鼓地进行。他对胡耀邦和起草小组负责人胡乔木说，这个决议的中心意思应当有 3 条，其中"确立毛泽东同志的历史地位，坚持和发展毛泽东思想。这是最核心的一条"。

鉴于国际国内都很关注对毛泽东和毛泽东思想的评价，邓小平决定利用适当的机会公开阐释这一棘手的难题。8 月 21 日，邓小平接受以善于抓住关键问题著称的意大利著名女记者法拉奇的采访。

法拉奇的第一个问题就是："几年前我到北京来，到处可以看到毛主席像，今天我从饭店到这里，只看到一幅，挂在紫禁城（故宫）入口处。以后你们还会保留毛主席像吗？"

邓小平立即看出了这位女记者的意图，斩钉截铁地说："永远要保留下去！"邓小平拿起一根烟点着，继续说道，"从我们中国人民的感情来说，我们永远把他作为我们党和国家的缔造者来纪念"。

法拉奇以犀利的提问风格紧追不放，她说："今天人们把很多错误都归咎于'四人帮'，这符合历史事实吗？听说中国人说'四人帮'时，伸出的却是五个手指！"

邓小平对如此唐突的问题报以一笑："毛主席的错误和林彪、'四人帮'问题的性质是不同的。毛主席一生中大部分时间是做了非常好的事情的，他多次从危机中把党和国家挽救过来。没有毛主席，至少我们中国人民还要在黑暗中摸索更长的时间。"

邓小平正确评价毛泽东的讲话，实际上为历史决议科学评价毛泽东找到了一把钥匙。

● "对于毛泽东同志的错误，不能写过头"

1980 年 9 月 10 日，根据邓小平的指示，决议起草小组重新写出决议稿，采取主要讲正确方面的写法，大大加强了正确评价毛泽东、毛泽东思想的分量。中央政治局决定，决议稿要组织全党 4000 名高级干部进行讨论。这次讨论从 10 月中旬开始到 11 月下旬结束。

邓小平看了有关讨论意见的简报后，于 10 月 25 日找胡乔木谈话，针对一些人的偏激意见甚至不正确的观点，他严肃地指出："毛泽东思想这个旗帜丢不得。丢掉了这个旗帜，实际上就否定了我们党的光辉历史。"他把问题提得很尖锐："不写或不坚持毛泽东思想，我们要犯历史性的大错误。"

针对讨论过程中有些同志把许多问题都归结到毛泽东的个人品质上，邓小平强调说："对于错误，包括毛泽东同志的错误，一定要毫不含糊地进行批评，但是一定要实事求是，分析各种不同的情况，不能把所有的问题都归结到个人品质上。毛泽东同志不是孤立的个人，他直到去世，一直是我党的领袖，对于毛泽东同志的错误，不能写过头，给毛泽东同志抹黑，也就是给我们党、我们国家抹黑。这是违背历史事实的。"

但是，究竟如何才能既写透毛泽东晚年错误的性质，又肯定毛泽东、毛泽东思想的历史地位，的确是个难题。毕竟毛泽东 1957 年以后就开始不断犯错误，直到去世前夕还在坚持"文化大革命"的严重错误。

"山重水复疑无路，柳暗花明又一村。"1981年3月24日，邓小平去医院看望陈云。在谈话中，陈云提出了从中国共产党成立至1981年前后60年历史联系起来写的意见，使邓小平长久思考的问题得到了圆满解决。他高兴地对邓力群说："前天我去看陈云同志。陈云同志对修改决议稿又提了两条意见。一是专门加一篇话，讲讲解放前党的历史，写党的六十年。六十年一写，毛泽东同志的功绩、贡献就会概括得更全面，确立毛泽东同志的历史地位，坚持和发展毛泽东思想，也就有了全面的根据。这个意见很好，请转告起草小组。……"

1981年3月底，按照陈云的意见，胡乔木组织修改拿出新的决议稿。最大的变化，是增加了新中国成立前28年党的历史部分。

❸ "他的功绩是第一位的，错误是第二位的"

1981年6月27日到29日，中共十一届六中全会在北京举行。6月27日全体会议上，《关于建国以来党的若干历史问题的决议》草案获得一致通过。

该《决议》中对毛泽东的评价是这样写的："他虽然在'文化大革命'中犯了严重错误，但是就他的一生来看，他对中国革命的功绩远远大于他的过失。他的功绩是第一位的，错误是第二位的。他为我们党和中国人民解放军的创立和发展，为中国各族人民解放事业的胜利，为中华人民共和国的缔造和我国社会主义事业的发展，建立了永远不可磨灭的功勋。"

十多年后，1992年10月12日，江泽民同志在党的十四大报告中，对该《决议》作了高度评价。他说，《决议》"根本否定了'文化大革命'和'无产阶级专政下继续革命'的理论，同时坚决顶住否定毛泽东同志和毛泽东思想的错误思潮，维护了毛泽东同志的历史地位，肯定了毛泽东思想的指导作用。随着国内局势的发展和国际局势的变化，越来越显示出党作出这个重大决策的勇气和远见"。

主要参考资料：

《邓小平文选》第2卷，人民出版社1994年版。

1982年：

"雏凤清于老凤声"

1982年9月6日，在党的第十二次全国代表大会上，85岁的叶剑英元帅看到大批德才兼备、年富力强的中青年干部走上领导岗位，"由衷地感到喜悦"，不禁吟诵了唐代诗人李商隐的诗句"雏凤清于老凤声"，并说"这是党的事业兴旺发达的重要标志"。

❸ "文化大革命"结束后，邓小平、陈云等人的忧虑

"文化大革命"结束后，中国开始了社会主义建设的新时期。但是，与此同时，邓小平、陈云等党中央领导人却有了新的忧虑，这是为什么呢？

原来，"文化大革命"期间，林彪、"四人帮"活动猖獗，党的干部路线遭到严重破坏，造反派、"打砸抢"分子和帮派骨干分子混进各级党政领导机关，"文化大革命"以后逐步清理了这些"头上长角、身上长刺"的"三种人"，但长时间的耽误，导致党的干部结构出现严重的断层现象，各级领导机关缺少一批年富力强、有专业知识的干部。

与此相应的突出问题是，当时各级领导班子老化的状况非常严重。"文化大革命"之后全国各地大规模平反冤假错案，一大批被冤屈的老干部获得解放，重新走上领导岗位，由此出现了"机构臃肿、层次多、副职多、闲职多"的现象。据统计，1979 年，中央国家机关各部委正副部长、主任平均 10 人以上，各省市自治区党委常务委员会成员平均 17 人，政府领导班子成员平均 11 人以上，最多的省正副省长达 20 多人。当时提拔的一两名年轻干部名字总是排在一大串名单的尾巴上。另一方面，干部老化问题已积累到相当严重的程度，当时中央管理的干部中，中央和国家机关正副部长平均 64 岁；省委正副书记平均 62 岁，其中 66 岁以上的占 40%。对此，陈云有一句非常形象的描述："现在从中央到县委，大部分人头发都已经白了。"许多老干部年高体衰，体力完全跟不上，很难承担领导岗位的繁重工作。

中央高层其他领导人也意识到了干部年轻化的紧迫性。1979 年 3 月 25 日，国务院财政经济委员会的一次会议上，陈云看着在座的委员，不禁感慨："我们这些人都快要'告老还乡'了。刚解放时，我 45 岁。那时，可以三班倒、四班倒，上午、下午开会，晚上同周总理谈，午夜去找毛主席，安排得满满的。现在我一个星期只能工作两个半天，多了不行。如果还要那样干，无非是向'八宝山'开快车就是了。"他面前的这些委员中，最年轻的姚依林、王任重也已62 岁。

"选拔中青年干部不是几十、几百，是成千上万"

党的十一届三中全会确立了正确的政治路线和思想路线。会后不久，邓小平很快就把实行干部新老交替提上了议事日程。1979年七八月间，他到上海、山东、天津等地视察，一路强调，要把培养接班人当作关系党的百年大计的根本问题、基本建设来抓，从而拉开了培养选拔中青年干部的序幕。

7月21日，邓小平在接见中共上海市委常委和几位顾问时明确指出，在粉碎"四人帮"以后，老同志先后都恢复了工作，但他们的年纪都比较大了，精力不够，又多数有病，并不能真正顶班。有的即使现在能顶班，再过5年也不行了。因此，从现在着手，三年内的任务是选好一、二、三把手。选四五十岁的、身体好的、能坚持八小时工作的。要任人唯贤，选真正好的，不能论资排辈。

提拔了年轻干部，怎么安置老同志呢？1979年7月29日，邓小平在接见海军党委常委扩大会议全体同志时，正式提出要建立退休制度。他用幽默的语言说出了这个破天荒的想法："庙只有那么大，菩萨只能要那么多，老的不退出来，新的进不去，老同志要有意识地退让。我们将来要建立退休制度。"

1981年7月2日，党的十一届六中全会闭幕后，中央召开省市自治区党委书记座谈会，专门讨论提拔中青年干部问题。陈云讲话后，邓小平作了即席发言："选拔培养中青年干部这个问题太大了……现在，解决这个问题已经是十分迫切了，再过三五年，如果我们不解决这个问题，要来一次灾难。"他面向大家说："为什么全会之后又专门把在座的诸位留下来开两天会，讨论陈云同志关于提拔培养中青年干部和老干部离休退休这两条建议？就是因为这个问题十分迫切，十分重要。"他又说，去年12月中央工作会议以后，陈云同志更尖锐地提出"选拔中青年干部不是几十、几百，是成千上万"这个问题，"他提得非常好，我赞成"。

邓小平的讲话振聋发聩，掷地有声，一锤定音。在邓小平、陈云等人的大力倡导下，1981年底至1982年初，从中央国家机关机构改革开始，培养接班人、选拔中青年干部充实领导岗位的工作在全国轰轰烈烈地展开了。

🌑 "这不是一次普通的会面"

1982 年 2 月 20 日，党中央作出了《关于建立老干部退休制度的决定》。4 月 10 日，国务院发布《关于老干部离职休养制度的几项规定》。随后，大批老干部响应中央号召，主动离休、退休或退居二线；大批德才兼备的中青年干部纷纷走上领导岗位。

在此前后，聂荣臻、刘伯承、张鼎丞、蔡畅、周建人等人大常委会副委员长也相继提交了辞职的请求；邓小平、李先念、陈云等主动辞去国务院副总理职务。1981 年 6 月，在华国锋辞去党中央主席职务后，在党内外希望邓小平出任党中央主席的情况下，邓小平力排众议，推荐年轻的同志主持党和国家领导工作。

到 1982 年 6 月底，中共中央和国务院各部门的新的领导班子中，新选拔的中青年干部占 66%，领导班子的平均年龄由 64 岁降到 60 岁。

1982 年 9 月党的十二大共选出 348 名中央委员和中央候补委员，其中第一次进入中央委员会的有 211 人，60 岁以下的有 171 人。9 月 13 日，十二大闭幕后的第二天，邓小平、陈云等中央领导同志专门接见了 39 名新当选的年轻的中央委员和中央候补委员。这些年轻人依次步入人民大会堂新疆厅时，中组部的同志一一唱名，向邓小平、陈云等介绍他们的情况，其中就有后来我们党的中央领导干部：胡锦涛、李鹏、李瑞环、宋健……邓小平、陈云等老同志和这些朝气蓬勃的年轻干部一一握手，脸上露出满意的微笑。

对于这次会见，新华社在题为《新老交替，继往开来》的报道中兴奋地描述道："这不是一次普通的会面，也不是一般的接见。大家都沉浸在无比温暖的气氛中。老一辈的无产阶级革命家，这些多少年来指引着中国这艘巨大航船破浪前进的中国革命的舵手们，今天一个个满面春风，拉着走到自己面前的每一位同志的手。这是我们党新老合作和交替的握手，是老一辈无产阶级革命家传革命火炬的握手，是党对中青年干部寄予无限希望的握手。"

主要参考资料：

中共中央文献研究室：《邓小平思想年编》，中央文献出版社 2011 年版。

1983年：

"邓六条"

1983年6月26日，邓小平在会见美国新泽西州西东大学教授杨力宇时说："祖国统一后，台湾特别行政区可以有自己的独立性，可以实行同大陆不同的制度。司法独立，终审权不须到北京。台湾还可以有自己的军队，只是不能构成对大陆的威胁。大陆不派人驻台，不仅军队不去，行政人员也不去。台湾的党、政、军等系统，都由台湾自己来管。中央政府还要给台湾留出名额。"这六条方针（即著名的"邓六条"）的提出，意味着"一国两制"构想更加具体化、系统化。

③ "一国两制"伟大构想最初是为解决台湾问题而量身订制的

1955 年 5 月，周恩来在全国人民代表大会常务委员会会议上提出：中国人民解决台湾问题有两种可能的方式，即战争的方式和和平的方式。中国人民愿意在可能的条件下，争取用和平的方式解决问题。1963 年，周恩来进一步将毛泽东的有关思想概括为"一纲四目"——"一纲"是指台湾必须回归祖国。"四目"包括：（1）台湾回归祖国后，除外交必须统一于中央外，所有军政大权、人事安排等由蒋介石当局决定；（2）台湾所有军政及建设费用不足之数，悉由中央政府拨付（当时台湾每年赤字约 8 亿美元）；（3）台湾的社会改革可以从缓，必俟条件成熟，并尊重蒋介石之意见，协商决定后进行；（4）双方互约不派人破坏对方之团结。

"一纲四目"是针对海外反华势力策动"两个中国，一中一台"的阴谋提出的。毛泽东当年一再表示，只要台湾当局一天守住台湾，不使台湾从中国分裂出去，大陆就不改变目前的对台政策。由此可见，当时虽然没有"一国两制"这个名词，但"一纲四目"的实质就是在祖国统一的大前提下，海峡两岸实行各自的社会制度不变。

20 世纪 70 年代后期，随着中美建交和国际国内形势发生重大变化，解决台湾问题被提上党和国家重要议事日程。1977 年 8 月 24 日，邓小平在会见美国国务卿万斯时指出，中国"力求通过和平方式解决台湾问题"，"会考虑台湾的实际情况，采取恰当的政策解决台湾问题，实现国家的统一"。

1979 年元旦，在中美建交的同一天，全国人民代表大会常务委员会发表《告台湾同胞书》，郑重宣告了中国政府和平解决台湾问题的大政方针，呼吁两岸就结束军事对峙状态进行商谈；表示在实现国家统一时，一定"尊重台湾现状和台湾各界人士的意见，采取合情合理的政策和办法"。

随后，邓小平在会见美国时代出版公司总编辑多诺万时谈到了中国政府的对台政策构想。他说："我们尊重台湾的现实，台湾当局作为一个地方政府拥有它自己的权力，就是它可以有自己一定的军队，同外国的贸易、商业关系可以继续，民间交往可以继续，现行的政策、现在的生活方式可以不变，但必须是在一个中国的条件下。这个问题可以长期来解决。中国的主体，也就是大陆，也会发生变化，也会发展。总的要求就是一条，一个中国，不是两个中国，爱国一家。"

这些重要谈话，可以说是"一国两制"构想的初步萌芽。

1979 年 1 月 29 日至 2 月 5 日，应美国总统卡特的邀请，时任国务院副总理的邓小平到美国进行正式访问。这是中国领导人第一次访美。访美期间，邓小平在美国参、众两院发表演讲时说，"至于用什么方式解决台湾回归祖国的问题，那是中国的内政，希望用和平方式解决台湾问题"；"只要台湾回归祖国，我们将尊重那里的现实和现行制度"。邓小平指出："我们一方面尊重台湾的现实，另一方面一定要使台湾回归祖国的怀抱；在尊重现实的情况下，我们要加快台湾回归祖国的速度。"他表示："我们不再用'解放台湾'这个提法了。"

1979 年 12 月，邓小平在会见日本首相大平正芳时提出了广为流传的"三个不变"。他指出，实现统一祖国的目标，要从现实情况出发。统一后"台湾的制度不变，生活方式不变，台湾与外国的民间关系不变，包括外国在台湾的投资、民间交往照旧"，"台湾作为一个地方政府，可以拥有自己的自卫力量、军事力量"。上述一系列谈话，成为"一国两制"构想形成的基本框架。

③ "一国两制"概念的提出及具体化

1981 年 8 月 26 日，邓小平在会见台湾、香港知名人士时，进一步阐明了中央对台湾的政策，他指出，台湾不搞社会主义，社会制度不变，台湾人民的生活水平不降低，外国资本不动，甚至可以拥有自己的武装力量。即使使用武力方式解决台湾问题，台湾的现状也可以不变。9 月 30 日，全国人大常委会委员长叶剑英发表谈话，进一步阐述了台湾回归祖国、实现和平统一的九条方针（即著名的"叶九条"），他明确指出："国家实现统一后，台湾可作为特别行政区，享有高度的自治权，并可保留军队，中央政府不干预台湾地方事务。""台湾现行社会、经济制度不变，生活方式不变，同外国的经济、文化关系不变。私人财产、房屋、土地、企业所有权、合法继承权和外国投资不受侵犯。"这九条方针全面系统地阐述了新时期中国共产党的对台政策，实际上已经形成了"一个国家，两种制度"的基本构想。1982 年 1 月，邓小平在会见美国华人协会主席李耀滋时指出，叶剑英提出的九条方针"实际上就是一个国

1983年："邓六条"

家两种制度。两种制度是可以允许的”。这是邓小平首次提出“一个国家，两种制度”的概念。

1982年12月，五届全国人大五次会议通过的宪法第三十一条规定："国家在必要时得设立特别行政区。在特别行政区内实行的制度按照具体情况由全国人民代表大会以法律规定。"这为我国今后在香港、澳门设立特别行政区提供了直接的宪法依据。

此后，邓小平多次就"一国两制"构想发表重要谈话，使之系统化、理论化。继"邓六条"提出之后，1984年2月，邓小平会见美国乔治城大学战略与国际问题研究中心代表团，他在谈话时说："我们提出的大陆与台湾统一的方式是合情合理的。统一后，台湾仍搞它的资本主义，大陆搞社会主义，但是是一个统一的中国。一个中国，两种制度。香港问题也是这样。"几个月后，在六届全国人大二次会议通过的《政府工作报告》中，正式阐述了"一个国家，两种制度"的构想，从而使这一提法具有了法律效力。1984年6月，邓小平明确指出："'一个国家，两种制度'，具体说，就是在中华人民共和国内，十亿人口的大陆实行社会主义制度，香港、台湾实行资本主义制度。"

3 "一国两制"构想在实践中首先被运用到解决香港、澳门回归祖国问题上，并取得成功

香港问题是英国殖民主义者侵略中国造成的历史遗留问题。1979年3月29日，邓小平会见香港总督麦理浩时说，我们历来认为，香港主权属于中华人民共和国，这个问题本身不能讨论。但解决这个问题时，我们也会尊重香港的特殊地位。邓小平表示不能同意麦理浩提出的在1997年6月以后新界仍由英国管理的建议。

1981年12月，中共中央作出1997年7月1日收回香港的决定。中国政府对处理香港问题确定了两条原则：一是一定要在1997年收回香港，恢复行使主权，不能再晚；二是在恢复行使主权的前提下，保持香港的稳定和繁荣。

1982年9月，英国首相撒切尔夫人访问中国，正式拉开中英关于香港问题谈判的序幕。会谈中，撒切尔夫人强调香港的繁荣有赖于英国的统治，并说如果现在对英国的管理实行或宣布重大改变，将对香港产生灾难性影响，强烈

表示不能单方面废除有关香港的三个条约。对此，邓小平明确指出，1997 年中国将收回香港，不仅是新界，而且包括香港岛、九龙。中国和英国要在这个前提下进行谈判，商讨解决香港问题的方式和办法。主权问题不是一个可以讨论的问题。如果中国在 1997 年，也就是中华人民共和国成立 48 年后还不把香港收回，任何一个中国领导人和政府都不能向中国人民交代，甚至也不能向世界人民交代。香港继续保持繁荣，根本上取决于中国收回香港后，在中国的管辖之下，实行适合于香港的政策。邓小平还强调，如果在 15 年的过渡期内香港发生严重的波动，"中国政府将被迫不得不对收回的时间和方式另作考虑"。"如果说宣布要收回香港就会像夫人说的'带来灾难性的影响'，那我们要勇敢地面对这个灾难，做出决策。"邓小平同撒切尔夫人的谈话，鲜明地表达了中国共产党和中国政府的原则立场和按时收回香港的坚定决心。

从此，"一国两制"被确定为我国和平统一大业的一项基本国策并付诸实施。1984 年 12 月和 1987 年 4 月，中国政府先后同英国、葡萄牙政府签署了关于香港和澳门问题的联合声明，用"一国两制"原则圆满解决了中国恢复对香港、澳门行使主权的问题。到了 1997 年 7 月 1 日和 1999 年 12 月 20 日，五星红旗相继在紫荆花区旗和绿莲花区旗的映衬下，高高地飘扬在香港和澳门的上空。香港、澳门在回归祖国后，保持了繁荣、稳定与发展，"一国两制"的伟大构想成功地付诸社会政治实践，证明了它的科学性。

主要参考资料：

中共中央党史研究室：《中国共产党的九十年》，中共党史出版社、党建读物出版社 2016 年版。

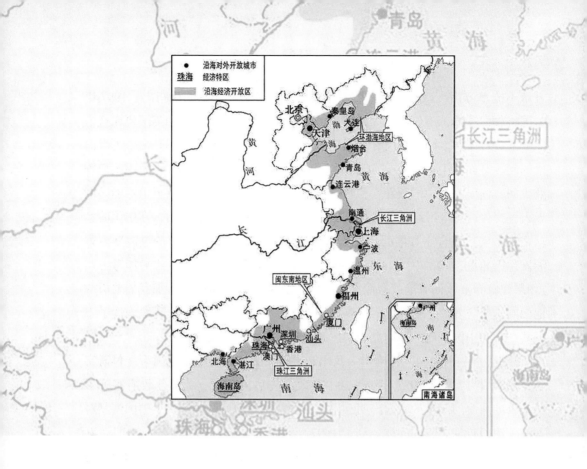

1984年：

开放14个沿海城市

1984年10月，邓小平在一个党内高级干部会议上曾风趣地说，1984年他办了两桩大事，一桩是用"一国两制"的办法解决香港问题，另一桩就是开放14个沿海城市。

③ "有个指导思想要明确，就是不是收，而是放"

20 世纪 80 年代初，对兴办经济特区党内出现了一些不同意见，不少人认为特区"香港化"了，"特区就是租界"。有人甚至说："特区除国旗是红色的以外，已经没有社会主义的味道了。"还有的老革命同志在参观深圳后放声痛哭，认为他们打下的社会主义江山正在"变色"。

经济特区遇到的更大挑战是走私狂潮。当时，国内市场商品匮乏，电视机、录音机、计算器、优质布料等都是紧俏商品，国门一开，走私潮就开始泛滥起来，主要集中在广东、福建、浙江等沿海省份。在广东省，有些沿海地区出现了渔民不打鱼、工人不做工、农民不种地、学生不上学的现象，所有人一窝蜂似的在公路沿线、街头巷尾兜售走私货。走私贩私愈演愈烈，与一些地方政府的默许有关。这些地方领导人一定程度上把走私看作发展地方经济的"第一桶金"。有人以"为了集体，没装腰包"为由，为一些地方组织参与走私辩护。如 1981 年海丰走私猖獗时，政府廉价买下走私货物再卖出去，所得利润交给地方财政，这种做法使广东省背上了走私贩私的名声。这些情况引起中央高层的深度忧虑——不只是经济上的，更是政治上的。大批干部参与走私，一些地方党组织也卷进了走私狂潮，暴利之下趋之若鹜，这样下去，共产党真的要"变色"了。

党内外对于特区的议论引起邓小平的关注，"办特区是我倡议的，中央决定的，办得怎么样，能否成功，我要亲自看一看。"1984 年 1 月 22 日至 2 月 17 日，邓小平先后视察了深圳、珠海、厦门三个经济特区，听取当地省市领导同志汇报。亲眼看到那里发生的巨大变化，十分高兴。邓小平为三个经济特区都题了词。为深圳题词是："深圳的发展和经验证明，我们建立经济特区的政策是正确的。"为珠海题词是："珠海经济特区好。"为厦门题词是："把经济特区办得更快些更好些。"从这三个题词中可以看出邓小平的改革开放思想：特区不是建不建的问题，而是怎样建设得更快更好；对外开放不是开放不开放的问题，而是怎样进一步扩大开放。

回到北京后，2 月 24 日，邓小平专门找胡耀邦等人谈话。他说："我们建立经济特区，实行开放政策，有个指导思想要明确，就是不是收，而是放。"他还提出："除现在的特区之外，可以考虑再开放几个港口城市，如大连、青岛。

这些地方不叫特区，但可以实行特区的某些政策。"

❸ 14个沿海港口城市对外开放

根据邓小平的谈话精神，中央书记处、国务院经过研究，决定召集有关省、自治区、直辖市负责同志开会，进行部署，并责成负责对外开放工作的中央书记处书记、国务委员谷牧贯彻实施。

1984年3月26日至4月6日，中央书记处、国务院在北京召开沿海部分城市座谈会，重点研究进一步开放一批港口城市的问题。到会的有上海等8个市、4个特区、海南行政区和辽宁、山东、浙江、福建、广东、广西的负责人。最初议定开放8个城市，即上海、天津、大连、烟台、青岛、宁波、温州、北海。江苏省没有参会，省长顾秀莲闻讯赶到北京，找了胡耀邦、谷牧等人，要求增加江苏省的南通市和连云港市，得到同意。其他沿海省市领导人也有这样的要求，因此进一步开放的沿海港口城市增加到14个，即大连、秦皇岛、天津、烟台、青岛、连云港、南通、上海、宁波、温州、福州、广州、湛江、北海。

会议由谷牧主持。谷牧首先传达了邓小平在2月24日关于特区工作和扩大对外开放一批沿海城市的重要谈话，接着宣布，中央决定扩大开放的14个沿海港口城市可各办一个经济开发区，享受经济特区的某些政策，创造一个吸引外资、加速经济发展的"小环境"。

5月4日，中共中央、国务院以中发〔1984〕13号文件，批转了《沿海部分城市座谈会纪要》，中央批示明确指出：开放沿海港口城市和办好经济特区，"不能指望中央拿很多钱，主要是给政策"，一是给前来投资和提供先进技术的外商以优惠待遇；二是扩大沿海港口城市的经济管理自主权。"这样做，实际上是对我们现行经济管理体制，进行若干重要的改革。"中共中央和国务院还决定，委托谷牧"监督、检查执行情况，并协调、仲裁执行中可能出现的矛盾"。

对于邓小平这次视察南方回京后的谈话以及开放14个沿海港口城市的意义和作用，谷牧后来给予了高度评价：

"是放不是收"的指导思想深入人心，给那些有关兴办经济特区是是非非的议论，基本划上了句号，迎来了对外开放的"春天"。让工业较有基础、科教水平较高、对外交通较为方便的沿海14个城市，跨上对外开放的骏马奔向世界，加强了改革经济体制、调整产业结构、推动科技进步以振兴经济的力度。这是我国开放迈出的空前的一大步，对于广泛深入地推动城市经济改革也起了重要作用。

❸ "沿海连成一片了，这很好嘛！"

1984年10月，党的十二届三中全会通过了《关于经济体制改革的决定》。《决定》把实行对外开放确定为我国的"基本国策"，并强调："要充分利用国内和国外两种资源，开拓国内和国外两个市场，学会组织国内建设和发展对外经济关系两套本领。"

全会结束后不久，1984年11月下旬和12月上旬，国务院领导便率领有关部门同志到珠江三角洲和长江三角洲进行调查研究，并于12月20日完成了《关于沿海地区经济发展的几个问题的报告》。这份报告正式建议"开放珠江三角洲和长江三角洲，进而陆续开放辽东半岛，胶东半岛，北起大连港，南至北海市，构成一个对外开放的经济地带。"

这个意见得到邓小平的肯定。谷牧建议再加上闽南"三角洲"，也获得邓小平的赞同。谷牧回忆说：

在研究此事的过程中，1985年1月4日，应小平同志之召，我前往汇报。我先向他讲了14个沿海城市开放8个多月来的主要进展情况，小平同志听了之后说，看起来大有希望。接着又谈珠江三角洲和长江三角洲的开放问题。他说，这很好嘛！沿海连成一片了。这时，我把在国务院讨论时我提的一项建议，向小平同志作了汇报，即把条件与上述两个三角洲大致差不多的福建南部的厦门、漳州、泉州一带的沿海市、县也列为沿海经济开放区。我说，这既有利于福建的改革开放和经济发展，又有利于加强对台工作。小平同志说：好嘛！再加上闽南"三角洲"！

1985年1月25日至31日，国务院在北京召开长江三角洲、珠江三角洲和闽南厦漳泉三角地区座谈会。会议由谷牧主持。会上气氛很活跃，没有争论，大家很高兴，都希望把开放的地区扩大一些。经过讨论，形成了《会议纪要》。1985 年 2 月 18 日，中共中央、国务院以中发〔1985〕3 号文件批转全国，批准将长江三角洲、珠江三角洲和闽南厦漳泉三角地区划为沿海经济开放区。这一决策的实施，使我国对外开放初步形成了从经济特区到沿海开放城市再到沿海经济开放区这样一个多层次、有重点、点面结合的对外开放格局，在沿海形成了包括 2 个直辖市、25 个省辖市、67 个县、约 1.5 亿人口的对外开放前沿地带。

对外开放新格局的初步形成，促使我国引进外资、先进技术和设备的步伐进一步加快，商品出口能力和出口创汇能力进一步增强。对外开放成为我国经济社会发展的重要推动力。

主要参考资料：

中共中央文献研究室：《回忆邓小平》（上），中央文献出版社 1998 年版。

萧冬连：《国门是如何打开的》，《中共党史研究》2018 年第 4 期。

中共中央文献研究室：《邓小平年谱》（下），中央文献出版社 2004 年版。

1985年：

"百万大裁军"

1985 年 6 月 10 日，全世界都在传递着新华社的一条消息："我国政府决定，中国人民解放军减少员额 100 万，这是中央军委主席邓小平 6 月 4 日在军委扩大会议上宣布的。"

那一天，几乎所有的党和国家领导人都到会了。邓小平身着灰色中山装，坐在主席台中间席位上。他从不用讲稿。那天只说了半个小时，一板一眼。宣布裁军 100 万的时候，他轻轻地伸出一根指头……随即掌声如潮水般涌动，照相机的闪光灯频频闪烁，历史在瞬间凝固。

③ 各级机关副职过多，邓小平幽默地说"打麻将都得凑好几桌"

1984 年 11 月 1 日，国庆 35 周年大阅兵刚过，中央军委在京西宾馆召开座谈会，全军各大单位的领导集聚一堂。邓小平在会上发表了近 90 分钟的讲话。他以幽默诙谐的口吻表达了一个惊人的战略决心。

"从哪里讲起呢？"邓小平环视了一圈在座的高级将领们，亲切地说："从这次国庆阅兵讲起吧。这次阅兵不错的，国际国内反映都很好。"说到这他话锋一转，表情严肃地说，"但我说有个缺陷，就是 80 岁的人来检阅部队，本身就是个缺陷。这表明我们军队高层领导老化，这种状态不改变不行。"他触及了对在座的人来说最敏感的问题，即军队高层领导老龄化问题。"这是个得罪人的事情哪！我来得罪吧，不把这个矛盾交给新的军委主席。"

邓小平由此讲到军队的体制改革和进一步实行精简整编的必要性。就在这次会议上，邓小平敏锐地看到了世界局势的变化，作出了世界大战十几年内打不起来的惊人论断，他说：我们既然看准了这一点，就犯不着花更多的钱用于国防开支，要腾出更多的钱来搞建设。可以下这个决心。

裁军"消肿"，是邓小平长久以来的心愿。此前，虽进行过 4 次精简整编，但"消肿"问题一直未能得到很好解决，甚至陷入"精简—增编—再精简—再增编"的怪圈，出现了增编大于减员的反常现象。有一些人对此比喻说，光拔毛不杀鸡，结果拔得到处哇哇叫，精简不能落实。到 1985 年，解放军军费只有 191 亿元人民币，仅占同年美军军费的 2%，还不及苏联的一个零头，而人民解放军的员额却是美军的两倍，与苏军持平。军费中相当大的一部分被众多兵员的"人头费"占去了。这不但是国家和人民的沉重负担，也直接限制了军队武器装备的发展和战斗力的提高。

另一方面，尽管当时中国军队有 400 万，但结构不合理，官多兵少，甚至还有"团职保密员""营级打字员"。各级机关副职过多，每个大军区的领导班子都有一二十名之多，邓小平幽默地说"打麻将都得凑好几桌"。因此，他一针见血地指出：现在不是"肿"在作战部队，而是在各级领导机关。因此，与其说是"精兵"，不如说是"精官"。

这次，邓小平拿定了主意，要采取革命性的行动——裁减员额100万！他充满信心地指出：再减100万，一是必要，二是没有风险。好处多得很！

⚫ 1985年裁减军队、精简整编的办法

1985年5月23日至6月6日，中央军委扩大会议在北京召开。6月4日，邓小平在会上发表讲话，表达了一个惊人的战略意图：中国人民解放军决定裁军100万。

邓小平还意味深长地告诫部队的将领们："四化总得有先有后。军队装备真正现代化，只有国民经济建立了比较好的基础才有可能。所以，我们要忍耐几年。我看，到本世纪末我们肯定会超过翻两番的目标，到那个时候我们经济力量强了，就可以拿出比较多的钱来更新装备。""先把经济搞上去，一切都好办。现在就是要硬着头皮把经济搞上去，就这么一个大局，一切都要服从这个大局。"

会议作出了裁减军队员额100万的决定，通过了《军队体制改革、精简整编方案》。规模空前的百万大裁军，正式揭开了序幕。

按照邓小平的指示，1985年的精简整编，主要采取撤、并、降、交、改、理等办法。"撤"，就是成建制地撤部队，包括撤军、撤师等；"并"，主要是合并机构，像大军区合并、院校合并等；"降"，则是指降低有些单位的机构等级并压缩其规模，如兵团级、军级机构压为军级、师级等；"交"，即把部分属于政府职能的机关部队，如县市人民武装部和内卫部队等交给国家和地方政府有关部门；"改"，是对有些保障单位实行企业化管理、部分干部职务改用士官或兵等；"理"，则是指调整理顺各方面的关系。

⚫ 我军指战员不仅经得起战场的生死考验，也经得起和平时期名利地位得失的考验

这次裁军"消肿"是对中国军队实行脱胎换骨的"大手术"。按照精简方案，人民解放军由400.6万人减少到305万人。总参谋部、总政治部、总后勤

部机关人员减少近一半。武汉、福州、昆明、乌鲁木齐四个大军区被撤并，大军区由原来的 11 个合并成 7 个，全军共撤掉 31 个军级单位、4054 个师团级单位。解放军军事学院、政治学院、后勤学院合并为国防大学。县、市人民武装部不再归军分区管辖，改为地方建制，其干部战士退出现役。军队内部管理的 76 种干部职务改由战士担任。从这一年起，3 年内将有 60 万干部退出现役，转业到地方……官兵比例降低到 1∶3.3。

谁去谁留？是裁军中最大的问题。原有 11 个大军区中，最难决定的是成都军区和昆明军区到底撤谁留谁。当时对越自卫反击战还没有完全结束，昆明军区是所有军区中唯一还有作战任务的军区。这是保留昆明军区的一个很好理由。

一开始，昆明军区是有底气的，在军委一开始的讨论方案中确实也是将两个军区合并，组成新的昆明军区。然而决定却是出人意料的，因为保留成都军区是长久的战略打算，从战线上看，军区设在成都能兼顾昆明，但设在昆明兼顾不了成都，更顾不上西藏。结果是，两个军区合并，组成了新的成都军区。

面对突变，几乎没有一点思想准备的昆明军区司令员、政委以大局为重，坦然地接受了组织上的决定，武汉、福州、乌鲁木齐军区也都欣然地服从了撤编的命令。到这年 9 月，全军高级领导层调整完毕。

1987 年 4 月 4 日，在六届全国人大五次会议举行的中外记者招待会上，解放军副总参谋长徐信宣布："军队裁减员额 100 万任务已经基本完成。"

裁减军队员额 100 万，使国家能够腾出更多的财力、物力用于经济建设，这是一次实实在在的裁军。

在精简机构和人员的同时，人民解放军进行了历史上最大规模的重组。陆军一级部队走向合成，成立集团军。导弹、电子对抗、航空等特种兵得到加强，军队的装备质量明显提高。这也是一次革命化、正规化、现代化的建军。

主要参考资料：

张宝忠：《跟随邓小平四十年》，中央文献出版社 2015 年版。

《邓小平文选》第 3 卷，人民出版社 1993 年版。

王大珩　　　王淦昌　　　杨嘉墀　　　陈芳允

"863计划" 倡议人

170

1986年：

"863计划" 出台的背后

1986年3月3日，一份由4位中国老科学家王大珩、王淦昌、杨嘉墀、陈芳允联合提出的《关于跟踪研究外国高技术发展的建议》上报到中共中央，受到邓小平的高度重视并亲自批示，党中央、国务院果断决策，于1986年3月启动实施了"高技术研究发展计划纲要"。由于这个计划的提出和邓小平的批示都是在1986年3月，所以这个计划被命名为"863计划"。

美国"星球大战计划"掀狂澜

1983 年 3 月 23 日夜，华盛顿平静如常，呈现出一派和平安详的气氛。美国总统里根坐在椭圆形的办公室中，对着摄像机镜头，发表了著名的"星球大战计划"电视演说。

当时在白宫总统椅上刚刚坐满三年的里根，为改善美国在同苏联的军备竞赛中的守势，强力推动了该项计划的出台。讲话发出 3 天后，里根命令国防部长温伯格着手制定一项落实其讲话精神的具体计划。随后，美国国防部于 1983 年 10 月正式向总统和国会提出了一项被称之为"战略防御倡议"的计划，即"星球大战计划"。1984 年 1 月 6 日，里根总统发布了《国家安全决定》第 114 号文件，正式下令开始执行新的"星球大战计划"。1985 年 6 月 20 日，经美国众议院批准，美国国会为"星球大战计划"拨款 25 亿美元。

"星球大战计划"是以天空为基地实施全导弹拦截的综合防御体系。表面上这是主要针对苏联军事威胁的战略防御计划，实际上，美国试图通过这一计划，促进国防科技发展，带动高新技术和国民经济的全面振兴，以确保美国在世界政治、经济中的优势地位，抢占 21 世纪战略制高点。

这个计划一出笼，立即在世界掀起了狂涛巨澜。当时的苏联和东欧集团迅速制定了《科技进步综合纲要》与之针锋相对；日本也暗中拨响小算盘，提出了《振兴科技政策大纲》；法国等西欧 17 国联合签订了《尤里卡计划》，提出建立"技术欧洲"的口号。

1986 年年初，国防科工委召开会议，就美国"星球大战计划"和中国如何应对这一轮新的科技挑战展开讨论。专家学者们存在很大分歧。一种意见认为，我们也应该搞高科技。在科学技术飞速发展的今天，谁能把握高科技领域的发展方向，谁就有可能在国际竞争中占有优势；另一种意见则截然不同：他们认为中国目前还不具备全面发展高科技的经济实力。不如先搞短期见效的项目，等美国搞出来以后，中国也发展了，有了经济实力，就可以利用美国的科技成果了。因意见无法统一，每次都不能形成实质性方案。

🌀 两弹元勋"走后门"上书邓小平

1986年2月，一个寒冷的北京冬夜。夜深了，王大珩仍然披着棉外套坐在沙发上沉思。美国"星球大战计划"的出台，使王大珩受到了极大的震撼。作为一名有责任感的科学家，他从中国"两弹一星"的发展中体会到，在高科技问题上，"有一点儿"和"一点儿没有"大不一样。当初中国有了核武器，对全球的战略格局就产生了重大影响。现在已经到了1986年，中国究竟应该怎么办？还没有动静，他忧心如焚。

这时，王大珩耳边响起一阵轻轻的敲门声。推门而入的不是别人，正是当年与王大珩一起投身"两弹一星"宏伟工程的陈芳允。和王大珩一样，他对于发展高科技的心情也是焦急难耐。

在王大珩家中，二人促膝长谈。两人认为，"中国财力有限，不该发展高科技"的论述，将会阻碍高科技发展。

陈芳允打了一个比方：国家与小家一样，要精打细算过日子，得把钱用在刀刃上，有些钱是可以不花的，但有些钱是必须要花的，涉及国力竞争，牵涉到国家命运的钱就不得不花。

二人达成共识，不能让"没钱就不发展高科技"占主流。没钱可以突出重点项目，制订有限目标。没钱少买几辆豪华轿车行不行？

这时，陈芳允产生了一个想法："能不能写个东西，把我们的想法向上反映一下？"

"就这么办！"王大珩挥手在沙发上用力一拍："为了节省时间，我们干脆直接给邓小平同志写封信吧！"

一向很平静的陈芳允有些激动起来："我看呀，这封信就先由你来起草吧。"

"可以！"王大珩痛快地答应下来。

这份建议书王大珩前后写了一个多月，多次修改，形成了一份《关于跟踪研究外国高技术发展的建议》的初稿。随后，建议书分别送到了王淦昌和杨嘉墀的手上，他们也是"两弹一星功勋奖章"的获得者。看过王大珩起草的建议书后，王淦昌和杨嘉墀表示完全赞同。四位科学家郑重地签上了自己的名字。

随后，王大珩又给邓小平等中央领导人写了一封内容简短的信：

敬爱的小平、耀邦同志：

我们四位科学院学部委员（王淦昌、陈芳允、杨嘉墀、王大珩）关心到美国"战略防御倡议"（即"星球大战计划"）对世界各国引起的反应和采取的对策，认为我国也应采取适当的对策。为此，提出了《关于跟踪研究外国高技术发展的建议》。现经我们签名呈上，敬恳察阅裁夺。

我们四人的现任职务分别是：

王淦昌　核工业部科技委副主任

陈芳允　国防科工委科技委专职委员

杨嘉墀　航天部空间技术院科技委副主任

王大珩　科学院技术科学部主任

王大珩敬上

一九八六年三月三日

为让建议书尽快进入领导人视线，他们没有一级一级往上呈报，而是走了一个"后门"：请邓小平的女婿、时任科学院技术科学部副主任的张宏，将信直接呈交邓小平。

3月3日晚上，这封不同寻常的信，直接送到了邓小平办公室。

③ "此事宜速作决断，不可拖延。"

1986年3月5日，邓小平久久凝视着这份《关于跟踪研究外国高技术发展的建议》，思索良久，毅然提笔批示："这个建议十分重要，请找些专家和有关负责同志讨论，提出意见，以凭决策。此事宜速作决断，不可拖延。"

经费问题，无疑是最棘手的问题。国务委员张劲夫约谈王大珩等4位科学家，问到这个问题。沉默了许久后，王淦昌才艰难地说了一句："能省就省吧。我看，一年能给2个亿就行。"尽管他们都心知肚明，用2个亿去发展高科技，实在杯水车薪，但一想到当时国内的经济条件，再多也难于启齿了。此时的他们怎么也不会想到，后来邓小平和中央批的专款竟是100个亿！而中国当年全国财政总支出约2000亿元。

1986年4月，全国200多名科学家云集北京，讨论研究《高技术研究发展计划纲要》草案。从 3 月到 8 月，国务院先后召开了 7 次会议，组织专家讨论制定《纲要》。国务院科技领导小组又用了近半年的时间，组织了 124 位各个领域的专家，分成 12 个小组，对《纲要》进行了反复探讨和论证，最终形成了《高技术研究发展计划纲要》。8 月，国务院常务会议通过了这个《纲要》。邓小平看了《纲要》后，十分高兴，当即批示道："我建议，可以这样定下来，并立即组织实施。提政治局讨论、批准。"

1986 年 10 月，中共中央政治局召开扩大会议，批准了《高技术研究发展计划纲要》，并正式作出决定：拨款 100 个亿！科技发展计划由中央政治局会议通过，这在中国共产党的历史上和新中国科技史上还是第一次。11 月 18 日，党中央、国务院正式批转了《高技术研究发展计划纲要》。这个计划纲要从世界高技术发展的趋势和中国的需要与实际出发，选择了对中国未来经济和社会发展有重大影响的生物技术、航天技术、信息技术、先进防御技术、自动化技术、能源技术和新材料 7 个高技术领域（1996 年增加了海洋技术领域）作为我国高技术研究发展的重点。

"863 计划"的制定和实施，为中国在世界高科技领域占有一席之地奠定了坚实的基础。在党中央和国务院的正确领导下，通过各有关部门的大力协同，特别是广大科技人员的奋力拼搏，"863 计划"取得了重大进展，为增强我国的综合国力作出了重要贡献，已成为中国高技术研究发展的一面旗帜。

主要参考资料：

王金锋：《强国之基：八六三计划与火炬计划正式启动》，吉林出版集团有限责任公司 2009 年版。

1987年：

"我国正处在社会主义的初级阶段"

1987年10月召开的党的十三大，准确定位了我国所处的社会发展阶段，系统阐述了社会主义初级阶段理论，明确提出了党在社会主义初级阶段的基本路线，有力地推动了党的理论创新和实践发展。而这一理论的提出，经历了一段鲜为人知的波折。

⊙ "初级阶段"首次写进党中央文件

党的十一届三中全会后，在认真总结新中国历史经验教训和改革开放新的实践经验的基础上，我们党重新定位了我国社会主义所处的发展阶段。

1979年9月，《在庆祝中华人民共和国成立三十周年大会上的讲话》一文中，首次出现我国"社会主义制度还处在幼年时期"，"在我国实现现代化，必然要有一个由初级到高级的过程"这种论述。

1981年6月，党的十一届六中全会通过了《关于建国以来党的若干历史问题的决议》，第一次明确提出"我们的社会主义制度还是处于初级的阶段"。

此后，党内特别是理论界在社会主义初级阶段问题上出现了不同认识。1981年《历史决议》中的这个重要判断并没有为人们真正理解。理论界这时还常常把社会主义初级阶段和共产主义的初级阶段（社会主义）相混淆。理论界如此，党的十二大报告也出现类似情况。如报告强调了"我国的社会主义社会还处在初级发展阶段"这一重要论断。但是，这个报告在讲共产主义在我国的发展时，却又强调："共产主义作为社会制度，在我国得到完全的实现，还需要经过若干代人的长时期的努力奋斗。但是，共产主义首先是一种运动"，"现在这个运动在我国已经发展到建立起作为共产主义社会初级阶段的社会主义社会"。

由于在这个根本问题的不明晰，党的十二大制定的总路线，强调要建立高度民主和高度文明的社会主义现代化强国。而1984年10月党的十二届三中全会通过《中共中央关于经济体制改革的决定》这一重要的文件中，也没有使用"社会主义初级阶段"这一论断。这充分说明解放思想还是需要时间的。

⊙ "要把我们拉向'左'，这个不行"

1986年8月，中共中央书记处在讨论胡耀邦主持下起草的、准备提交十二届六中全会的《中共中央关于社会主义精神文明建设指导方针的决议》的第三次修改稿时，好几位书记处成员发言都肯定了这个文稿的基本内容。但也有一位书记处成员做了长篇发言，说这个文稿与十二大文件和十二大以来其他文件缺乏连贯性，而且反映这几年来新经验、新问题不够。但是没有什么人附和他的意见，相反有人发言说连贯性当然重要，但要把过去说过的话都说一遍也没有必要，还是要有新话。

中央书记处会议后，有关方面邀集了一批人对这个《决议》修改稿又提出了一个修改稿。稿中增加了很多"意识形态领域的阶级斗争仍将长期存在""要对资本主义思想进行坚决的抵制和斗争"以及"以共产主义思想为核心"等方面的词句。

胡耀邦看过新的修改稿后认为，分歧的焦点在于要不要援引十二大报告中"以共产主义思想为核心的社会主义精神文明建设"这句话，而在这个根本点上如果不加以澄清，文件就无法通过，更严重的是在实际工作中还可能会发生"左"的问题。胡耀邦给邓小平写了一封信，专门阐述了不再引用"以共产主义思想为核心"这一提法的理由。

在此之前，邓小平对那个新的修改稿并不满意，尤其是看到那句"有资本主义复辟的可能"的话便删去了。胡耀邦的信当晚送给了邓小平，第二天上午9点邓小平办公室即传达了小平的批示："耀邦同志的意见很对。"

1986年9月，党的十二届六中全会通过了《中共中央关于社会主义精神文明建设指导方针的决议》，决议指出："我国还处在社会主义的初级阶段，不但必须实行按劳分配，发展社会主义的商品经济和竞争，而且在相当长历史时期内，还要在公有制为主体的前提下发展多种经济成分，在共同富裕的目标下鼓励一部分人先富裕起来。"这些论述，不仅接续了1981年的《历史决议》和十二大报告关于"我国社会主义还处在初级发展阶段"的提法，而且在此基础上又进了一步。这也是经过一段沉寂之后，在党的文件上再次出现社会主义初级阶段的论断。

"这个设计好"

1986年9月，党的十二届六中全会同时决定在1987年下半年召开十三大。这时的筹备工作由总书记胡耀邦负责，大会的报告也由胡耀邦主持起草。1987年1月，胡耀邦的总书记职务被调整，报告的起草工作就由代理总书记赵紫阳主持。

为指导好报告的起草工作，1987年2月6日，邓小平谈了对十三大的筹备和十三大报告的起草等工作的意见："十三大报告要在理论上阐述什么是社会主义，讲清楚我们的改革是不是社会主义。要申明四个坚持的必要，反对资产阶级自由化的必要，改革开放的必要，在理论上讲得更加明白。"3月21日，起草组向邓小平报送了《关于草拟十三大报告大纲的设想》。《设想》提出：十三大报告"全篇拟以社会主义初级阶段作为立论的根据。""初级阶段"这个提法，在党的文件中已三次出现，但都没有发挥，十三大报告的起草工作准备循着这个思路加以展开，说明由此而来的经济建设的发展战略，由此而来的发展社会主义商品经济的任务和我国经济体制改革的方向……由此而来的在理论和思想指导上避免"左"右两种倾向的必要性。这个《设想》得到了邓小平的首肯，3月25日，他亲笔批示："这个设计好。"8月29日，邓小平在会见意大利共产党领导人约蒂和赞盖里时，概括了初级阶段的科学含义。他说："我们党的十三大要阐述中国社会主义是处在一个什么阶段，就是处在初级阶段，是初级阶段的社会主义。社会主义本身是共产主义的初级阶段，而我们中国又处在社会主义的初级阶段，就是不发达的阶段。一切都要从这个实际出发，根据这个实际来制定规划。"

1987年10月25日至11月1日，中共十三大在北京召开。会议的突出贡献之一，就是系统阐述了社会主义初级阶段理论并确立党在社会主义初阶段的基本路线。十三大报告指出："我国正处在社会主义的初级阶段。这个论断，包括两层含义。第一，我国社会已经是社会主义社会。我们必须坚持而不能离开社会主义。第二，我国的社会主义社会还处在初级阶段。我们必须从这个实际出发，而不能超越这个阶段。"这条基本路线的核心内容，包括一个中心，即以经济建设为中心；两个基本点：即坚持四项基本原则；坚持改革开放。"一个中心、两个基本点"，是这条基本路线的简明概括。

社会主义初级阶段理论和党的基本路线的提出，是对社会主义传统观念的重要突破，是党对马克思主义科学社会主义理论的重大贡献，同时也为改革开放提供了新的理论指导，有力地推动了改革开放的实践。

主要参考资料：

马国川：《风雨兼程：中国著名经济学家访谈录》，三联书店2008年版。

1988年：

海南建省办特区

"我爱五指山，我爱万泉河，双手接过红军的钢枪，海南岛上保卫祖国……" 1973年，一曲《我爱五指山，我爱万泉河》传遍大江南北，成为海南向世人递出的名片之一。由此，更多的人开始知道海南，了解海南。

那时的海南，名叫"海南黎族苗族自治州"，隶属广东省。从"海南州"到"海南省"，这样的跨越是如何实现的？

海南建省

海南岛是我国第二大岛，海域广阔，资源丰富，风景优美。然而，由于没有得到很好的开发开放，长期以来它只是一个封闭、贫穷、落后的海岛。党的十一届三中全会以后，改革开放的春风吹遍祖国大地，海南岛的大规模开发开放也被提上日程。

1980 年 6 月 11 日，广东省委第一书记习仲勋在广州主持会议，研究决定就《关于加快海南经济建设几个问题的提议（草案）》向中央汇报。国务院对海南岛的问题十分关心和重视，于 6 月 30 日至 7 月 11 日在北京召开了海南岛问题座谈会，开发海南岛被提上日程。一个多月后，国务院转批了《海南岛问题座谈会纪要》，明确海南岛的开发建设"主要靠发挥政策的威力，放宽政策，把经济搞活""对外经济活动可参照深圳、珠海市的办法，给以较大的权限"。

此后数年，一个"更大的特区"的想法在中央领导心中逐渐成形。1984 年年初，邓小平在视察深圳、珠海、厦门经济特区后提出："我们还要开发海南岛，如果能把海南岛的经济迅速发展起来，那就是很大的胜利。"1987 年 6 月 12 日，邓小平在北京人民大会堂会见来访的南斯拉夫客人时说："我们正在搞一个更大的特区，这就是海南岛经济特区。"他向客人介绍海南时如数家珍："海南岛和台湾的面积差不多，那里有许多资源，有富铁矿，有石油天然气，还有橡胶和别的热带亚热带作物。"他进而说道："海南岛好好发展起来，是很了不起的。"

这段谈话，第一次向世人透露了建设海南大特区的宏伟战略，也成为海南建省办经济特区的发源。

1988 年 4 月 13 日上午，在庄严肃穆的人民大会堂，出席七届全国人大一次会议的代表们庄重地举起右手，表决通过了《关于设立海南省的决定》和《关于建立海南经济特区的决议》。这是海南人民盼望已久的历史性时刻，在中央的关怀和殷切期望下，海南省终于诞生了。

"十万人才下海南"

1988 年 4 月 26 日，海南省正式挂牌成立。

几天后，1988 年 5 月 4 日，国务院发布"关于鼓励投资开发海南岛的规定"，提出，国家对海南经济特区实行更加灵活开放的经济政策，授予海南省人民政府更大的自主权。

"到海南去，干一番事业！"比"特区"还"特"的中国最大经济特区，点燃了无数年轻人的激情和梦想。沉寂多年的琼州海峡舟楫繁忙，人潮涌动。高潮一直从 1987 年秋季持续到 1988 年夏天，他们有个共同的名字——"闯海人"。

这一年，"十万人才下海南"，成为中国人才流动大潮中一道最为亮丽的风景线。

海口市有个著名的"三角池"。著名，不是因为它历史悠久，而是因为这里曾经是"闯海人"的大本营、民间的人才市场。1988 年，来自内陆各地的人们都挤在这里张贴或收集招聘、应聘的信息，寻找着自己的梦想。

距三角池不远，有个被称为"人才墙"的地方。这个"人才墙"其实在 1988 年就是一个报栏。很多企业和单位招聘人才，都在这个报栏上贴出他们的招聘广告。很多"闯海人"都到这里来看招聘的情况，根据招聘广告到某个单位去应聘。这个地方，白天人很多，人来人往，车水马龙。

建省之初的海南，边远落后，百业待兴。10 万"闯海人"是带着对海南的热情和希望来的，来了以后，才发现这个地方条件很艰苦。当时大部分地区不通电，一个火车头在海口港附近一公里长的铁路线上来回开，以供海口市部分地区的用电。当时海口市也没有几条像样的路，没有一个红绿灯，街上基本没有出租车。和内地的一些城市相比，也有很大的反差。创业的艰难，让不少"闯海人"退缩了。十万"闯海人"中有相当一部分回流了，另一部分选择留下来的人，待激情过后，慢慢理智、清醒起来，他们用勤劳和智慧，一步步构筑着自己与海南的未来与希望。

3 "洋浦风波"

洋浦三面环海，海岸曲折，港湾深阔，地势平缓，是一个"中国少有，世界难得"的天然避风深水良港。然而洋浦地域偏僻，交通不便。1988 年 4 月，海南省委、省政府提出大力吸引外资、土地出让或成片开发的新思路。洋浦以其港口条件优越、土地相对平整、原有居民较少和便于封闭隔离等综合比较优势，成为实施这一思路的首选之地。

令人始料未及的是，1989 年 3 月 25 日，参加全国政协七届二次会议的全国政协科技委员会赴海南省考察组中的 5 名委员联名在会上发言，提出"将洋浦 30 平方公里的土地出租外商，期限 70 年，每亩租价 2000 元人民币"。还有 200 多名政协委员也就这个问题，分别联名提交了提案。人大代表对此也议论纷纷。接着，国内外新闻媒体报道了这个消息，有的报刊措辞非常严厉。

面对重重压力，3 月 29 日，海南省委书记许士杰、省长梁湘决定联名上书中央，通过王震将材料送达邓小平及时任国家主席的杨尚昆手中，申述情况。

4 月 6 日，中共中央在中南海召开工作会议，专门研究洋浦问题。许士杰抱病参加会议，他对洋浦开发模式选择及相关问题阐述了七个方面的意见，为洋浦的发展全力辩护。田纪云副总理在会上援引《宪法》和有关法规指出，洋浦的做法符合法律条文，也符合中央给海南的政策，土地有偿出让，成片开发 70 年是有根据的，不能给人家戴卖国的帽子。

4 月 28 日，邓小平对洋浦开发问题作出批示："我最近了解情况后，认为海南省委的决策是正确的，机会难得，不宜拖延。但须向党外不同意见者说清楚。手续要迅速周全。"邓小平的批示一言九鼎，平息了种种非议，为"洋浦风波"画上了句号。

1992 年 3 月 9 日，国务院正式批准设立洋浦经济开发区，中国首例外商投资成片开发区就此诞生。同年 8 月，经国务院批准，海南省政府决定将洋浦港周边 27.35 平方公里土地出让给熊谷组（香港）有限公司。

海南建省办特区后，经济得到了快速发展。1993 年全省国民生产总值达到 204 亿元，比建省前的 1987 年增长 2.7 倍。30 多年来，海南地区生产总值增长 20 多倍，地方一般公共预算收入更是增长了 200 多倍，创造了经济发展史上的奇迹。

主要参考资料：

《全国最大经济特区的建立》，海南史志网"党史正本·实录·海南改革开放"。

1989年：

第三代中央领导集体形成

    1989 年 6 月 23 日至 24 日，在党的十三届四中全会上，组成了新的中央领导机构，产生了以江泽民为总书记的新的政治局常委会，这标志着中国共产党第三代中央领导集体正式确立。

3 江泽民临危受命

1989 年春夏之交，我们党经历了血与火的考验。由于当时党的总书记赵紫阳犯了支持动乱和分裂党的错误而被撤销了党内外一切职务，尽快建立第三代中央领导集体也就变得更加迫切。

1989 年的 5 月 31 日，邓小平在同李鹏、姚依林谈话时明确表示，要真正建立一个新的第三代领导集体，希望能够"很好地以江泽民同志为核心"。江泽民时任中央政治局委员、上海市委书记。在此之前，5 月 20 日上午，邓小平在住地同陈云、李先念、彭真、杨尚昆、王震、李鹏、乔石、姚依林、宋平等开会，提议江泽民任中共中央总书记。

1989 年 6 月 23 日至 24 日，党的十三届四中全会在北京召开。全会决定撤销赵紫阳的党内一切领导职务，并对中央领导机构部分成员进行了调整：选举江泽民为中央委员会总书记。新的中央政治局常委会由江泽民、李鹏、乔石、姚依林、宋平、李瑞环组成。

这是一次在党的历史上具有重要意义的会议。它标志着党的第三代中央领导集体开始登上中国的政治舞台。

江泽民临危受命，担任中共中央总书记。原本他准备从上海市委书记任上退休后，到母校上海交通大学任教，并已做了一些准备工作。面对中央集体的决定，面对老一辈革命家和全党同志的信任，他决定勇敢地承担起历史的责任。赴中央工作后，他对邓小平明确表示：党和人民把我放到这个位置上，我一定鞠躬尽瘁、死而后已，一定做到"苟利国家生死以，岂因祸福避趋之"。

"苟利国家生死以，岂因祸福避趋之"，是清代政治家、虎门销烟英雄林则徐所写《赴戍登程口占示家人》中的两句诗。江泽民在离开上海去北京赴任前，他的老领导、老朋友汪道涵也曾以此诗句相赠。为了国家和民族，一个有担当的人不会因个人得失和利害而逃避自己的历史责任，林则徐的这种精神激励着江泽民。在他就任总书记后，大学时代的老师顾毓琇写信祝贺。江泽民在复函中，再次引用林则徐的这首诗表明心迹，坦陈了一位共产党人以国家民族利益为重，愿为党和人民的事业贡献一切的伟大胸怀。

在当时国内形势趋于稳定、中央领导机构刚刚进行调整的情况下，人们最关心的问题是：改革开放以来的政策会不会变？对此，江泽民在全会上表示，这次中央领导核心虽然作了一些人事调整，但是，党的十一届三中全会以来的路线和基本政策没有变，必须继续贯彻执行。他说："在这个最基本的问题上，我要十分明确地讲两句话：一句是坚定不移，毫不动摇；一句是全面执行，一以贯之。"

🐷 新的中央领导集体工作"卓有成效"

党的十三届四中全会一结束，以江泽民同志为核心的党中央立即采取一系列重大措施，维护社会稳定，加强党的建设，使全国政治局面迅速稳定，经济形势趋于好转。

千头万绪中，维护社会稳定是当务之急。

十三届四中全会结束的第四天，中央政治局常委们就在中南海怀仁堂与各民主党派、工商联及无党派人士座谈。江泽民说，我在这里愿意向国内外所有关心中国发展的人们负责地申明：中国改革开放的总方针和总政策决不会变；不仅不会变，而且要更好、更有效地坚持改革开放，使这一伟大事业前进得更稳、更好甚至更快。

加强与人民群众的联系，紧紧依靠人民群众，赢得最广大人民群众的支持，是保持社会稳定的根本，是党立于不败之地的根本。

1989年7月28日，中央政治局全体会议通过《关于近期做几件群众关心的事》的决定，要求中央和国务院的领导同志从自身做起，在惩治腐败和带头廉洁奉公、艰苦奋斗方面起表率作用。不久，对中央领导的少量食品"特供"被取消，领导同志使用的进口轿车也陆续更换为国产轿车。"七件事"逐一落实。

针对广大群众对"官倒"等腐败现象的强烈不满，中央加大惩治腐败的力度。

8月，中央、国务院决定进一步清理整顿公司。国家审计署公布了对引人注目的中国康华发展总公司等五大公司的审计结果，决定没收它们的非法所得，处以罚款、补交税金共5133万元。这年底，"康华"被关闭，90%以上的党政机关公司被撤销。

1989年，是中国实施治理整顿方针的第一个年头。

这年11月6日至9日，党的十三届五中全会通过了关于进一步治理整顿和深化改革的决定，对经济形势作出了清醒的判断，进一步明确了治理整顿的时间、目标和重要环节，要求用 3 年或更长一点的时间，基本完成治理整顿的任务，为国民经济的持续、稳定、协调发展创造有利条件。

自 1985 年以来，由于各种原因，中国农业出现了连续 4 年的徘徊局面。因此，江泽民在外出视察，谈到农业问题时，语重心长地说：全国 11 亿人口，吃饭是个重大问题。"民以食为天""手中有粮，心中不慌"，以农业为基础的思想千万不要忘记。

国家对农业采取"升温"政策，增加对农业的投入，调整种植结构，提高粮、棉、油的合同定购价格，消除收购中的"打白条"现象。这些举措，调动了农民的生产积极性。

这年底，中国粮食生产获得丰收，超过 8000 亿斤，达到 1984 年以来历史最高水平。农业出现了新的转机。

③ 两代领导"核心"顺利交接

1989 年 9 月，邓小平在目睹了以江泽民为核心的新的中央领导集体在近 3 个月的时间内所作出的成绩后，感到无比欣慰。他决定从中央领导岗位上完全退下来。

1989 年 9 月 4 日，邓小平同江泽民、李鹏、乔石、姚依林、宋平、李瑞环、杨尚昆、万里谈话，商量退休的时间和方式。他说：退休是定了，退了很有益处。现在看来，对我们四中全会选出的人，对新的领导班子这一段的活动，国际国内的反应至少是很平静，感到是稳妥的，证明我们这个新的领导班子是能够取得人民的信任和国际上的信任的。退的决心我已经下了好几年了。自然规律是不可改变的，领导层更新也是不断的。退休成为一种制度，领导层变更调动也就比较容易。我过去多次讲，可能我最后的作用是带头建立退休制度。

同一天，邓小平致信中共中央政治局，请求批准他辞去中央军委主席的要求。11 月 9 日，党的十三届五中全会批准邓小平辞去中央军委主席的职务，全会根据邓小平的提议，决定任命江泽民为中央军委主席。

几天后，邓小平和新任军委主席江泽民一道，看望参加中央军委扩大会议的全体同志。邓小平手握麦克风，发表即席讲话。他说："军委领导更换了人。

我认为，确定以江泽民同志为核心的党中央，是我们全党做出的正确的选择。江泽民同志是合格的军委主席，因为他是合格的党的总书记。"

十多年的经验充分证明，以江泽民同志为核心的党的第三代中央领导集体确实不负众望。1993 年 12 月 9 日，邓小平在他生前最后一次外出视察途中曾经高兴地说："我对江泽民同志为核心的班子很信任，他们方向、路子正确，工作得很好，我非常放心。"

2000 年 1 月 20 日，江泽民向中央政治局通报中央常委"三讲"情况时曾对自己"作为第三代中央领导集体的核心"发表了这样的看法：

把我作为第三代中央领导集体的核心，是邓小平同志决定的。邓小平同志讲："任何一个领导集体都要有一个核心，没有核心的领导是靠不住的。"邓小平同志的考虑是很深的。领导我们这么大一个党，治理这么大一个国家，建设这么大一支军队，必须有一个团结统一的核心，这是一条历史规律。我从来认为，领导核心不是自封的，需要在斗争实践中来形成、考验和锻炼。我说过，要做好中央的领导工作，一要紧紧依靠全党同志和广大人民群众在斗争实践中积累的经验，二要靠中央的集体领导。我历来强调，要处理好个人与集体的关系，做工作要依靠大家的智慧，依靠相互的坚强团结，依靠集体领导，依靠全党同志群策群力。

从党的十三届四中全会到五中全会，以邓小平同志为核心的第二代中央领导集体和以江泽民同志为核心的第三代中央领导集体实现了顺利交替，保证了党的政策的稳定性、连续性和国家的稳定，使社会主义改革开放和现代化建设能够继续前进。这是党在政治上高度成熟、组织上坚强有力的明证。

主要参考资料：
中共中央文献研究室：《邓小平年谱》下册，中央文献出版社 2004 年版。

1990年:

浦东开发开放

1993年12月13日，在上海寒冷的冬日中，89岁高龄的中国社会主义改革开放和现代化建设的总设计师邓小平坚持冒雨视察杨浦大桥。当他看到浦东新区翻天覆地的变化后，老人家兴奋地吟出了"喜看今日路，胜读百年书"的诗句。

❸ "宁要浦西一张床，不要浦东一间房"

滔滔浦江水，将我国最大的工业城市——上海分割为东西两片。

浦东，指黄浦江以东、长江口西南、川杨河以北，紧邻上海最繁华的外滩的一块三角形地区，面积约 350 平方公里。浦东市政建设落后，交通不便，文化设施几乎空白。

开发前的陆家嘴，那 3500 多户组成的棚户区和简陋住房，饱含着岁月的沧桑；那烂泥渡路的景象，不禁使人想起上海广为流传的一个说法："宁要浦西一张床，不要浦东一间房。"繁荣、时尚的浦西与冷清、落后的浦东形成了鲜明的对照。

1990 年春节，上海市下起了并不常见的大雪，纷纷扬扬的雪花带给人们一丝惊喜。在上海西郊，一座绿荫掩映的宾馆内，邓小平第二次在上海度过春节。

窗外，不时传来贺新春的爆竹声，焰火不断在空中闪过。但是 86 岁的邓小平没有休息，而是在不断思考，一根接着一根抽烟。一项重大的战略决策正在内心形成。

除夕之夜，他同上海党政军负责人共庆新春佳节。在祝福和展望未来的欢庆声中，他郑重地对上海市领导提了一个问题：请上海的同志思考一下，能采取什么大的动作，在国际上树立我们更加改革开放的旗帜。

1989 年政治风波之后，中国的经济状况并不为海外投资者看好。中国在改革开放、经济建设、国际关系等方面遭遇困难。

在连续的几次谈话中，邓小平都谈到了中国的对外开放："现在国际上担心我们会收，我们就要做几件事情，表明我们改革开放的政策不变，而且要进一步地改革开放。"

"我过去说过要再造几个'香港'，就是说我们要开放，不能收，要比过去更开放。不开放就发展不起来。"

在哪里造"香港"呢？

邓小平的视线投向了上海，投向了上海黄浦江东面的那块土地。

时任上海市委书记的朱镕基向邓小平汇报了开发浦东的设想。邓小平欣喜地说，这是个好事。2 月 13 日晚，邓小平返回北京，在前往火车站的途中同朱镕基谈话。在谈到开发浦东时，邓小平带着惋惜和鼓励的口气说：你们搞晚了。但现在搞也快，上海条件比广东好，你们的起点可以高一点。从上世纪80年代到90年代，我就在鼓动改革开放这件事。胆子要大一点，怕什么。

时任上海市委副书记的王力平后来回忆说：

2月13号，小平同志离开上海，我和镕基坐主车，陪小平同志一家去火车站。后来，老爷子（邓小平）就讲："你们提出来开发浦东，我赞成，你们去跟江泽民同志说一下。"镕基同志反应很快，他说："小平同志呀，泽民同志刚从上海出去，他老讲上海的事不方便哪。"小平说："好，我来说。"

❸ 邓小平力主开发浦东

1990年2月17日，也就是邓小平回到北京的三天后，那天在人民大会堂，他和江泽民等中央领导同志一起接见香港基本法起草委员会成员。接见之前的福建厅里，江泽民、李鹏恭候邓小平的到来。对于当时的情形，邓小平的警卫秘书张宝忠后来回忆说：

小平同志进了福建厅以后，没有说别的话，就说上海啊，浦东要抓紧开发，在第一批考虑开发沿海城市，他说没有把上海放进去，这是我的一大失误。为什么呢？说当时考虑沿海城市主要有香港这个背景。考虑到沿海城市有这个背景，觉得沿海发展可以带动珠江三角洲。他说上海，是一个有工业基础的城市，有科技基础、科学技术，有科技人才，上海工人阶级是牵头羊。上海开发搞好了，不但能带动长江三角洲，还可以带动内地。说这个要赶快抓紧时间开发浦东。而且风趣地说，江泽民同志也在，（小平同志）说："这个话呀，江泽民同志不好讲，我替他讲了。"江泽民同志就笑了，并且说："我们一定抓紧办，抓紧开发。"

1990年2月26日，上海市委、市政府正式向党中央、国务院提出了《关于开发浦东的请示》。

其实，早在1985年，上海就有了开发浦东的意愿。当年，上海组织了一支队伍专门调研浦东开发。

1986年4月，在当时的上海市市长江泽民主持下，中共上海市委、上海市人民政府向党中央、国务院报送了《上海市城市总体规划方案的汇报提纲》，同年10月，国务院批复原则同意《上海城市总体规划方案》，这是上海有史以来第一个报经国家批准的城市总体规划方案。批复中提出"当前特别要注意有计划地建设和改造浦东地区""使浦东成为现代化新区"，这时，浦东开始有了新区的定位。

1988年9月30日，当时的市委书记江泽民、市长朱镕基以及汪道涵同志进京汇报浦东开发准备工作，中央原则同意并指示上海要做好浦东开发的筹备工作。市领导回来后就成立了"开发浦东新区领导小组"，但由于其后国际国内的一些原因，后续的研究耽搁了下来。

这一状态终于从1990年的那个春天起开始改变。

⒊ 从地方战略构想到国家重大战略决策

1990年3月3日，邓小平邀请江泽民、李鹏到他家，就当时的国内、国际形势进行了长时间的谈话，强调了如何化解对我不利的形势，他说："要实现适当的发展速度，不能只在眼前的事务里面打圈子，要用宏观战略的眼光分析问题，拿出具体措施。机会要抓住，决策要及时，要研究一下哪些地方条件更好，可以更广大地开源。比如抓上海，就算一个大措施。上海是我们的王牌，把上海搞起来是一条捷径。"

此后聚焦点又集中到了"浦东开发开放"这张具体的"王牌"上。

在邓小平的推动下，中央对浦东开发开放的决策和行动立即"提速"。七届全国人大三次会议一结束，3月28日至4月7日，姚依林副总理带队来到上海，就浦东开发问题做了10天调研。那10天，上海展览中心会议室灯火通明，26个研究小组通宵达旦地赶材料、写专题，最终汇总的方案上报4月10日的国务院会议。

4月10日，李鹏主持国务院会议，听取姚依林关于开发浦东的专题报告。两天后，江泽民主持召开中央政治局会议，通过了浦东开发开放的决策。

4月14日，李鹏开始上海考察之行。在18日最后一天参加上海大众汽车有限公司成立 5 周年的庆祝大会上，他庄严地向全世界宣布：中共中央、国务院同意上海市加快浦东地区的开发，在浦东实行经济技术开发区和某些经济特区的政策。他同时指出：开发浦东，开放浦东，是中央为深化改革、扩大开放而作出的又一个重大部署，对于上海和全国都是一件具有重要战略意义的事情。这一决定，把开发浦东从地方战略构想提升为国家重大战略决策，引起世界瞩目。

4 月 30 日，上海市政府召开新闻发布会，朱镕基宣布开发浦东的 10 条政策。5 月 3 日，上海市浦东开发办公室和上海市浦东开发规划设计院正式挂牌。9 月，国务院批准了上海市政府开发、开放浦东新区的具体政策规定。浦东开发进入实质性启动阶段。

1992 年 10 月，党的十四大对浦东开发开放提出了明确的定位和要求。江泽民在十四大报告中提出，"以上海浦东开发开放为龙头，进一步开放长江沿岸城市，尽快把上海建成国际经济、金融、贸易中心之一，带动长江三角洲和整个长江流域地区经济的新飞跃"。

浦东开发启动之后，有实力的跨国公司、中外金融机构纷纷踏上这片改革开放的热土，外商投资逐年增加。一个外向型、多功能、现代化的新城区开始奇迹般地崛起，带动了全上海以及长江三角洲和整个长江流域经济的新飞跃。浦东由此成为新上海的象征，也成为 20 世纪 90 年代中国改革开放取得显著成就的重要标志。

主要参考资料：

中共中央文献研究室本书编写组：《中国 1978—2008》，中央文献出版社、湖南人民出版社 2009 年版。

五集文献电视片《邓小平与上海》，中共中央文献研究室、中共上海市委联合摄制。

1991年：

打破西方国家制裁

　　1989年春夏之交的政治风波后，以美国为首的西方国家对中国实行"制裁"，多方施加压力。80年代末90年代初，东欧剧变、苏联解体，社会主义在世界范围内处于低潮。中国面临着极大压力和考验。对于这一复杂、严峻的国际形势，邓小平及时作出透彻分析，提出了冷静观察、稳住阵脚、沉着应付、韬光养晦、善于守拙、决不当头、有所作为的战略策略方针。

　　以江泽民同志为核心的党中央按照邓小平提出的方针，为打破西方国家

"制裁"进行全面部署。党中央确定了两个外交工作重点：一是打破西方国家的"制裁"，恢复和稳定同西方发达国家的关系；二是开展睦邻外交，稳定和积极发展同周边国家的关系，加强同发展中国家的团结与合作。

◢ 中美关系逐步得到改善，两国外长进行了互访

1989年的政治风波刚过，美国即歪曲事实，宣布对中国实施政治和经济"制裁"。一些西方国家紧随其后。7月14日，西方七国首脑和欧洲共同体委员会主席在巴黎开会，宣布对中国采取中止高层政治接触及延缓世界银行贷款等"制裁"措施。

西方"制裁"导致中国同西方的政治经济关系出现了严重倒退。一些外商对华投资项目、中外合作项目的建设，都因此受到影响。1989年，中国引进的外资由上年的98.13亿美元减少到51.85亿美元。中国对外关系遭遇了改革开放以来空前的压力和困难局面。

没过多久，带头"制裁"中国的美国政府为了自身利益，先后派出了国家总统安全事务助理斯考克罗夫特和前总统尼克松访华，与中国领导人接触。邓小平在会见他们的时候说：中国在捍卫独立、主权和国家尊严方面决不含糊。中美关系的困难，责任完全在美国。

那个时候，邓小平经常在钓鱼台会见外宾。闲暇时他会在钓鱼台18楼的凉台上一坐就是一个小时，一句话都不说，静静地思考问题。有一次他把外交部副部长刘华秋找来了解当前的中美关系。刘华秋向他汇报了中美关系比较紧张的情况。邓小平说：

我们不是在钓鱼台嘛，要稳坐钓鱼台，关键要发展自己，无论国际上风云如何变幻，无论它美国推行什么遏制中国的政策，只要我们自己稳住，把国家的实力搞大，把经济搞好，我们什么都不怕，我看总有一天美国的商人要到中国来，因为中国的市场太大了，美国不会丢掉的。我们要耐心等待。但是也要多做工作。

面对纷繁严峻的国际局势，邓小平强调，国际舆论压我们，要坚决顶住。

一是"绝不能示弱"，二是"泰然处之"。"朋友要交，但心中要有数。"要沿着自己选择的社会主义道路走到底。谁也压不垮我们。

1990 年 8 月 3 日，伊拉克军队入侵科威特。对此，中国政府主张通过和平谈判的方式解决两国争端，而美国则急于通过武力将伊拉克军队赶出科威特。为了获得中国在联合国安理会上的支持，美国着手改善对华关系。8 月 31 日，邓小平收到布什总统的来信。信中表示："美国不会缩小或降低具有重要战略性的美中关系。"11 月 30 日至 12 月 1 日，钱其琛应邀对美国进行正式访问，这是自 1989 年 6 月以来中国高层官员首次正式访美，具有重要意义。

1991 年，中美关系出现了进一步改善的势头，中美之间的重要政治往来明显增多。11 月 15 日至 17 日，美国国务卿贝克正式访华。这是美国自 1989 年中止与中国高层接触和互访以后，美国国务卿首次访华。贝克访华具有重要意义，正如他与中国领导人会谈时所说的："我这次来没有任何先决条件。我来本身就意味着取消了双方不进行高级接触的禁令。我这次访问对两国未来的关系具有关键的意义。"这次访华取得了积极成果，双方在一些问题上达成原则性的谅解和协议。至此，美国的对华"制裁"开始被打破。

❸ 开展睦邻外交，加强同发展中国家的团结与合作

在"制裁"中国的西方国家中，日本一直扮演着不太情愿的角色。"制裁"不到半年，日本就与中国签署了提供 50 亿日元无偿资金援助的协议。

曾任外交部新闻发言人的吴建民回忆说：

看形势就是邓小平讲的，不要以为天下漆黑，可利用的矛盾多得很，机遇多得很。就根据这个思想来观察形势，有很多的机遇，慢慢就发现日本不大一样，应当说在 1989 年这股大潮来的时候日本没有落井下石，在打破"制裁"方面他是走在第一步。

1990 年 7 月 11 日，日本首相海部俊树率先在西方七国首脑会议上宣布取消对华"制裁"，决定恢复对我国的第三批日元贷款，率先突破了西方对中国联合"制裁"的防线。

1991年8月10日至13日，日本首相海部俊树对我国进行正式访问。海部成为西方国家宣布对中国实施"制裁"后，第一位访华的西方国家政府首脑。江泽民、李鹏在与海部进行会谈时，都对日本政府和海部首相本人为恢复和发展两国关系所作的积极努力给予高度评价。海部首相访华标志着中日关系全面恢复正常。

继日本首相访华之后，一些西方国家元首也纷纷来到中国。1991年9月1日，英国首相梅杰访华，9月15日，意大利总理安德烈奥蒂访华。到1991年底，西方国家和国际组织在不宣布取消"制裁"的情况下部分或基本取消了对中国的"制裁"。

在这期间，我国抓住有利时机，着力开拓外交新局面。我国不仅实现了同所有周边国家关系的全面改善和发展，而且同世界其他地区一些重要国家的关系取得突破，同第三世界国家的关系也有进一步发展。我们先后同印度尼西亚恢复了外交关系，同越南实现了关系正常化，同印度改善了关系；此外，还与沙特阿拉伯、新加坡、以色列、文莱、韩国以及苏联解体后取得独立的各国等共23个国家建立了外交关系，这个数字甚至超过新中国建立初期的第一次建交高潮。如此骄人的外交成果壮大了打破西方"制裁"的声势。

面对东欧剧变、苏联解体，中国领导人顶住逆流

1991年12月25日，苏联宣布解体，缀有锤子和镰刀的苏联国旗在夜色中从克里姆林宫匆忙降下的那个历史画面永远地成为一种记忆。

在社会主义出现曲折、世界格局急剧变化的当口，中国的社会主义面临严峻的挑战。为苏联解体唏嘘不已的人们转而为中国的前途命运担忧。改革开放会不会使中国社会滑向资本主义？

西方一些国家希望中国放弃社会主义道路，对此，中国领导人顶住逆流，在各种场合，用坚定的声音作出回应。

1991年8月20日，苏联出现剧烈动荡的第二天，邓小平专门同江泽民、杨尚昆、李鹏、钱其琛谈话。他说："坚持改革开放是决定中国命运的一招。""我们搞改革开放，把工作重心放在经济建设上，没有丢马克思，没有丢列宁，也没有丢毛泽东。"再一次表明了中国坚持社会主义道路，同时坚持改

革开放的决心。

10月5日，邓小平在沈阳对秘密来访的朝鲜劳动党总书记金日成说："中国的社会主义事业不垮，世界的社会主义事业就垮不了。东欧、苏联的事件从反面教育了我们，坏事变成了好事。"

10月29日，江泽民在中南海接受美国《华盛顿时报》资深记者博奇格雷夫采访时说：我们所走的这条道路是完全正确的，它是唯一使国家富强、人民幸福的道路。我们对未来充满信心。

国际社会主义运动遭受严重挫折的时候，中国坚定地走自己的路，做自己的事。受命于危难之际的新一代中央领导人，勇敢应对一个又一个无法预料的难题和考验，最终向人民交出了一份合格的答卷。

在邓小平提出的战略思想和方针的指引下，在以江泽民同志为核心的党的第三代中央领导集体的领导下，中国经受住了东欧剧变和苏联解体的冲击，顶住了一些西方国家的重压，打破了他们的"制裁"，维护了国家的主权和尊严。中国的国际地位越来越高，国际影响力越来越大，从而为改革开放争取到了良好的国际环境。

主要参考资料：

中共中央文献研究室：《邓小平年谱》下册，中央文献出版社 2004 年版。

中共中央文献研究室本书编写组：《中国 1978—2008》，中央文献出版社、湖南人民出版社 2009 年版。

1992年：

春天的故事

　　1992年新年第一天，江泽民在全国政协新年茶话会上讲话。在讲到新的一年的形势时，用了杜甫一句诗："天时人事日相催，冬至阳生春又来。"时间过得真快啊，似乎昨天还是隆冬，今天却已经春暖花开了。这句诗用来形容当时中国所处的环境和心情恰如其分。

　　然而，此时许多人的思想还被困扰和束缚着。每五年召开一次的党的代表大会，将在这一年秋天如期举行。十四大将确定一个什么样的奋斗目标？中国今后的路该怎样走，往何处去？是继续加快改革步伐，还是就此止步？是继续扩大开放，还是退回到原来的老路？中国又一次来到历史的十字路口。

皇甫平"羊年四论"挨批

1990 年 5 月，中共中央办公厅转发中宣部《关于社会主义若干问题学习纲要》（简称《学习纲要》十九条），号召各级党组织和干部群众要认真学习。很明显，颁发《学习纲要》十九条，实际上是要着力强调反对资产阶级自由化、防止和平演变。这年夏天，中央党校专门举办高级干部学习班，重点是学习和领会《学习纲要》十九条，主题是"反自由化"和"反和平演变"。

1991 年初，邓小平到上海过春节，决定开发开放浦东。他希望通过上海的地位和作用，来影响全国并推动中国的改革开放。

1991 年是中国传统的"羊年"。中共上海市委机关报《解放日报》根据邓小平的谈话精神，于 2 月 15 日至 4 月 12 日差不多两个月的时间，发表了署名"皇甫平"的 4 篇大声疾呼深化改革的评论文章：《做改革开放的"带头羊"》《改革开放要有新思路》《扩大开放的意识要更强些》和《改革开放需要大批德才兼备的干部》。这些文章宣传了邓小平最新的改革开放思想，形成了一个鲜明的推进改革的舆论氛围。文章发表后，在国内外、党内外反响强烈。

但是，也引来了一些媒体的责难和批判。1991 年 4 月，有一家刊物发表文章质问："改革开放可以不问姓'社'姓'资'吗？"然后，自己回答说，在自由化思潮严重泛滥的日子里，曾有过一个时髦口号，叫做不问姓"社"姓"资"。结果呢？"有人确实把改革开放引向了资本主义的邪路"，诸如经济上的"市场化"、政治上的"多党制"，还有意识形态上的"多元化"。在列举了这一系列恶果之后，文章说，"不问姓'社'姓'资'，必然会把改革开放引向资本主义道路而断送社会主义事业"。

就是在这样一个国际国内严峻考验的重大历史关头，邓小平开始了他的南方之行。

🌑 大音希声扫阴霾

1992 年 1 月 18 日至 2 月 21 日，邓小平先后视察了武昌、深圳、珠海、上海等地，发表了著名的南方谈话。

1 月 18 日 10 点 31 分，邓小平的专列到达武昌火车站。由于邓小平此次南行的目的地是深圳，故沿途没有向地方政府打招呼。当得知邓小平的专列途经武汉要停靠加水时，时任湖北省委书记关广富和省长郭树言、省委副书记兼武汉市委书记钱运录等人赶到车站迎候。邓小平在武昌火车站停留了 29 分钟。他一边踱步一边听关广富汇报，不时插上几句话，有时还停下脚步。在短短 500 米的站台上，关广富等人随着邓小平来回走了 4 趟，一共停下来 6 次。邓小平的专列继续南下之后，关广富和郭树言、钱运录立刻走进车站贵宾厅，3 人凭记忆将邓小平的谈话记录下来，由钱运录作笔录。当夜，湖北省委就将这份谈话记录传至中央办公厅。

对照现在收入《邓小平文选》第三卷的《在武昌、深圳、珠海、上海等地的谈话要点》，邓小平在武昌火车站把此次视察的一些主要观点都讲出来了，如：形式主义太多；电视一打开，尽是会议；会议多，文章太长，讲话也太长，而且内容重复，新的语言并不很多；形式主义也是官僚主义；要腾出时间来多办实事，多做少说；右可以葬送社会主义，"左"也可以葬送社会主义。中国要警惕右，但主要是防止"左"；"低速度就等于停步，甚至等于后退"。邓小平提出："要坚持党的十一届三中全会的路线、方针、政策，关键是坚持一个中心两个基本点，不坚持社会主义、不改革开放、不发展经济、不改善人民生活，只能是死路一条，基本路线要管一百年，动摇不得。"

视察期间，邓小平对计划与市场这个改革开放过程中始终困扰人们思想的难题，作出了明确的回答。他说：计划多一点还是市场多一点，不是社会主义与资本主义的本质区别。"社会主义的本质，是解放生产力，发展生产力，消灭剥削，消除两极分化，最终达到共同富裕。"改革开放迈不开步子，不敢闯，说来说去就是怕资本主义的东西多了，走了资本主义道路，要害是姓"社"姓"资"的问题。对此，邓小平明确提出："判断的标准，应该主要看是否有利于发展社会主义社会的生产力，是否有利于增强社会主义国家的综合国力，是否有利于提高人民的生活水平。"这些富有感情色彩的语言，对当时陷入困境的改革开放是一个极大的鼓舞，可谓"大音希声扫阴霾"。

❸ 一石激起千重浪

以江泽民同志为核心的党中央对邓小平的南方谈话非常重视。邓小平还没有回到北京，中央政治局就召开会议传达邓小平的谈话。邓小平回到北京后，2月28日，党中央将邓小平南方谈话要点作为中央1992年第二号文件下发，要求尽快逐级传达到全体党员。而绝大多数中国百姓，是通过3月26日《深圳特区报》11000字的长篇通讯《东方风来满眼春——邓小平同志在深圳纪实》，知道了邓小平视察南方的消息。

3月9日至10日，中央政治局专门开会讨论这篇谈话，还下发了会议公报，并且决定以南方谈话为指导思想，着手起草十四大报告。会议完全赞同邓小平的南方谈话，认为谈话不仅对当前的改革和建设、对开好十四大具有十分重要的指导作用，而且对中国整个社会主义现代化建设事业具有重大而深远的意义。此后，从中央到地方，形成了学习、宣传、贯彻和落实的高潮。各地区、各部门纷纷根据南方谈话的精神，调整或制定新的计划，以实际行动加快改革和建设的步伐。

邓小平的南方谈话，深刻总结了党的十一届三中全会以来党领导人民探索中国特色社会主义道路的经验，明确回答了长期困扰和束缚人们思想的许多重大认识问题，在重大历史关头，它成为把改革开放和现代化建设推进到新阶段的又一个解放思想、实事求是的宣言书。以邓小平南方谈话和党的十四大为标志，中国社会主义改革开放和现代化建设事业进入新的发展阶段。

主要参考资料：

周瑞金：《"皇甫平"文章引发一场思想交锋》，《财经》2008年第20期。

人民日报

RENMIN RIBAO

中共十四届三中全会在京举行

中央政治局主持会议　中央委员会总书记江泽民作重要讲话

通过《中共中央关于建立社会主义市场经济体制若干问题的决定》

全会强调，各级党委和政府要用党的基本理论和基本路线统揽全局，把更大的精力集中到加快改革上来。全会号召，全党同志和全国各族人民更加紧密地团结在以江泽民同志为核心的党中央周围，在邓小平同志建设有中国特色社会主义的理论和党的十四大精神指引下，为在本世纪末初步建立起社会主义市场经济体制，实现国民经济和社会发展第二步战略目标而努力奋斗！

1993年：

"社会主义也可以搞市场经济"

1993年11月14日，党的十四届三中全会通过了《关于建立社会主义市场经济体制若干问题的决定》。《决定》把党的十四大提出的建立社会主义市场经济体制的目标和原则具体化、系统化，是在十四大基础上的重大突破。

《决定》通过后，一家媒体这样评论说："刚刚通过决定的十四届三中全会意义非凡，其重要性仅次于去年春天邓小平南方谈话和秋季党的十四大。如果把这三个重要阶段比喻成三级跳，那么，三中全会就是这最后一跳。"

"养三只鸭子就是社会主义，养五只鸭子就是资本主义，怪得很！"

1978年2月1日，邓小平在成都听取四川省委负责人汇报工作时指出："我在广东听说，有些地方养三只鸭子就是社会主义，养五只鸭子就是资本主义，怪得很！农民一点回旋余地没有，怎么能行？农村政策、城市政策，中央要清理，各地也要清理一下，零碎地解决不行，要统一考虑。"这实际上点出了中国经济体制的弊端，也表明了邓小平要对旧有经济体制进行改革的意向。

针对计划经济体制的弊端，1979年11月26日，邓小平在会见美国不列颠百科全书出版公司副总裁吉布尼时说，"说市场经济只存在于资本主义社会，只有资本主义的市场经济，这肯定是不正确的。社会主义为什么不可以搞市场经济？这个不能说是资本主义。我们是计划经济为主，也结合市场经济，但这是社会主义的市场经济。"邓小平的这次谈话，直到1990年前后才公布出来，长期不为人知。尽管这个时候他还是认为"我们是计划经济为主"，但是计划与市场互相排斥、不能相容的传统观念逐渐破除。此后，人们普遍接受了这一观点：社会主义经济下，计划经济与市场调节可以结合。这在党的十一届六中全会和十二大的文件中都有相关的表述。

1987年2月6日，邓小平谈到十三大的筹备和十三大报告的起草等工作时，明确提出不要再讲以计划经济为主了。他说："为什么一谈市场就说是资本主义，只有计划才是社会主义呢？计划和市场都是方法嘛。只要对发展生产力有好处，就可以利用。它为社会主义服务，就是社会主义的；为资本主义服务，就是资本主义的。"于是，十三大就没有再讲谁为主，而是提出了"社会主义有计划的商品经济体制应该是计划与市场内在统一的体制"；还提出"国家调节市场，市场引导企业"，把国家、市场、企业三者关系的重点，放在市场方面；同时提出，要从直接调控为主转向间接调控为主。为此，计划与市场的关系，就从十二大时以计划经济为主、市场调节为辅，到十三大转为计划与市场平起平坐，并且逐渐把重点向商品经济、市场经济的方面倾斜。

③ "要把经济搞上去，必须用市场经济的办法"

20世纪80年代末90年代初，关于计划与市场问题的争论一直很激烈。有人说：计划经济是社会主义经济的一个基本特征，它与市场经济是根本对立的。社会主义社会不可能实行市场经济而只能实行计划经济，这是由社会主义经济的本质决定的。还有人批评说：市场经济，就是取消公有制，这就是说，要否定共产党的领导，否定社会主义制度，搞资本主义。改革是姓"资"还是姓"社"的问题就这样到了必须回答的时候。

1990年7月，中共中央政治局常委邀请搞经济工作的负责同志研究经济问题。江泽民主持了7月4日的经济形势座谈会，邀请搞经济工作的老同志余秋里、吕东、袁宝华、康世恩、宋劭文等参加。7月16日，江泽民再次主持经济工作座谈会专门讨论经济问题。9月13日至19日，江泽民又一次主持由中共中央和国务院负责同志以及省市区负责同志参加的经济工作座谈会，他要求与会人员"大家要齐心协力找到一条计划经济与市场调节相结合的具体化的路子"。

与此同时，中共中央政治局常委还邀请国内知名经济学家研究经济体制问题。与会的大部分经济学家在发言中不约而同地用这种或那种方式强调了改革的市场方向。

为了从理论上搞清楚这些问题，学电子工程出身的江泽民，亲自研读经济学方面的著作，从马克思、恩格斯到列宁、斯大林，从亚当·斯密到凯恩斯和萨缪尔森。

江泽民后来回忆说：1991年我花了很长一段时间研究西方经济学。我得出结论，在经济不发达的国家，夺取政权以后，要把经济搞上去，必须用市场经济的办法。要通过平等竞争促进经济发展。有人说，你们搞市场经济不要走到资本主义道路上去。我说，市场并不是资本主义的专利品。它只是一种手段，资本主义可以用，社会主义也可以用。

③ "我个人的看法，比较倾向于使用'社会主义市场经济体制'这个提法"

1992年春邓小平南方谈话指出："计划经济不等于社会主义，资本主义也有计划；市场经济不等于资本主义，社会主义也有市场。计划和市场都是经济手段。"邓小平的谈话犹如一股强劲的东风，掀起了一轮新的思想解放高潮，为中国特色社会主义指明了前进的方向。

这时，党的十四大报告的起草正在紧锣密鼓地进行。在起草过程中，一个关键性的问题是，在计划与市场的关系上要不要有新论述、新突破，我国经济体制改革究竟要确立什么样的目标模式。尽管有邓小平的南方谈话，但党内外和十四大报告起草组内部对这个问题的认识还不尽一致。

对这个重大问题，江泽民做了大量研究和深入思考。

1992年6月9日，江泽民来到中央党校，在省部级干部进修班上作了一次报告，阐述了他对计划与市场问题的思考。江泽民表示："我个人的看法，比较倾向于使用'社会主义市场经济体制'这个提法。"

随后，中央先后征求30个省区市和中央及国务院各部门的意见，大家一致同意使用"社会主义市场经济体制"这个提法，这标志着党内思想趋于统一。

1992年10月，党的十四大正式作出决议："我国经济体制改革的目标是建立社会主义市场经济体制，以利于进一步解放和发展生产力。"

1993年11月，党的十四届三中全会审议通过了《关于建立社会主义市场经济体制若干问题的决定》，将十四大提出的经济体制改革的目标和原则具体化，明确了建立社会主义市场经济体制的基本任务和要求，勾画了其总体规划和基本框架。《决定》特别强调了5个方面，即现代企业制度、市场体系、宏观调控体系、分配制度和社会保障制度，这5个环节有机统一，构成了社会主义市场经济体制的基本内容。

这一决定成为20世纪90年代推进经济体制改革的行动纲领。明确建立社会主义市场经济体制的改革目标，解决了中国改革发展的一个关键性问题，是对马克思主义经济理论的创造性发展。

主要参考资料：

张卓元等：《20年经济改革回顾与展望》，中国计划出版社1998年版。

1994年：

"分税制"改革

1994年2月8日，农历腊月三十，北京。

窗外，北风呼啸，压得人透不过气来。而此时，时任财政部副部长的项怀诚，则一直在财政部大楼里焦急不安地等待着那个关键时刻、关键数字的到来。

终于，1月份税收数字报上来了——1月环比税收增长61%。"我当时高兴得无法形容。"若干年后，在回顾那段难忘往事的时候，项怀诚内心的激动仍然难于掩饰。

61%，一个普普通通的数字。但它却使得那些参与了 1994 年分税制改革的人们在那一刻，"可以喘一口气了"。对于新中国财政史来说，成败荣辱，苦辣酸甜，这个数字意味着太多太多……

实施前夕：悬崖边上的中央财政

20 世纪 80 年代末 90 年代初，我国的中央财政陷入了严重危机，由于财政收入占 GDP 比重和中央财政收入占整个财政收入的比重迅速下降，中央政府面临前所未有的"弱中央"的状态。中央财力的薄弱，使那些需要国家财政投入的国防、基础研究和各方面必需的建设资金严重匮乏。

正是这场财政危机，让党中央、国务院痛下决心，一场具有深远影响的分税制改革在中国拉开了序幕。

1991 年的全国财政会议，给一位刚到财政部工作的人士留下了深刻的记忆。当时的财政部长是王丙乾。这位工作人员说，每年财政会议的主要议题是做下一年度的财政预算，当时中央财政十分困难，第二年的预算无论如何都安排不了，有一个大的窟窿，因为前一年税收只有 2970 多亿元，很多地方非常困难，又赶上贵州遭遇大灾，中央没有钱给地方。王丙乾出于无奈，要各省作"贡献"，从 1000 万到 1 亿元不等。

财政会变成了"募捐"会。一些财政厅厅长却对王丙乾说："跟我要钱，我可没有！"一些富裕省份的财政厅厅长与财政部长当面"反目"。

"反目"有没有道理？有！比如广东，依据与中央签订的财政大包干"契约"，每年只向中央财政上交 22.74 亿元，递增 9%，再要钱就超出"合同"范围。但是，让财政部长下不来台的是，原以为由于中央给了广东很多优惠政策，就连关税都留给了广东，中央财政遇到困难，要点小钱会如此不给面子。

从 20 世纪 80 年代末到 90 年代初，就发生过中央财政向地方财政三次"借钱"的无奈之举。那时担任财政部部长的王丙乾说，我现在穷得只剩下背心和裤衩了。1992 年，在他之后接任的刘仲藜则说，我连背心都没有，只剩下裤衩了。

刘仲藜感慨地回忆：那几年实在太困难了。他把国库的报表拿给时任国务院副总理的朱镕基，朱镕基只说了一句话：你这个财政部长真是囊中羞涩呀！

1992 年，全国财政收入 3500 亿元，其中，中央收入 1000 亿元，地方收入 2500 亿元，中央财政支出 2000 亿元，赤字 1000 亿元，当年的赤字大部分向银行挂账。中央财政非常困难，刘仲藜向分管银行的朱镕基副总理借钱，朱镕基没有答应借。

财政紧张到这种状况，引起朱镕基的高度重视。他意识到，如果这种情况发展下去，"到不了 2000 年（中央财政）就会垮台，这不是危言耸听"。

③ 围绕分税制的建立和完善，中央与地方展开博弈

1993 年 11 月，党的十四届三中全会召开，分税制改革被正式写进《关于建立社会主义市场经济体制若干问题的决定》。在分税制改革的历程上，十四届三中全会"一锤定音"。

从包干制到分税制，财政管理体制的这种变革直接关系到中央、地方利益格局的调整。围绕着分税制的建立和完善，中央与地方的博弈贯穿始终。如何才能真正做到分税制改革既确保增加中央财力，又不损害地方利益？方案设计者绞尽脑汁。

反复讨论的结果，"共赢"三原则得以最终确定：承认地方税收基数全部返还，中央与地方按照 75 ：25 的比例分享增长增值税，按照 1 ：0.3 系数返还办法激励地方增收。核心原则是"保地方利益，中央财政取之有度"。

1993 年 9 月 2 日至 3 日，中央政治局常委会听取并同意了财税改革方案。财税改革方案通过的信息传播很快，一些地方反应强烈，主要是针对分税制方案，认为这个方案比较"紧"，并有一定的抵触情绪。朱镕基果断决定，立即带领中央各有关部门负责同志赴地方，与地方党政领导对话，听取意见。

为什么要由一个中央常委、国务院常务副总理带队，一个省一个省去谈呢？项怀诚后来深有感触地说：

因为只有朱总理去才能够和第一把手、省长面对面地交谈，交换意见。有的时候，书记、省长都拿不了主意的，后面还有很多老同志、老省长、老省委书记啊。如果是我们去，可能连面都见不上。

分税制的实施远比制订方案要复杂，因为它涉及地方的利益。当时中央财

政收入占整个财政收入的比重不到 30%，我们改革以后，中央财政收入占整个国家财政收入的比重达到 55%，多大的差别！所以说，分税制的改革，必须要有领导的支持。

③ "东奔西走，南征北战，苦口婆心。有时忍气吞声，有时软硬兼施"

从 1993 年 9 月 9 日到 11 月 21 日的 74 天时间，朱镕基亲自带队，先后分 10 站走了海南、广东（深圳）、新疆、辽宁（大连）、山东（青岛）、江苏、上海（浙江、宁波）、北京、天津、河北等 16 个省、市、自治区（包括计划单列市）。

在这两个多月里，中央原定的分税制方案在地方政府的强烈要求下不得不作出一系列调整、妥协与让步。但实行全国统一分税制改革的大原则，始终没有动摇。

在与地方政府面对面谈判，相互"博弈"中，酸甜苦辣是圈外之人难以想象的。事后，朱镕基曾经半开玩笑地说，他那段日子是东奔西走，南征北战，苦口婆心。有时忍气吞声，有时软硬兼施。

最关键的一站是广东。广东的财政包干体制运行力度一直较大，对地方经济作用也大，因此对分税制的理解也有些吃力。不过朱镕基心里早有准备。他来广东之前请示了江泽民，江泽民决心已下：搞分税制是中央的决定，不能再讨论是不是实行分税制的问题。朱镕基在一次内部会议上说，只要广东同意搞分税制，分开征税，这一条定下了，有些地方做些妥协有好处，大家思想愉快，不然改革搞不好。

头两天广东方面明确要求继续实行包干制，经反复解疑释惑，他们开始认真考虑，但提出了两个要求：一是基数问题，方案是以 1992 年为基数，广东省提出要用 1993 年为基数，主要理由是 1993 年全省经济和财政增长快，符合中央保既得利益原则；二是希望原有对企业的减免税政策保留几年或取消后，增加的税收，几年内不参与体制分配，留在地方。后面这个要求中央作了让步，同意 5 年内留给地方。争议最大的是基数问题，刘仲藜和工作班子都不同意以 1993 年为基数，主要原因是财政从未以也不能以未发生的数字为基数，担心地方在数字上弄虚作假，会产生极大的不规范行为。但是，为了最大限度地争取地方对财税改革的支持，朱镕基同意了广东省的要求，决定把 1993 年的收入数作为基数。

刘仲藜对当时谈话的情景记忆犹新，他回忆说：

与地方谈的时候气氛很紧张，单靠财政部是不行的，得中央出面谈。在广东谈时，谢非同志不说话，其他的同志说一条，朱总理立即给驳回去。当时有个省委常委、组织部长就说："朱总理啊，你这样说我们就没法谈了，您是总理，我们没法说什么。"朱总理就说："没错，我就得这样，不然，你们谢非同志是政治局委员，他一说话，那刘仲藜他们说什么啊，他们有话说吗？就得我来讲。"一下就给驳回去了。这个场面紧张生动，最后应该说谢非同志不错，广东还是服从了大局，只提出了两个要求：以 1993 年为基数、减免税过渡。中央也作出了让步。会后我们和朱森林省长等在一起算账。

1993 年 12 月 15 日，国务院发布《关于实行分税制财政管理体制的决定》，从 1994 年 1 月 1 日起在全国实行。

主要参考资料：

《十年回首"分税制"》，《21 世纪经济报道》2004 年 11 月 14 日。

赵忆宁：《分税制决策背景回放》，《瞭望新闻周刊》2003 年 37 期。

刘克崮、贾康：《中国财税改革三十年：亲历与回顾》，经济科学出版社 2008 年版。

1995年:

"领导干部的楷模"

1995 年 4 月 7 日,《人民日报》发表了《向孔繁森同志学习》的社论和长篇通讯《领导干部的楷模——孔繁森》,号召共产党员特别是领导干部发扬新时期的创业精神,以实际行动向孔繁森同志学习,在全国掀起了学习孔繁森的热潮。

⑤ "我是党的干部，服从组织安排"

1979年，时任中共聊城地委宣传部副部长的孔繁森主动响应国家号召，第一次赴藏工作，前往海拔4700多米的岗巴县担任县委副书记。

那时，党的十一届三中全会刚刚开过，也是家庭联产承包责任制在农牧区推广的关键时期。他几乎跑遍全县的乡村牧区，宣讲政策，访贫问苦，和群众一起收割、打场、挖泥塘，与当地群众结下了深厚的情谊。有一次，他骑马下乡，从马背上摔下来，昏迷不醒。当地的藏族群众抬着他走了30里山路，把他送到医院抢救。当他从昏迷中醒来时，看到很多藏族群众守护在身边。回到山东后，他曾表示："我这条命，是藏族老百姓给捡回来的。如果有机会，我愿再次踏上那片令人终生难忘的土地，去工作，去奋斗！"

1988年，摆在时任山东聊城地区行署副专员孔繁森面前的是一次严峻的考验。山东省再次选派进藏干部，组织上决定让他带队第二次赴藏工作。孔繁森把九旬老母和3个未成年的孩子托付给身体虚弱的妻子，毅然表示："我是党的干部，服从组织安排！"

要走了，孔繁森默默地站在年迈多病的老母亲面前，用手轻轻梳理着母亲稀疏的白发，然后贴在老人的耳朵旁说："娘，儿又要出远门了，到很远很远的地方去，要翻好几座山，过好多条河。""不去不行吗？"年迈的母亲抚摸着他的头舍不得地问。

"不行啊，娘，咱是党的人。"孔繁森的声音哽咽了。

"那就去吧，公家的事误了不行。"

想到这也许是和老母亲的最后一面，孔繁森无法抑制内心的感情，"扑通"跪在母亲面前："自古忠孝不能两全，娘，您要多保重！"说完，流着泪水给母亲深深地磕了一个头。

第二次进藏，孔繁森担任拉萨市副市长，分管文教、卫生和民政工作。他仅用4个月就跑遍拉萨所有公办学校和一半以上的村办小学。在他和全市教育工作者的努力下，拉萨的适龄儿童入学率从45%提高到80%。

1992年年底，孔繁森第二次调藏工作期满，西藏自治区党委决定任命他为阿里地委书记。面对调回山东工作，还是继续留藏的人生抉择，孔繁森毫不犹豫地选择服从组织安排。

❄ "一个共产党员爱的最高境界是爱人民"

1992 年，拉萨市墨竹工卡等县发生地震。当时在拉萨任副市长的孔繁森立即赶赴灾区。在羊日岗乡的地震废墟上，3 个失去父母、无家可归的藏族孤儿曲尼、曲印和贡桑哭喊着扑到他的怀里。孔繁森抚慰着 3 个孩子：党，就是你们的亲人。一定会让你们有饭吃，有衣穿，有房子住，还要送你们上学。他嘱咐当地干部务必要安置好这 3 个孩子。孔繁森紧张地忙于救灾，也一直牵挂着 3 个孩子。不久，他再次来到羊日岗乡，决定亲自承担起抚养这 3 个孤儿的责任。

尽管孔繁森自己的家庭负担比较重，但每次下乡，他总要把钱分给那些生活贫困的藏族群众，往往刚过半个月，工资就花得所剩无几，有时连交伙食费的钱都不够了。收养孤儿后，经济上更加拮据。过去他一个人，生活上能凑合就凑合，可他不能让孩子们受委屈。

1993 年春的一天，孔繁森悄悄来到西藏军区总医院血库，要求献血。护士看着他那已经斑白的鬓角，婉言劝道："您这么大年纪了，不适合献血。"

孔繁森连忙恳求道："我家里孩子多，负担重，急需要钱。请帮个忙吧！"

护士见孔繁森如此恳切，只好同意他的请求。殷红的鲜血，从孔繁森的体内缓缓流进针管。

孔繁森生活极其节俭，经常吃的是白饭就榨菜，工作一忙，开水泡馒头和方便面也是常有的事。他穿的许多内衣打着补丁，连块香皂都舍不得买。每次去拉萨回阿里，他总要买上一些价格低廉的生活日用品，因为有地区差价，这样可以省点钱。孔繁森对自己，就是这样节俭、吝啬，而对他人、对藏族同胞，却是那么慷慨大方。在西藏工作的近 10 年时间，他几乎没有往家里寄过钱，省下的工资，大部分花在藏族群众身上。他始终在努力实践着自己最喜爱的那句名言："一个人爱的最高境界是爱别人，一个共产党员爱的最高境界是爱人民。"

❄ "出师未捷身先死，长使英雄泪满襟"

1993 年 4 月 4 日，年近 50 岁的孔繁森告别拉萨，奔赴自然条件更为恶劣的阿里，挑起阿里地委书记的重担。

阿里地处西藏西北部，平均海拔4500米，被称为"世界屋脊的屋脊"。这里地广人稀，常年气温在0摄氏度以下，最低温度达零下40多摄氏度。由于历史和自然的原因，当地的经济发展仍比其他地区缓慢，群众生活仍比较贫困。

为了进一步摸清阿里的情况，他一个县、一个区、一个乡地跑。在阿里不到两年的时间里，从南方的边境口岸到藏北大草原，从班公湖到喜马拉雅山谷地，全地区106个乡，短短几个月时间，他就跑了98个，行程8万多公里。

阿里地广人稀，面积30.5万平方公里，相当于两个山东省，而人口只有6万多。有时，开着越野车在空旷的荒野上奔波一天也看不到一户人家、一顶帐篷。饿了，他们就吃口风干的牛羊肉；渴了，就喝口山上流下来的雪水。

在广泛深入调查研究的基础上，阿里经济发展的思路在孔繁森的脑海中渐渐清晰起来。在地委、行署联席会议上，孔繁森列举了阿里发展的6大优势：畜产品优势、矿产品优势、旅游优势、边贸优势、政策优势、人口少的优势。

1994年初，一场罕见的特大暴风雪席卷了阿里高原。漫天大雪，吞没了农田、牧场和村庄。

"立即行动起来！到灾区去，到群众中去，组织抗灾，恢复生产，重建家园。"在孔繁森的带领下，地委、行署迅速组织了十多个工作组分赴各灾区。厚厚的积雪封死了道路，他们就用铁锹挖，用汽车碾。

在革吉县和改则县，孔繁森目睹了暴风雪给牧民造成的严重危害：大片大片的牧草被冰雪覆盖，成群成群的牲畜因冻饿而死，许多群众陷入缺衣少粮的困境。

孔繁森的心在颤抖！他挨家挨户地走访灾民，分发救济粮和救济款。风雪中，他高声地鼓励大家："有党和政府在，再大的灾害也压不垮我们。我们一定能帮助大家渡过难关！"

2月26日，孔繁森来到受灾最严重的革吉县亚热区曲仓乡。这里海拔5800米，是阿里最高的一个牧业点。

雪花在凛冽的寒风中狂飞乱舞。一会儿工夫，大家都变成了雪人。人们穿着大衣，还是感到阵阵发冷。脸、手和脚都被冻得失去了知觉。孔繁森看到一位藏族老阿妈把外衣脱给了在风雪中哀嚎的小羊羔，自己却在零下20多摄氏度的严寒中冻得瑟瑟发抖，他的眼睛湿润了。他用手捂住脸，强忍着不让泪水流出来，猛地转身回到越野车上脱下自己的一套毛衣毛裤，递给那位老阿妈。老阿妈伸出已经冻僵的双手，接过那还带着体温的毛衣，嘴唇颤抖着久久说不出一句话。

经过两个月的艰苦奋战，阿里地区的各族干部群众在地委和行署的领导下，终于战胜了雪灾，全地区没有冻死、饿死一个人。

在孔繁森的勤奋工作下，阿里的经济有了较快发展。1994年，全地区国民生产总值超过 1.8 亿元，比 1993 年增长 37.5％；国民收入超过 1.1 亿元，比上年增长 6.87％。

1994 年 11 月 29 日，孔繁森带领有关部门到新疆塔城进行边贸考察，在完成任务返回阿里途中，不幸发生车祸，他以身殉职，时年 50 岁。

人们在料理孔繁森的后事时，看到两件遗物：一是他仅有的 8 块 6 毛钱；一是他去世前 4 天写的关于发展阿里经济的 12 条建议。这 12 条建议既包括了设机场、修国道、建电站等改善阿里能源交通"瓶颈"的对策，也涵盖财政、民生、教育等群众所关切的问题。

"出师未捷身先死，长使英雄泪满襟"。令人欣慰的是，一批批阿里干部群众在"孔繁森精神"的激励下，已将这些遗愿一一变为现实。

主要参考资料：

《领导干部的楷模——孔繁森》，《人民日报》1995 年 4 月 7 日。

1996年：

"大京九"

京九铁路，北起北京，南至深圳，连接香港九龙，跨越9省市108个市县，正线全长2398公里，辐射人口约2亿人，是我国铁路史上规模最大、投资最多、一次性建成线路最长的大干线。1996年9月1日，京九铁路在百姓的期盼中通车运营，沿线百姓送给京九铁路一个爱称——"大京九"。

"大京九"的决策过程是中国铁路史上最为曲折复杂的一次

新中国成立后，铁路南北方向除鹰厦铁路外，没修建过一条自行设计的新干线。1958年根据毛泽东指示，铁道部部长滕代远提出了一个伟大构想：修建从北京到九江的、位于京广、京沪之间的第三条南北铁路大干线。随后铁道部把京九铁路纳入国家铁道建设规划。但由于当时国力不足，这一计划搁浅。

1960年铁道部第三、第四勘测设计院编制了《北京至九江铁路设计任务书》。这是京九铁路最早的设计文件。但此时新中国刚结束"大跃进"，处于3年经济困难时期，虚弱的国力不允许执行这一计划。

"文化大革命"前，周恩来总理对铁道部领导人吕正操说："看来在京广、京沪之间还要修一条南北新干线，要直一点标准高一点。"京九铁路在困顿中似乎又看到了一点希望。

1975年邓小平主持中央工作，对全国的交通事业进行了大刀阔斧的整顿。1975年2月交通部下发了京九铁路勘测设计计划。1975年至1976年对京九铁路进行了全面勘测。

1978年，铁道部向国家计委呈送了《关于北京九江铁路设计任务书的报告》，提出："拟按双线、电气化、客车时速160公里标准，建成一条现代化铁路。"这就是京九铁路高速方案，但在当时新建一条全长1200公里的准高速电气化铁路，无论在财力、物力、技术上，都不现实。

20世纪80年代初爆发了一场关于铁路建设的争论，似乎京九铁路建设又要遇到困难。当时在《红旗》《光明日报》上刊载了大量学者的文章。他们认为应当调整中国以铁路为主的交通运输结构。

另外一些学者坚持"铁路是国计民生大动脉"的思想。他们认为，铁路运输是全天候、全方位的理想运输方式，随着中国经济的发展，铁路必将有一个大发展时期，修建新的南北铁路大干线——京九铁路势在必行。

在这场争论中，国家计委支持京九铁路的修建。1983年，铁道部向国家计委呈报了《关于审批北京至九江铁路衡水阜阳段设计任务书的请示报告》。根据该报告，1983年7月18日，国家计委副主任房维中签发了文件，正式向国务院呈送报告。报告中说："经研究，为了适应煤炭等主要物资运输的需要，拟同意批复。"这里强调了"煤炭",这样也就减少了铁路建设中的阻力。

1983 年 7 月 30 日,国务院批准了报告,第一次公布了"京九铁路"这个名称。

③ 两个副总理同时参加"大京九"建设,这在中国铁路史上不常见

1986 年 2 月,铁道部决定开工修建北京至九江铁路中商丘至阜阳段 174.88 公里的铁路,开辟华东铁路网中的南北第二通道。但这个决策仍遭到一些专家的反对。

一时间,铁道部部长丁关根陷入矛盾。此时国务院副总理万里的一篇强调决策科学化、民主化的文章使他眼睛一亮。于是,1986 年 8 月 5 日他在山海关召开了由 30 多个持不同观点的专家组成的华东铁路网专家论证会。这次会议上大家各抒己见,最终达成一致意见:商阜铁路马上开工。

1986 年 12 月万里到江西考察,发现已开工十几年的京九铁路九江长江大桥迟迟不能竣工。当了解到原因是缺资金时,当场拍板:国家拿出一部分资金,各省市拿出一部分资金集资解决该问题。这成为以后建设的宝贵经验。

1984 年 9 月 26 日,中英签署《联合声明》,1997 年 7 月 1 日中国将恢复对香港行使主权。这一契机为京九铁路向南扩展提供了充分理由。时任全国政协委员、原国家铁道部副部长的邓存伦在全国政协会议上提出提案:"将北京至九江铁路(即小京九)延长至香港九龙(即大京九),并力争在 1997 年 7 月 1 日香港回归祖国时全线贯通。"

1991 年 9 月 6 日,国务院在山东济南市召开了由国家 8 个部委和京九铁路沿线 9 省市主要负责人参加的"京九铁路建设情况汇报会",邹家华副总理郑重宣布:国家已决定修建京九铁路。

1992 年 3 月 17 日,国务院正式批准了铁道部呈报的《关于审批京九铁路总体规划方案(代项目建议书)的请示》报告。

1993 年 1 月 11 日,在北京全国铁路领导干部会议上,朱镕基副总理自告奋勇当京九线的顾问。他说:"要全力以赴会战京九,大干 3 年铺通全线。"1993 年 2 月 20 日,以邹家华副总理为组长的国务院京九铁路建设领导小组召开第

一次会议，布置了大会战的各个战役计划。两个副总理同时参加铁路建设，这在中国铁路史上实属罕见。

1993年5月2日，京九铁路全线开工。21万建设大军劈山越水，累计打通隧道56公里，架设桥梁1100多座，修建车站210多个，至1995年11月16日，不到3年的时间全线铺通。1996年9月1日，京九铁路全线开通运营。

一条以京津冀、粤东南经济聚集区为双龙头，以江西昌九工业走廊为腹地的"大京九"经济增长带正在崛起。

◯ "大京九"被铁路沿线百姓喻为"脱贫致富的发动机"

1996年9月2日20点30分，当首列北京至深圳的105次列车驶进江西井冈山站时，老区沸腾了。一位83岁的老太太从山中蹒跚几十里山路赶到井冈山站，抚摸着盼了几十年的列车说："等得太久了啊，这铁皮车（火车）我终于看到了。"

20世纪80年代，从北京到改革开放最前沿的广东南部的2400公里中，仅有京广、京沪两条铁路连接南北。买票难、运货难、沿线革命老区脱贫难，铁路运输瓶颈严重制约了国民经济的发展。

1985年，江西省赣州市兴国县委书记在参加全国人代会时，建议修建赣南铁路。这之后，铁道部正式提出京九铁路兴建方案。但究竟是径直走吉安地区的万安县，还是拐弯经赣州地区的兴国县？两种意见相持不下。

关键时刻，40多位德高望重的兴国籍老红军、老将军出面，终于让京九铁路拐了弯。就这样，京九线两跨赣江，多次穿越隧道，多走了几十公里。兴国县这个弯拐得好，拉近了老区与珠三角的距离，成为兴国县加快发展的品牌。

"京九拐个弯，兴国大发展。"京九铁路通车20余年来，为兴国县经济社会发展带来了巨大福利。京九铁路犹如一条带动人流、物流、信息流的传动链条，既促进了本地农民工外出务工，又促进了外地企业家来兴国县投资，大大提升了兴国县的知名度。

这还是一条"扶贫路"！京九铁路为江西经济发展铺就致富路，还打破了制约赣南老区发展的交通"瓶颈"，极大地改善了赣南的对外交通条件，为当地经济社会发展带来了强有力的支撑。"山沟沟里火车跑，果子变成金元宝"，如今的赣州已成为种植面积世界第一、年产量世界第三的脐橙主产区。

和兴国、赣州一样，京九铁路途经的市县大部分经济都比较落后，沿线9省市有国家级贫困地区12个，农民人均年纯收入最低的只有980元，远远低于当时所在省和全国农村的平均水平。所以，在"要致富，先修路"的口号指引下，沿途人民都把京九铁路当成扶贫利器。

京九铁路开通运营，对缓解南北运输紧张状况、改变铁路"瓶颈"状况、完善路网布局、充分发挥运输综合效益，维护港澳地区稳定和繁荣、促进祖国和平统一大业，适应对外开放、发展经济和加快沿线革命老区脱贫致富，具有重大的现实意义和深远的历史意义。

主要参考资料：

陆娅楠：《"大京九"：区域发展的主引擎》，《人民日报》2008 年 11 月 12 日。

1997年:

所有制理论的重大突破

1997年9月，党的十五大确立了社会主义初级阶段的基本经济制度，实现了所有制理论的重大突破。理论界有人称之为中国改革开放的第三次思想解放。

此前，位于潍河之滨的山东诸城，在搞活国有中小企业改革方面进行了积极的探索，因为力度之大，前所未有，引起社会上广泛的争论。所有制问题关系我国根本性和全局性发展，对待这个问题必须慎重。

陈光在诸城率先推行中小企业产权制度改革引发姓"社"姓"资"争论

1991年，35岁的陈光调任诸城市市长。诸城市是潍坊市下辖的一个县级市。改革开放以后，诸城市采取一系列措施，深化企业改革，在一定程度上增强了企业发展活力。但是由于改革没有触及实质性问题特别是产权关系问题，企业深层次矛盾仍然比较突出。

1992年上半年，陈光对市属工商企业进行摸底，心里凉了半截。市属150家独立核算的国有企业中有103家亏损。另外一些企业表面还说得过去，实际资不抵债。全市市属国有企业资产负债率80%以上，每年光支付利息就达1.5亿元。陈光认为，主要原因是"企业产权关系不明晰，利益关系不直接"。因此，"应该在产权制度上动点真格的"。

1992年党的十四大报告中提到，股份制有利于促进政企分开，要积极试点。这成了陈光实施股份合作制的依据。此后，陈光采取改制出售的办法，以摆脱困境。

最初的试点，陈光选择了总资产270万元、职工277人的国有小型企业诸城电机厂。这个国企变成由277名股东共同拥有的股份合作制企业——开元电机有限公司。

1992年12月28日，开元公司举行成立大会，诸城市工商局局长当场发执照，"企业性质"一栏出现一个新名词："股份合作制"。陈光在会上说："10年改革，改来改去企业还是躺在政府的怀抱里。从今天开始，咱两家关系变了，变成你注册我登记，你赚钱我收税，你发财我高兴，你违法我查处，你破产我同情。"就这样，诸城第一个股份制企业诞生。电机厂改制之后效果出奇的好，改制当月销售收入翻了一番多。此后，诸城又选择了4家企业进行试点，也都迅速见到了成效。

在此基础上，诸城的中小企业改革进入全面推广阶段。经过一年半时间，到1994年10月，诸城全市288家乡镇以上工商企业中的277家完成了改制。这277家中的210家采用的是"卖光"形式，即把原有的国有或集体资产百分之百卖给职工。经过改制，诸城的大多数国有小企业扭亏为盈，焕发出新的生机。

大规模变更国企产权，陈光堪称首例。当年把公有企业卖给私人，一个"卖"字、一个"股"字、一个"私"字，犯了某些理论家的天条，"私有化"的帽子，结结实实地扣到了陈光的头上。在1995年和1996年，理论界对诸城改革究竟姓"社"还是姓"资"的争论，逐渐表面化和公开化。

1995年，两位学者来到诸城调研，写了一篇文章说诸城的改革是搞私有化，导致国有资产流失，走了资本主义道路。这在当时是很吓人的罪名。该文发表在国家体改委主办的一家杂志上。这时，陈光被人起了个绰号——"陈卖光"，香港一家报纸发表文章，大标题是"江青故乡出了个陈卖光"，说陈光是"中共私有化的突击队长"。有的指责诸城改革造成国有资产大量流失，是"崽卖爷田不心疼""败家子""千古罪人"。陈光后来说："每一顶帽子都很沉重，完全能够把人压死。我也曾夜不能寐，也曾想过半途收兵。"

 ## "十四届三中全会已经明确，小企业可以卖掉，不能把这个叫私有化"

1995年12月20日，朱镕基副总理就深化国企改革问题在中南海怀仁堂召开座谈会。山东省体改委主任汇报了山东正在推广诸城做法、加快县域企业改革的情况，朱镕基多次提问。1996年3月22日，朱镕基亲临诸城考察。陈光回忆说：

朱副总理一行在诸城待了三天三夜，亲自跑了十多家企业，都是随机点名，不让我们提前安排。

3月24日最后一次座谈会，他亲自主持。他主要讲了三个方面的问题。

第一个问题讲抓大放小。他说：什么是诸城经验？它的意义在什么地方？我认为，要叫诸城经验，就在于诸城市在山东省委省政府、潍坊市委市政府的领导下，采取多种形式，把国有小型企业搞好了，或者说基本上搞好了，搞出效益来了，如果全国都搞成这样子，那就好了。意义就是认真落实了中央抓大放小的方针，取得了明显的效果。放小，中央讲的是放活，不是放松、放掉，包袱想甩也甩不掉。诸城的可贵之处就在于把国有小型企业放活，不是放松，他们抓得很紧，不是一卖了之。小企业抓不好，社会是个很不安定的因素。山东省推广诸城经验，就要推广他们多种形式搞活小企业。

第二个问题主要讲股份合作制。他说，在诸城搞活小企业的多种形式当中，有一种是把企业的净资产卖给企业内部职工，这种形式也把企业搞好了，因此可以继续试点下去。不要把它抬得太高，也不必争论是股份制还是合作制，是公有制还是私有制。十四届三中全会已经明确，小企业可以卖掉，不能把这个叫私有化。把大型企业掌握在国家手里，就是坚持了社会主义。党的政策允许发展私有经济，外国的私有经济跑到中国来可以，我们的小企业怎么不能卖掉？小企业不掌握国家命脉，不影响公有制为主体，没问题，大胆试，怎么试都行，怎么买都行，一个人买一百万也可以。试下去，多种形式试一试，不要害怕，出点问题也不要紧，逐步完善就行了。

······

朱镕基诸城之行在全国引起了很大震动。

十五大在所有制理论上的新突破，为经济体制改革和社会发展指明了方向

围绕诸城改革引发的一场波及全国的所有制问题争论，引起了江泽民的高度关注。此时，十五大报告起草工作正在紧锣密鼓地进行。十五大报告起草工作开始时，所有制问题并没有列入提纲框架里。但中国的改革决不能停止，停止没有出路。这一切，考验着以江泽民为核心的第三代中央领导集体的理论勇气和政治智慧。

十五大报告起草组成员、时任国务院发展研究中心副主任的陆百甫，后来在接受美国作家库恩的采访时回忆说：在我参加的一次会议上，江泽民谈到列宁的一句名言"马克思主义者认为革命者不应该被理论束缚手脚"，必须根据现实情况制定政策。江泽民发挥了列宁的观点，说："一切用事实说话，教条没有一席之地。"

与此同时，江泽民还在思考另一个问题——社会主义初级阶段的基本经济制度问题。它涉及所有制关系上的突破，是一个重大而敏感的问题。江泽民决定先在十五大报告起草组里征求一下意见。1997年1月17日，江泽民在十五

大报告起草组会议上作了第二次讲话。

在这次讲话中，江泽民就基本经济制度、所有制、股份制等10个重大问题作了集中阐述，提出了一系列新思想、新观点。这些都是"老祖宗"没有讲过的新话。十五大报告起草组认真讨论了江泽民的讲话，中央政治局常委们对此也都表示赞成。这样，社会主义初级阶段基本经济制度的内容就写入了十五大报告。

1997年9月12日，党的十五大在北京人民大会堂隆重开幕。江泽民在报告中指出："公有制为主体、多种所有制经济共同发展，是我国社会主义初级阶段的一项基本经济制度。""要全面认识公有制经济的含义。公有制经济不仅包括国有经济和集体经济，还包括混合所有制经济中的国有成分和集体成分。""国有经济起主导作用，主要体现在控制力上。""公有制实现形式可以而且应当多样化。一切反映社会化生产规律的经营方式和组织形式都可以大胆利用。要努力寻找能够极大促进生产力发展的公有制实现形式。股份制是现代企业的一种资本组织形式，有利于所有权和经营权的分离，有利于提高企业和资本的运作效率，资本主义可以用，社会主义也可以用。""非公有制经济是我国社会主义市场经济的重要组成部分。"

党的十五大在所有制理论上的新突破，既使全党摆脱了思想束缚，接受了不同的所有制，又没有放弃马克思主义和社会主义，实际上提出了对马克思主义和社会主义的新理解。所有制理论上的突破，为经济体制改革和社会发展理清了思路，指明了方向，中国的经济体制改革进入了又一个新阶段。

主要参考资料：

《陈光讲述"诸城改革"往事》，《联合日报》2018年12月20日。

1998年：

众志成城战洪魔

1998年夏季，受厄尔尼诺现象影响，入汛以来，气候异常，暴雨频频。长江出现全流域性大水；东北嫩江、松花江暴发百年不遇的超纪录特大洪水。一时间，挟风裹雨、浊浪翻滚的洪水，以南北夹攻之势，一齐向我们奔袭而来。沙市告急，荆州告急，武汉告急，岳阳告急，九江、安庆告急！大庆被洪水围困，哈尔滨、齐齐哈尔等大城市也频频告急！

◗ 党中央明令严防死守

1998 年 7 月中旬，当长江第二次洪峰将要到达武汉时，"九省通衢"的武汉成了一座头顶着"水缸"的城市。

在防汛抗洪最紧张的日子里，江泽民几乎每天都给国务院副总理、国家防汛抗旱总指挥部总指挥温家宝打电话，详细了解水情、汛情、险情和灾情，指挥部署抗洪抢险。

7 月 21 日，当得知长江第二次洪峰正向武汉逼近，江泽民夜不能寐。深夜 12 时，他打电话给温家宝，要求沿江各省市特别是武汉市要做好迎战洪峰的准备，抓紧加固堤防，排除内涝，严防死守，确保长江大堤的安全，确保武汉等沿江重要城市的安全，确保人民生命安全。随后，江泽民和朱镕基决定，委派温家宝代表党中央、国务院到长江防汛抗洪一线察看汛情，慰问军民，现场指挥抗洪抢险。

7 月 27 日，温家宝出发前一天的夜间 11 时半，江泽民又专门给他打电话。此刻，长江第三次洪峰刚刚通过宜昌向中下游推进。从石首到湖口，除了汉口、黄石的水位接近历史最高水位外，其余 8 个水文站均超过历史最高水位。严峻的形势，使江泽民十分担忧。他叮嘱温家宝：一定要防止 1954 年的险情发生，坚决确保武汉和江汉平原的安全。第二天一大早，江泽民就打电话给已经到达武汉的温家宝，了解洪峰通过武汉的情况。当得知洪峰正在通过武汉、没有发生重大险情时，江泽民才稍感放心，他在电话中希望战斗在防汛抗洪第一线的广大军民，发扬不怕疲劳、连续作战的作风，继续加强防守，夺取防汛抗洪斗争的更大胜利。

8 月 7 日夜，在长江第四次洪峰袭来的危急关头，江泽民主持召开中央政治局常委扩大会议，专门听取了国家防总的工作汇报，作出著名的 8 条决定，要求把抗洪抢险作为当前头等大事，全力以赴抓好。要严防死守，确保长江大堤安全，确保武汉等重要城市的安全，确保人民生命财产的安全的战略决策。还作出了调动人民解放军投入抗洪抢险、军民协同作战的重大决策。

8 月 13 日上午，正当长江第五次洪峰向湖北荆江逼近的关键时刻，江泽民乘飞机急赴沙市。

"总书记来看望我们啦！"当江泽民走上洪湖大堤，正在抗洪抢险的军民们激动地欢呼起来。望着官兵一张张被烈日曝晒得脱了皮的黝黑面孔，江泽民的心情难以平静，他手持话筒十分动情地说："现在，长江抗洪抢险斗争已经到了决战的关键时刻，你们要继续发扬不怕疲劳、不怕艰险、连续作战的精神，团结奋战，坚持到底，夺取抗洪抢险斗争的最后胜利！"

⚫ 万里长城永不倒

作为抗美援朝以来最大的一次军事行动，作为渡江战役以后长江流域最大的一次兵力集结，30余万跃动的迷彩服构成了"98抗洪"一线最壮美的图景，114位将军、5000多名师团职干部和广大指战员把长江当作前线，从坚守荆江大堤、抢堵九江溃口、会战武汉三镇到保卫大庆油田、阻截哈尔滨漫堤洪水、决战佳木斯，子弟兵无不是冲锋在前，力挽狂澜。哪里最危险，哪里就有解放军；哪里有群众呼救、转移，哪里就有解放军。在"98抗洪"一线，不仅涌现了像高建成那样的"抗洪英雄"，而且涌现了一大批英雄群体。群众说："解放军一到，更有主心骨了。"

8月7日，九江城防大堤决口，北京军区某集团军某部队在洪水中浸泡三天三夜，搭铁架，竖木桩，筑堤坝，胜利合龙。之后，荆江堤告急，他们又驰援荆江；岳阳堤告急，他们又驰援岳阳，皆攻无不克，成为国家防总手中的一支精兵。

8月8日上午，长江当年第四次洪峰向湖北省监利袭来，上车湾镇长江干堤发生大面积散浸、脱坡，随时有溃堤危险。10时20分，空降兵某部部长马殿圣少将闻讯率部赶到。党员突击队、上甘岭特功八连、红军九连、炮兵团，杆杆红旗插到堤顶，1200多名官兵随着一声"冲啊"，肩背土石冲上大堤。"往我脚下倒！"炮兵团参谋长黎纲要站在堤边发出一道道指令。浪涛打湿了他的双脚，外帮平台迎着洪涛在他脚下一寸寸延伸。到抢险结束，先后有6名官兵因极度疲劳，虚脱倒在堤上。入夜，监利水位升至38.14米，大堤岿然。

⚫ 沧海横流，方显英雄本色

人民群众是历史的主人，也是这次抗洪抢险的主体力量。

从大禹治水起，几千年来，哪里出现过捧着父亲灵牌的孝子，一听说"抢险啦"的喊声，立即让人放下灵柩，带着送葬的亲朋，去排险救灾的事？谁听说过新婚之夜的新郎，一听说险情就坐立不安，而新婚妻子深明大义，毅然趟水送未进洞房的丈夫到抢险第一线的吗？过去闻所未闻、见所未见之事，却是这次抗洪抢险中活生生的事实。至于父子抗洪、母女抗洪的事例，更是比比皆是。

7月30日，在当年决口不到100米的堤段又出现"溃堤性重大险情"，巨大的管涌，以1.5米高的浑水柱冲天喷涌。险情就是命令，68岁的抢险老英雄王占成，从家里奔到现场。凭他的经验，判断水下有隐洞，他不顾年迈，不顾生命危险，两次跃入波涛奔涌的长江，发现漩涡，又两度潜入江底，找到了1米直径的隐洞。2000多名抢险人员奋力堵洞，终于制止了管涌。这是武汉长江干堤自1954年以来出现的一次最大险情。武汉市防汛指挥部通令嘉奖老汉，为排除重大险情立了头功。市民说："王老汉救了大武汉！"

湖北省监利县朱河镇余杨村抗洪抢险突击队队长杨书祥带领60多名青年突击队员冲锋在前，半个月排除了一个又一个重大险情；为抗洪排涝，又9天9夜坚守在排渍的阵地上。7月30日12时，他在带领群众冲向危险地方抢险时，被一根低垂的电线挂住脖子，不幸触电身亡。杨书祥牺牲后，他的妻子徐燕子悲痛欲绝。但当徐燕子得悉长江干堤抗洪抢险已到了最危急的时刻，她强忍巨大的悲痛，将年仅1岁半的儿子送到娘家，毅然决然地走向了长江抗洪第一线。

在以江泽民同志为核心的党中央领导下，大江南北、长城内外千百万军民，经过将近两个月的顽强拼搏，终于战胜了史所罕见的特大洪水，保卫了改革开放20年的成果和千百万人民群众的生命财产安全，创造了在特大洪水情况下将受灾损失减少到最低限度的奇迹，谱写了世纪之交神州大地上又一曲改天换地的抗天歌。

主要参考资料：

何平等：《在决战决胜的紧要关头》，《人民日报》1998年8月17日。

1999年:

西部大开发

"渭城朝雨浥轻尘,客舍青青柳色新。劝君更尽一杯酒,西出阳关无故人。"这是唐代诗人王维对当时阳关附近(今甘肃敦煌一带)自然环境的描绘。然而自唐代安史之乱以后,由于无数次的战乱、自然灾害和各种人为原因的破坏,西部地区自然环境不断恶化,经济发展受到制约。东西部地区的发展差距不断扩大,成为长期困扰中国经济和社会健康发展的全局性问题。

1999年6月,江泽民提出要"抓住世纪之交历史机遇,加快西部地区开发步伐"。一个从此影响 21 世纪中国西部发展面貌的重大事件——西部大开发战略正式出台。

西部大开发战略思想的提出

实现地区协调发展，是我们党领导中国社会主义建设的一条重要方针。早在 1956 年，毛泽东在《论十大关系》中就强调，要处理好沿海工业和内地工业的关系。1988 年，邓小平提出了"两个大局"的战略构想。一个大局是："沿海地区要加快对外开放，使这个拥有两亿人口的广大地带较快地先发展起来，从而带动内地更好地发展，这是一个事关大局的问题。内地要顾全这个大局。"另一个大局是："发展到一定的时候，又要求沿海拿出更多力量来帮助内地发展，这也是个大局。那时沿海也要服从这个大局。"邓小平还强调："先进地区帮助落后地区是一个义务。"1992 年邓小平在南方谈话中提出：在本世纪末达到小康水平的时候，就要突出地提出和解决这个问题。1995 年 12 月，江泽民前往遭受严重旱灾的陕西、甘肃两省考察。在陕西商洛地区，有些村子由于贫穷和近亲结婚，人口素质受到严重影响。甘肃定西是有名的干旱和贫困区，那里的农民群众靠积雨水窖维持全家一年的用水。为了节约用水，有些上了年纪的人很少洗脸，成了半拉"黑人"。看到这些，江泽民心情很沉重。他反复说，群众贫苦，我们当干部的应该寝食难安啊！目睹西部地区贫困落后的种种现实状况，促进西部地区加快发展已经成为我们党要思考的未来发展的重大任务。

经过几年的酝酿，1999 年 3 月 3 日，江泽民在九届全国人大二次会议和全国政协九届二次会议的党员负责人会上的讲话中，正式提出了"西部大开发"的战略思想。

他在讲话中指出："中央已经明确了加快中西部地区开发的方针，并且把扩大国内需求作为促进经济增长的主要措施，实行积极的财政政策，这对于加快中西部的发展是一个很好的时机。西部地区那么大，占全国国土面积的一半以上，但大部分处于未开发或荒漠化状态。西部地区迟早是要大开发的，不开发，我们怎么实现全国的现代化？中国怎么能成为经济强国？美国当年如果不开发西部，它能发展到今天这个样子？"

这篇讲话向全党和全国发出了一个明确信号，开发西部将成为我国 21 世纪的重大战略决策。

⬤ "西部大开发" 不是小打小闹

1999 年 6 月初，在中央扶贫开发工作会议上，江泽民再次谈到西部大开发问题。他强调，加快中西部地区发展步伐的条件已经基本具备，时机已经成熟。我们如果看不到这些条件，不抓住这个时机，不把该做的事情努力做好，就会犯历史性错误。

紧接着，6 月 17 日，江泽民在西安主持召开西北五省区国有企业改革和发展座谈会，更加系统地阐述了西部大开发的战略构想。他谈到，现在，我们正处在世纪之交，应该向全党全国人民明确提出，必须不失时机地加快中西部地区发展，特别是要抓紧研究实施西部地区大开发。他指出，之所以用"西部大开发"，就是说，不是小打小闹，而是在过去发展的基础上经过周密规划和精心组织，迈开更大的开发步伐，形成全面推进的新局面。我们要下决心通过几十年乃至整个下世纪的艰苦努力，建设一个经济繁荣、社会进步、生活安定、民族团结、山川秀美的西部地区。这个讲话经过新闻媒体的报道，很快在社会上引起巨大反响。

1999 年 9 月，党的十五届四中全会明确提出国家要实施西部大开发战略，支持中西部地区和少数民族地区加快发展。

⬤ 西部大开发战略正式启动

1999 年最后两个月里，党中央、国务院连续召开 3 次会议，专题听取国家计委关于实施西部大开发战略初步设想的汇报。11 月 5 日，朱镕基主持国务院第 52 次总理办公会议。11 月 11 日和 12 月 30 日，江泽民分别主持召开中央政治局常委会和中央政治局会议。国家计委主任曾培炎作了汇报。

在这几次会上，中央领导同志对实施西部大开发战略的认识高度一致，就如何落实提出很多重要的指导性意见。曾培炎后来回忆说：

李鹏同志说，这是个大事，西部开发范围的划定不能完全按地理界限来考虑，要与各地经济发展水平相结合。在开发中，要注意解决好西部的资源优势变成经济优势等问题。朱镕基同志说，西部大开发是一项长期任务，也是系统工程。退耕还林是一举多得的事，可以在条件好的地方先搞试点。国债资金要向西部倾斜，重点用在基础设施建设上，把发展的基础打牢。李瑞环同志说，我完全赞成西部大开发，这件事不简单，要看到它的长期性，在开发实施中要重视解决好水的问题。胡锦涛同志说，西部大开发意义重大，关系到经济社会发展全局，关系到国家长治久安。他还结合在西部地区工作的经历说，退耕还林还草的方式是受欢迎的，西部地区有那么多坡耕地，具体到每个县和乡是不一样的，在实施过程中要因地制宜。其他常委同志也发表了很好的意见。

2000年1月13日，中共中央、国务院印发《关于转发国家发展计划委员会〈关于实施西部大开发战略初步设想的汇报〉的通知》。这一文件阐明了西部大开发的重大意义、指导思想、重点任务、政策措施，成为指导西部大开发的纲领性文件。

西部大开发的范围主要包括重庆、四川、贵州、云南、西藏、陕西、甘肃、青海、宁夏、新疆、内蒙古、广西12个省、自治区、直辖市等地。整个西部地区国土面积约占全国国土总面积的71%，1999年末人口约占全国的29%，其中少数民族人口占全国的75%左右。

实施西部大开发战略，西部地区基础设施建设加快，有力地推动了西部地区的经济发展和社会进步，同时也将促进少数民族和民族地区的发展进步，加强民族团结，维护祖国统一，实现各民族的共同繁荣。

主要参考资料：

曾培炎：《西部大开发决策回顾》，中共党史出版社、新华出版社2010年版。

2000年：

"三个代表"重要思想

　　2000年1月20日，中共中央总书记江泽民向中央政治局通报了中央政治局常委开展"讲学习、讲政治、讲正气"活动的情况。在回顾和总结担任总书记10年来的工作后，江泽民向全党提出：要全面分析国际国内形势的变化，全面分析和准确把握我国改革和建设中带有全局性、战略性、前瞻性的重大问题。

　　一个月后，带着对这些重大问题的思考，江泽民来到广东考察工作，提出了著名的"三个代表"重要思想，实现了一次与时俱进的重大理论创新。

③ "三个代表"重要思想的提出

2000年2月19日，21世纪的第一个春节刚过，江泽民来到广东省高州市。

高州，是一个县级市，位于广东省西南部山区，人口155万，归茂名市管辖，是经济发展较快的山区县。随着"三讲"教育在县以下党组织展开，中央政治局常委会决定每位常委联系一个点，调查研究，掌握情况。高州，是江泽民的联系点。

20日下午，江泽民出席在高州市礼堂举行的"三讲"教育动员大会，并在会上发表重要讲话。他在讲话中提出，我们党要做到"五个始终"：始终保持工人阶级先锋队性质，始终代表最广大人民群众的利益，始终成为社会先进生产力的代表，始终领导全国各族人民促进社会生产力的发展，始终坚强有力地发挥好领导核心作用。这"五个始终"讲到了"三个代表"中的两个"代表"，即代表最广大人民群众的利益、代表社会先进生产力。

江泽民离开高州后，又去了深圳、顺德、广州。

25日上午，江泽民听取广东省委和省政府的工作汇报后，发表了长达两个多小时的重要讲话。多日来一路考察、座谈，马不停蹄，但看不出他有丝毫倦意，声音依然洪亮有力。他说："总结我们党七十多年的历史，可以得出一个重要结论，这就是：我们党之所以赢得人民的拥护，是因为我们党在革命、建设、改革的各个历史时期，总是代表着中国先进生产力的发展要求，代表着中国先进文化的前进方向，代表着中国最广大人民的根本利益。"

在高州讲话提出"代表最广大人民群众的利益"和"成为社会先进生产力的代表"的基础上，江泽民在这次讲话中又提出了"代表着中国先进文化的前进方向"，同时，在文字表述和排序上作了调整，并强调这是需要全党同志"深刻思考的重大课题"。

这就是著名的"三个代表"重要思想。

③ "三个代表"重要思想的着眼点

世纪之交的中国，面对的是一个怎样的世界？党的十三届四中全会以来，国际国内形势究竟发生了哪些深刻变化？这些变化又对党和国家工作提出了哪些新的要求？

2000 年 4 月 12 日，江泽民对以色列、巴勒斯坦、土耳其、希腊、南非和埃及等国进行了国事访问。

5 月 14 日，江泽民在上海主持召开党建工作座谈会，全面分析了国际形势已经和正在发生的广泛而深刻的变化，分析了国内改革和建设出现的许多新情况新特点，阐明"三个代表"重要思想的深刻思考，强调："始终做到'三个代表'，是我们党的立党之本、执政之基、力量之源。"

时任上海市市长的徐匡迪后来回忆说：

在座谈会上面，总书记没有马上切入到这些问题。他讲了三个比较大的事情。我印象很深刻。一个就是大国长期执政的政党兴衰的历史。

这里面呢特别讲到一点：就是先进生产力很重要。不掌握先进生产力，即使你有强大的军队，有很强的文化，最后还是要被别人打败。中国也是这个例子，印度也是这个例子。

当时他就讲中国啊，现在当然我们有外国来投资，我们的人民很勤劳很努力，但是不掌握先进生产力，特别他当时对这个信息技术提到很多，这个他会上谈的特别多。

第二呢就谈到我们作为一个执政党，怎么样与时俱进，怎么样能够根据时代的发展，不断地对我们党的纲领、党的路线、党组织的活动形式、对党员的要求，有一个不断地与时俱进的问题。

那么他这里也讲到了一些国家政党的问题，他有调查材料，包括在有些国家执政几十年的党，突然就下台了。我记得还讲到了国民党在台湾丧失政权的教训。

面对当今世界的发展变化，是用以往的观点、看法、论断去作出一成不变的诠释，还是用时代发展的要求审视自己，对变化了的客观现实作出新的、与时俱进的正确回答，这一切关系到能不能在新的历史条件下保持党的先进性，使党和国家的全部工作跟上时代前进的步伐。这自然成为江泽民最为关注的问题。

江泽民在上海讲话中的一句话，最能体现他的这种心境："怎样使我们党在复杂的国内外形势下始终充满活力，带领全国各族人民推进建设有中国特色社会主义的宏伟事业，实现中华民族的伟大复兴，是我想的最多的一个问题。"他还指出："我们建设中国特色社会主义，许多问题没有本本可以找，需要运用马克思主义基本原理，在总结新的情况和新的实践中求得解答。死搬教条，不顾实践发展提出的新要求，就不能前进。"对党、国家和民族的强烈责任感和使命感，使江泽民表现出了马克思主义者的巨大理论勇气。他后来甚至感慨地说："我现在的责任，也可以说我的历史责任，就是要带头解放思想，勇于进行理论探索和创新。"他大声疾呼："我们必须与时俱进，继续丰富和发展马克思主义。如果因循守旧、停滞不前，我们就会落伍，我们党就有丧失先进性和领导资格的危险。"

江泽民的话不是危言耸听，也不是杞人忧天。在上海讲话中，江泽民以深远的目光审视中外历史，列举了东罗马帝国、阿拉伯帝国、奥斯曼帝国以及近代中国的众多历史演进过程。最引起他深思的，是具有80多年历史的中国国民党在台湾地区选举中下台、世界上第一个社会主义国家苏联在经历了70多年执政之后的解体以及苏共垮台。他不断地追问：这是为什么？

总结历史的经验教训，江泽民得出结论："违背历史规律和人民要求，不紧跟人类社会经济文化和科技进步发展的潮流，一个民族不论曾经多么强大，最终也是要落伍的。"他告诫说："历史上，不看世界发展的大势，固步自封，作茧自缚，导致国家和民族衰亡的例子比比皆是。"

紧跟时代潮流，立足于新的实践，实现党的指导思想的与时俱进，永葆党的先进性；使党和国家工作适应新趋势，合乎新要求；使中华民族伟大复兴的这艘航船不落后于时代，使中国特色社会主义的改革和建设不断向前迈进。这就是"三个代表"重要思想的着眼点。

③ "三个代表"重要思想写入党章

2001年7月1日，首都各界在人民大会堂隆重集会，庆祝中国共产党成立80周年。江泽民发表了重要讲话。

江泽民在"七一讲话"中，阐明了"三个代表"重要思想的内涵，对"代表中国先进生产力的发展要求、代表中国先进文化的前进方向、代表最广大人民的根本利益"在当前的具体内涵作了精辟阐述。讲话指出，发展先进生产力，是发展先进文化、实现最广大人民根本利益的基础条件。人民群众是先进生产力和先进文化的创造主体，也是实现自身利益的根本力量。不断发展先进生产力和先进文化，归根到底都是为了满足人民群众日益增长的物质文化生活需要，不断实现最广大人民的根本利益。与此同时，"七一讲话"还回答了中国特色社会主义实践中提出的一系列重大问题，提出了许多重要的新思想、新观点、新论断。

2002年11月，党的十六大通过的党章修正案把"三个代表"重要思想同马克思列宁主义、毛泽东思想、邓小平理论一道，作为中国共产党的行动指南。

"三个代表"重要思想进一步回答了什么是社会主义、怎样建设社会主义的问题，创造性地回答了建设什么样的党、怎样建设党的问题，进一步丰富和发展了中国特色社会主义理论体系，是对马克思列宁主义、毛泽东思想、邓小平理论的继承和发展，反映了当代世界和中国的发展变化对党和国家工作的新要求，是加强和改进党的建设、推进我国社会主义自我完善和发展的强大理论武器，是中国共产党集体智慧的结晶，是我们党必须长期坚持的指导思想。

主要参考资料：

《江泽民文选》第3卷，人民出版社2006年版。

2001年：

扣人心弦的中国入世谈判 ◢

    坐落在瑞士日内瓦莱芒湖畔的世界贸易组织总部的正门，是两扇虽不大但很沉重的门。有人说它很好推，也有人说它很难推。

    为了推开这两扇门，中国人用了整整 15 年的时间。

🌀 世贸组织好比是经济联合国

世界贸易组织（简称WTO）是与世界银行、国际货币基金组织并列的现今全球最具广泛性的三大国际经济组织之一，其前身为关税与贸易总协定（GATT）。

世贸组织被比作经济联合国。实际上，在一般情况下，它对一个国家在经济上的影响，远比联合国对一个正常国家的政治影响大。改革开放的中国，徘徊在世贸组织之外，对经济发展非常不利，也跟一个大国的地位很不相称。一度，加入世贸成为中国人的一个心结、一个中心话题。

中国曾为关贸总协定的23个创始缔约国之一，由于历史的原因，中国一度失去了这一地位。1986年7月10日，中国正式向关贸总协定递交复关申请。谈判一开始是顺利的。但是，20世纪80年代末以美国为首的西方发达国家中断了和中国的谈判，一直到1991年下半年才重新开始。在整个谈判的过程中，政治因素不断起作用。

1995年1月，世贸组织取代关贸总协定，中国复关谈判不得不转为"入世"谈判。根据要求，中国与WTO的37个成员方逐一开始拉锯式的双边谈判。从1997年8月与新西兰最先达成协议，到2001年9月与最后一个谈判对手墨西哥达成协议。整个过程中起伏跌宕、山重水复的情节迭出，其中最复杂、最艰难的莫过于中美之间的谈判，谈判进行了25轮；其次是中欧谈判，谈判进行了15轮。

加入世贸组织的谈判过程是一个在政治和经济、规则与实力的较量和权衡中艰难行进的过程，一个在不同理念、不同体制、不同文化的碰撞和磨合中艰难行进的过程。

🌀 "市场经济"四个字谈6年

1986年7月，出于对内改革、对外开放的需要，中国正式提出关于恢复关贸总协定缔约方地位的申请。

然而，恢复中国在关贸总协定的地位，必须完成对中国贸易体制的审查，即看中国的经济体制是否有能力来执行关贸总协定的一套游戏规则。这一阶段谈了6年，对此，中国WTO首席谈判代表龙永图说了一句意味深长的话：为"市场经济"这4个字整整谈了6年的时间。

搞市场经济是执行关贸总协定和世贸组织一整套规则和协议的前提。20世纪70年代前，中国从理论到实践都是讲社会主义计划经济有无比优越性；后来又说，中国是有计划的商品经济。在思想、理论上一直回避"市场经济"这几个字。在谈判中，人们问中国代表团：中国究竟是不是市场经济国家？在经济运行的细胞企业中，究竟是厂长说了算，还是党委书记说了算？那时，这些问题常常让人无法回答，不敢回答。

直到1992年初邓小平南方谈话，提出社会主义也可以搞市场经济。紧接着当年10月召开的党的十四大上，确定我国经济体制改革的目标是建立社会主义市场经济体制。

当年10月在日内瓦举行的中国工作组第12次会议上，中国代表团团长佟志广自豪地宣布：我们中国也是搞市场经济的，我们搞的是社会主义条件下的市场经济！这个宣布在当时的关贸总协定总部引起了极大的轰动，从而结束了对中国贸易体制的审议。

🌑 在谈判陷于僵局的最后关头，朱镕基总理亲自出面

1999年11月10日至15日，中国对外经济贸易合作部长石广生率领的中国代表团，与美国贸易代表巴尔舍夫斯基率领的美国代表团在北京进行了6天6夜的艰苦谈判。中美双方为各自国家的利益唇枪舌剑，锱铢必较，甚至为争执难下的谈判条件敲桌子砸板凳。谈判进行得异常艰苦，中方人员将行军床搬到了外经贸部。巴尔舍夫斯基后来回忆说，在54个小时的谈判中，她只睡了20分钟。

14日晚上，美方代表就像从人间蒸发了一样，突然集体失踪，并有消息说美方代表已购买了第二天的回国机票。直到当晚11时，中方才与美方代表联系上，在电话里，龙永图对他们说，既然这是一次全球瞩目的谈判，我们双方是否应该给这次谈判下个结论？对方一听，马上说：行，就早上4点吧！

11月15日，中美谈判最后一天的凌晨4点，龙永图与卡西迪各带几个人开始了"工作会谈"。一开始发现了一个重要的信号，由美国谈判代表团提议，

把这些年达成的几百页协议逐一地校对，严谨到协议的每一个标点。龙永图此时意识到，美方真的有签署协议的愿望，而不是仅仅口头上说说，虽然13日巴尔舍夫斯基向朱镕基总理明确表示过，或者头一天在谈判时仍很强硬，甚至言称他们预定了15日上午10点钟的飞机返回美国。

"应该给最高决策层传递这一重要的信息"，龙永图设想了所有的后果之后，给朱镕基总理办公室打了电话。朱镕基问：龙永图，你谈判这么多年，你给我一个判断，美国到底愿不愿意签？龙永图说，根据我多年和美国人打交道的经验，他们是想签的。朱镕基接着问：你有什么证明？龙永图说，他们已经开始跟我校对文本了，校对文本说明他们准备签了。朱镕基决断地说：好，我相信你的判断，你一定要和美国人谈成，不要让美国人跑了。

当天正在开中央经济工作会议，但是就在那样一个重要的会议开始之后不久，朱镕基亲自来到谈判的现场，并直接参加了谈判。这是一个非常特殊的决定。对于总理亲自出马这个决定，当时是存在异议的。石广生就担心，总理出面谈，一旦谈不好就再无回旋余地。

朱镕基说，你们谈了这么些年，都没有谈下来，还不同意我出面谈吗？最后，中方决定，由朱镕基总理、钱其琛副总理、吴仪国务委员、石广生部长和龙永图共5位，与美方3位代表谈判。

在谈判的最后环节，中美问题最后只剩7个问题无法达成共识。龙永图回忆说：

当美国人抛出前3个问题时，朱镕基都只有一个回答："我同意。"我着急了，这不是要全盘放弃嘛！我不断给朱总理递条子，写着"国务院没有授权"。没想到朱总理一拍桌子说："龙永图，你不要再递条子了。"我当时真没面子。想不到，当美方抛出第4个问题时，朱总理说："后面4个问题你们美方让步吧，如果你们让步我们就签字。"5分钟后，美方同意让步。

龙永图说：事实证明，后面四个坚持没有放弃的问题，如汽车贸易等是我们的底线，这就是对优先次序的判断。

15日下午4点，石广生与巴尔舍夫斯基在北京签署了两国关于中国加入WTO的双边市场准入协议。

2001年：扣人心弦的中国入世谈判

243

龙永图事后回忆说，1999 年和美国的谈判是一个转折性的谈判，一直到 11 月 15 日上午朱总理参加谈判，我们才知道抓住了最后的机遇。当时中央确实从这个战略的全局的高度来考虑这个问题。如果没有朱镕基亲自在 11 月 15 日上午和美国人谈判，那么我们中美谈判达成这个协议也许会推迟 10 年，也许会推迟 5 年。而时任美方代表的巴尔舍夫斯基卸任后也同意这一观点。

中美达成协议后，中国入世道路上最大的障碍已经清除。随后，中国与欧盟在 2000 年 5 月达成协议。与其他进行双边市场准入谈判的成员方也纷纷达成协议。

2001 年 11 月 10 日晚，在卡塔尔首都多哈喜来登饭店的萨勒瓦会议大厅，随着世界贸易组织（WTO）第四届部长级会议主席卡迈勒手中的一声槌响，《关于中国加入世贸组织决定》最终获得了通过，长达 15 年的中国复关和加入世界贸易组织的进程终于画上了圆满的句号。

12 月 11 日，中国正式成为世界贸易组织成员。

关于中国加入世界贸易组织的意义，江泽民有过一段非常生动的描述。他说：

从 21 世纪国际竞争日趋激烈的大环境看，我们搞现代化建设，必须到国际市场的大海中去游泳，并且要奋力地去游，力争上游，不断提高我们搏风击浪的本领。

主要参考资料：

《中国入世谈判最困难时刻，朱镕基冲龙永图一声断喝》，《环球时报》2018 年 10 月 20 日。

吴志菲：《龙永图：今天仍在"闯关"的经济外交家》，《湘潮》2007 年第 3 期。

2002年：

"大国重器"蛟龙号启动研发 ◢

蛟龙号载人潜水器研发与应用项目是一项复杂的系统工程，从 2002 年 6 月项目启动研发，到 2012 年深潜突破 7062 米，再到 2017 年完成试验性应用航次，蛟龙号不辱使命，在远海大洋刻上了中国深度，实现了我国载人深潜技术由跟跑向领跑的跨越，为实现从海洋大国迈向海洋强国作出了突出的贡献。

"上天""入地"均有斩获，"下海"却苦寻无功，许多科学家心急如焚

南极、北极、青藏高原被称为世界三大极点。几百年来，一代又一代探险勇士爬冰卧雪，挑战极限，在人类探索地球奥秘中不断取得新进展。然而，世界上还有一个"第四极"未被涉足——马里亚纳海沟。它的深度超过珠穆朗玛峰的海拔，是地球上最深之地。

以马里亚纳海沟为代表的深海大洋，蕴藏着人类社会可持续发展的战略资源，更是大国博弈的战略空间。20世纪90年代，中国提出了"上天、入地、下海"的战略规划。几年之后，"上天""入地"均有斩获，"下海"却苦寻无功。此时，美国、法国、日本、俄罗斯已经具备了大深度载人深潜技术能力，最深下潜至6500米，而中国载人深潜技术还仅仅停留在600米。

面对悬殊的差距，许多科学家心急如焚，纷纷呼吁国家上马大深度载人潜水器的研发。然而由于种种原因，这一想法仅停留在一张张构思草图中。

起初，人们在研制多大深度载人潜水器的问题上意见不一。一种观点认为，海底矿产资源大多集中在4500米左右海底，研制4500米级就够了；另一种观点主张要有超前眼光，研制大深度载人潜水器。经过反复论证，最终在后一种意见上达成了一致。

2002年4月，科技部批准了国家海洋局报送的《关于启动7000米级载人潜水器重大专项的请示》，正式列入国家"863计划"，明确中国大洋协会负责专项实施。从此，中国研制大深度载人潜水器驶上了快车道。

作为一项涉及众多深海科技领域的系统工程，中国载人深潜项目包括蛟龙号载人潜水器本体、母船及水面支持系统、潜航员选拔与培训、应用体系4大系统，涉及众多高技术领域，可谓任务艰巨而繁重。

项目立项之后，北京、无锡、沈阳等全国100多个科研机构纷纷行动起来，科学技术人员、工程技术人员、后勤保障人员，迅速汇成了庞大的载人深潜团队。

据设计人员回忆，当时他们没有见过国外的载人潜水器，至于潜水器究竟要配多少部件，更是无从知晓。

困难吓不倒满怀激情的创业者。他们边学边干，一把老虎钳、两把锉

刀、几块木块和三合板，外加十几个塑料管，便开始了潜水器雏形的设计与研制……

就是在这样的起点上，自强不息的中国载人深潜团队，百折不挠，实现了一次次技术突破。6年后，到2008年3月，蛟龙号完成总装联调和水池联调试验，第一次具备了出海试验的技术条件。

蛟龙号的母船是由一艘已有近30年船龄的老船"向阳红09"船改造的。300多天的时间，老船该拆的拆、该卸的卸、该装的装，解决了27项技术难题，保质、保量地按时完成了改造任务。

同时进行的是一场严苛的潜航员选拔工作。唐嘉陵、付文韬等经过常人难以想象的艰苦训练和考核，从众多竞聘者中脱颖而出，成为我国第一批潜航员。

从潜水器研制的高起点，到母船改造的高标准，再到潜航员选拔培养体系的建立，中国载人深潜团队以全新的姿态奔向了深海大洋，经受了无数次的历练。

3 蛟龙号已成为推进海洋强国建设、实现民族复兴中国梦的"大国重器"

2012年6月3日上午，中国蛟龙号载人潜水器在母船的搭载下，从江苏出发，奔赴马里亚纳海沟。这一次，蛟龙号将与母船完全脱离，挑战7000米级的下潜目标。而彼时，世界同类型的载人潜水器最深纪录约为6500米。

回忆起蛟龙号7000米海试中发生的惊险一幕，现场总指挥刘峰依然心有余悸。按照操作规程，如果通讯中断15分钟，就应该抛载上浮，潜水器必须返航。而那次下潜，母船的指挥系统跟潜水器内部的潜航员失去联系近1小时！

那是2012年6月27日，位于世界大洋最深处的马里亚纳海沟，高压、漆黑和冰冷，那里拥有人类目前探知的地球最低点——海下11034米。

此前3年，蛟龙号分别完成了1000米级、3000米级、5000米级海试任务，连续刷新下潜深度纪录：1109米、3759米、5188米。

入海前，潜航员们刚刚对蛟龙号进行了一次全面的检查，确保电力、通信正常。随即蛟龙号被松绑，脱离母船，慢慢从海面消失。舱内，屏幕上显示着深度数字，每隔 64 秒，蛟龙号通过水声通信系统，自动向母船报一次平安。

11 时许，蛟龙号抵达 7059 米深度，并顺利进行了一系列试验。可万万没有想到，半个小时后，母船与蛟龙号的通信联络中断了！

"蛟龙、蛟龙，我是向九，你的情况怎样？请速回复！"

时间一分一秒过去，现场指挥部一遍一遍地呼叫着，却听不到一点反馈。

深海失联，危险空前。"难道是舱内人员昏迷了？"此时，蛟龙号已经突破 7000 米深度，水压达到 700 个大气压，这意味着它的外壳承受着 7000 吨压力，万一发生意外，后果不堪设想。

就在大家焦急万分时，水声通信机突然响起来："向九、向九，我是蛟龙，一切正常……"

原来，潜航员在海底发现一只罕见的大海参，抓取样品后，突然发现舱内的话筒掉落在地板上，压住了语音通话的按钮。

这虽然是一次偶然事故，却让所有人的心悬到了嗓子眼。

有惊无险，蛟龙号继续下潜作业，在 7062 米深度坐底开展相关试验。15 时 15 分，蛟龙号抛载上浮。

7062 米，这是中国载人潜水器的新纪录，也是国际上同类作业型载人深潜器最大下潜深度纪录。

蛟龙号勇闯"第四极"，标志着我国已经具备在全球 99.8％以上海域开展深海资源研究和勘察的能力，宣告中国从此进入了载人深潜新时代。

2013 年，中国大洋协会确定蛟龙号在步入业务化运行前开展试验性应用的方案。如果说，海试是为了检验蛟龙号的下潜深度和各项性能，那么，试验性应用阶段则是为了培养专业化的业务支持队伍，提高作业效能。

2017 年 6 月，为期 5 年的蛟龙号试验性应用航次圆满收官。5 年间，蛟龙号先后在我国南海、东太平洋多金属结核勘探区、西太平洋海山结壳勘探区、西南印度洋脊多金属硫化物勘探区、西北印度洋脊多金属硫化物调查区、西太平洋雅浦海沟区、西太平洋马里亚纳海沟区 7 大海区下潜，涵盖了海山、冷泉、热液、洋中脊、海沟、海盆等典型海底地形区域，实现了 100％安全下潜，主要为国家海洋局深海资源勘探计划和环境调查计划、科技部"973"计划、中国科学院深海先导计划、国家自然科学基金委南海南部计划 5 大计划提供技术和装备支撑。

自海上试验以来，蛟龙号共成功下潜 158 次，450 余人次参与下潜，17 个潜次作业水深超过 6000 米，连续大深度安全下潜，总计历时 517 天，总航程 8.6 万余海里，获得了丰富多样的海底样品，摄录了大量视像资料，取得了许多国际前沿科研成果。

经过海试和应用考验，蛟龙号与当前国际同类作业型载人潜水器相比，在下潜深度、航控、作业、水声通信等综合性能方面都是最优的。

载人深潜是当今世界技术十分复杂、高难度的工程之一，中国载人深潜技术的发展，蛟龙号的出色表现，再一次表明，中国人完全有能力抢占世界海洋科技的制高点，在中国特色社会主义新时代，实现中华民族的海洋强国梦。

主要参考资料：

高悦:《"蛟龙"之骄：写在蛟龙号载人潜水器荣获国家科技进步一等奖之后》,《中国海洋报》2018 年 1 月 15 日。

《蛟龙号 7000 米海试中与母船失联 1 小时，漆黑的海底究竟发生了什么》,《科技日报》2018 年 11 月 8 日。

舒珺:《"蛟龙号"获国家科学技术奖，成功下潜深海 158 次》,中国网 2018 年 1 月 9 日。

2003年：

科学发展观

2003 年 4 月，"非典"疫情最严峻的时刻，中共中央总书记胡锦涛来到广东考察。一面是改革开放以来经济快速发展给人民群众带来的巨大实惠，一面是"非典"疫情难以控制给人民群众生命带来的严重威胁。新的情况、鲜明的反差，使胡锦涛陷入了思考。在听取广东省委、省政府汇报后，胡锦涛感慨地说："新世纪新阶段，包括广东在内的东部地区正处在一个新的发展起点上，面临着新机遇、新挑战、新任务。我们要认清形势，进一步增强加快发展、率先发展、协调发展的历史责任感和使命感，坚持全面的发展观。"

这是"发展观"一词第一次出现在党的领导人的讲话中。"发展观"三个字在当时并没有引起太多的关注，但它像一束思想的火花，即将点燃中国现代化探索道路上又一盏指路明灯。

③ 科学概念的正式提出

2003 年 7 月 28 日，全国防治"非典"工作会议在北京召开，在这次会议上，胡锦涛对发展观的问题第一次进行了正面阐述："发展绝不只是指经济增长，而是要坚持以经济建设为中心，在经济发展的基础上实现社会全面发展。我们要更好地坚持全面发展、协调发展、可持续发展的发展观，更加自觉地坚持推动社会主义物质文明、政治文明和精神文明协调发展，坚持在经济社会发展的基础上促进人的全面发展，坚持促进人与自然的和谐。"全面发展、协调发展、可持续发展，一个新的发展观的雏形，就这样呈现在了全党和全国人民面前。

2003 年春夏之交，一场"非典"疫情突如其来。这是一种新发现的传染病，传染性强，没有特别有效的预防治疗办法，加上我国人口多、流动性大，一些地方和部门在应对突发公共卫生事件上准备不足，疫情很快蔓延到我国大部分省区市，广东、北京等地的疫情尤为严重。感染和死亡人数不断增加，人民的生命随时有可能受到威胁。疫情得不到有效控制，不但会影响现代化建设的全局，甚至几十年的发展成果都有可能毁于一旦。

"非典"暴露出来的直接问题是，我国的经济发展和社会发展、城市发展和农村发展还不够协调；公共卫生事业发展滞后，公共卫生体系存在缺陷；突发事件应急机制不健全，处理和管理危机能力不强；一些地方和部门缺乏应对突发事件的准备和能力，在紧急情况下工作不力、举措失当。也就是说，我们的发展是不全面、不协调、不可持续的。这是"非典"给我们的直接启发。所以，胡锦涛在全国防治"非典"工作会议上对新的发展观的表述就是坚持全面、协调、可持续的发展观。

科学表述的正式形成

2003 年 10 月，党的十六届三中全会通过《关于完善社会主义市场经济体制若干问题的决定》，强调要"坚持以人为本，树立全面、协调、可持续的发展观，促进经济社会和人的全面发展"。

胡锦涛在会上指出，"树立和落实科学发展观，这是 20 多年改革开放实践的经验总结，是战胜'非典'疫情给我们的重要启示，也是推进全面建设小康社会的迫切要求"。

值得注意的是，"以人为本"这一概念第一次被写入党的正式文件。此前 8 月份，胡锦涛在江西考察时，也曾经提到"科学发展观"这个概念，但理论界一般以这个决定为"科学发展观"提出的标志，一方面因为这是胡锦涛第一次在正式场合把新的发展观定名为"科学发展观"，还有一个重要原因，就是这次会议上，"以人为本"作为"科学发展观"的核心概念被确立下来。

"以人为本"的提出，使科学发展观得到极大充实和提升。它使新的发展思路与我们党的性质和宗旨、党的执政理念和要求内在地联系在一起，赋予这种新的发展理念更加鲜明的人民性、科学性和时代性。马克思认为，历史进步是社会发展和人的发展相统一的过程："整个历史也无非是人类本性的不断改变而已。""以人为本"这一理念的提出，为科学发展观奠定了坚定的理论基石。

2004 年 3 月 10 日，胡锦涛在中央人口资源环境工作座谈会上的讲话中，全面阐述了科学发展观的基本内容和精神实质，他指出："坚持以人为本、全面协调可持续的发展观，是我们以邓小平理论和'三个代表'重要思想为指导，从新世纪新阶段党和国家事业发展全局出发提出的重大战略思想。"由此开始，科学发展观的基本内涵便正式表述为"以人为本，全面、协调、可持续的发展观"。

科学发展观的历史定位

2007 年 10 月 15 日，党的十七大召开，胡锦涛在会上作了题为《高举中国特色社会主义伟大旗帜，为夺取全面建设小康社会新胜利而奋斗》的报告，明确指出："在新的发展阶段继续全面建设小康社会、发展中国特色社会主义，必须坚持以邓小平理论和'三个代表'重要思想为指导，深入贯彻落实科学发展观。""科学发展观，第一要义是发展，核心是以人为本，基本要求是全面协调可持续，根本方法是统筹兼顾。"

党的十七大对科学发展观作了理论定位，指出：科学发展观是对党的三代中央领导集体关于发展的重要思想的继承和发展，是马克思主义关于发展的世界观和方法论的集中体现，是同马克思列宁主义、毛泽东思想、邓小平理论和"三个代表"重要思想既一脉相承又与时俱进的科学理论，是我国经济社会发展的重要指导方针，是发展中国特色社会主义必须坚持和贯彻的重大战略思想。

2012年7月23日，胡锦涛在省部级主要领导干部专题研讨班开班式上的讲话中，对科学发展观这一马克思主义中国化最新成果的理论创新价值和重要地位作了进一步阐释。他指出，党的十六大以来，"我们紧紧抓住和用好我国发展的重要战略机遇期，战胜一系列严峻挑战，奋力把中国特色社会主义事业推进到一个新的发展阶段。我们之所以能取得这样的历史性成就和进步，最重要的就是坚持以马克思列宁主义、毛泽东思想、邓小平理论、'三个代表'重要思想为指导，勇于推进实践基础上的理论创新，形成和贯彻了科学发展观，为全面建设小康社会、加快推进社会主义现代化提供了有力的理论指导"。

2012年11月8日，胡锦涛在党的十八大报告中强调，"科学发展观是中国特色社会主义理论体系最新成果，是中国共产党集体智慧的结晶，是指导党和国家全部工作的强大思想武器。科学发展观同马克思列宁主义、毛泽东思想、邓小平理论、'三个代表'重要思想一道，是党必须长期坚持的指导思想"。党的十八大一致同意在党章中把科学发展观同马克思列宁主义、毛泽东思想、邓小平理论、"三个代表"重要思想一道确立为党的行动指南。

主要参考资料：

《胡锦涛文选》第2卷，人民出版社2016年版。

2004年：

构建社会主义和谐社会

　　2004年9月，党的十六届四中全会通过了《中共中央关于加强党的执政能力建设的决定》。引人注目的是，这个《决定》提出"要适应我国社会的深刻变化，把和谐社会建设摆在重要位置，注重激发社会活力，促进社会公平和正义，增强全社会的法律意识和诚信意识，维护社会安定团结"。一个崭新的思想理念——"构建社会主义和谐社会"——进入了人们的视野。

❸ 建设社会主义和谐社会成为党的治国方略

党的十一届三中全会后，经过改革开放和现代化建设，我国社会总体上是和谐的，但是也存在不少影响社会和谐的矛盾和问题。主要是：城乡、区域、经济社会发展很不平衡，人口资源环境压力加大；就业、社会保障、教育、医疗、住房、安全生产、社会治安等方面关系群众切身利益的问题比较突出；由于多种经济成分发展和市场竞争而产生的社会分化，不同阶层社会成员收入差距扩大；体制机制尚不完善，民主法制还不健全；一些社会成员诚信缺失、道德失范；一些领导干部的素质、能力和作风与新形势新任务的要求还不适应；一些领域的腐败现象仍然比较严重；敌对势力的渗透破坏活动危及国家安全和社会稳定。解决这些矛盾和问题，要求党和政府必须坚持以经济建设为中心，把构建社会主义和谐社会摆在更加突出的位置。

2002年11月，党的十六大第一次提出了"社会和谐"问题。十六大报告中有多处出现"和谐"字样，提出要"保持长期和谐稳定的社会环境"，做到"社会更加和谐""巩固和发展民主团结、生动活泼、安定和谐的政治局面"等。

2003年春的"非典"疫情，使新一届中央领导集体更加清醒地看到了我国发展中存在的问题。必须统筹经济与社会的发展，加快解决"一条腿长、一条腿短"的问题，这是"非典"给我们的重要启示。这年10月，党的十六届三中全会提出了科学发展观。面对我国发展呈现的一系列阶段性特征，以科学发展的理念为指导，我们又如何来化解矛盾、激发活力，推进社会建设的进程呢？新一届中央领导集体作出了自己的选择。经过党的十六大以后两年的认识和实践的深化，2004年9月，在党的十六届四中全会上，"构建社会主义和谐社会"的理念应运而生。

2004年12月，胡锦涛在主持中央政治局第十七次集体学习时指出，要"正确认识和处理社会主义物质文明、政治文明、精神文明与和谐社会建设的关系"，标志着中国共产党开始从中国特色社会主义事业总体布局和全面建设小康社会全局的高度思考和谐社会建设问题。

2005年2月，农历春节刚过，又一次省部级主要领导干部专题研讨班在中央党校开班。这次研讨班有着鲜明的主题：提高构建社会主义和谐社会能力。

19 日，胡锦涛在开班式上发表了长达 16000 多字的讲话，指出："我们所要建设的社会主义和谐社会，应该是民主法治、公平正义、诚信友爱、充满活力、安定有序、人与自然和谐相处的社会。"这是新一届中央领导集体对我国社会主义和谐社会建设总目标的第一次完整清晰的表述。

2006 年 10 月 11 日，党的十六届六中全会审议通过了《中共中央关于构建社会主义和谐社会若干重大问题的决定》，成为构建社会主义和谐社会的行动纲领。

❸ 党和政府促进社会和谐的一系列重要举措

党的十六大以后，中国共产党在进行理论探索的同时，针对影响社会和谐的突出矛盾和问题，提出并实施了一系列重大战略部署和政策举措，推动社会主义和谐社会建设从"破题"走向深入。从执政理念到政府职能转变，从健全民主法制到致力改善民生，从创建和谐文化到谋求人与自然和谐相处，一个初具规模的构建社会主义和谐社会的大布局已全面展开。一时间，"和谐"旋律响彻神州大地，"和谐"建设沸腾大江南北。

随着农村经济发展，党和政府还采取了一系列重大措施，切实减轻农民负担。2005 年 12 月 29 日，第 10 届全国人大常委会第 19 次会议决定废止《中华人民共和国农业税条例》。从此，中国农民告别绵延 2600 多年的"皇粮国税"。据统计，到 2006 年全面取消农业税后，与免税前的 1999 年同口径相比，全国农业税费改革每年减轻农民负担 1250 亿元，人均减负 140 多元，平均减负率达到 80%，农民负担重的状况得到根本性扭转。

民生所指，民心所向，国运所系。党和政府紧紧围绕解决人民群众最关心、最直接、最现实的利益问题，把关注民生、重视民生、保障民生、改善民生，作为推动科学发展、促进社会和谐的核心内容。以改善民生为重点的社会建设，在教育、就业、收入分配、社会保障、医疗卫生和社会管理等层面不断推进。

教育公平是构建和谐社会的基本要求。大眼睛女孩苏明娟那渴望读书的神态至今仍深深铭刻在许多人心中。它触动人们思考：如何让农村孩子不输在人生的起跑线上？

2006 年春季开学，西部地区 5000 多万名中小学生踏进校园时，等待他们的是一份盼望已久的礼物。从 2006 年开始，政府全部免除西部地区农村义务教育阶段学生学杂费，寄宿制学校的学生还有生活补贴。

看病难、看病贵，是群众反映突出的矛盾。"得了阑尾炎，白种一年田"，农民兄弟曾用这样的顺口溜来形容看病难、看病贵。为了有效解决广大人民群众就医看病的问题，党和政府提出"人人享有基本医疗保障"的目标，努力使基本医疗保障体系覆盖到城乡全体居民。从 2003 年开始试点的新型农村合作医疗制度，不断扩大试点范围，完善相关政策，农民高兴地说："没想到咱农民看病也能报销了！"与此同时，党和政府还进一步启动城镇居民基本医疗保险试点，把城镇儿童、未曾就业老人这"一老一小"也纳入医疗保障。

百姓安居，政府大事。2005 年以来，国务院常务会议多次研究调整住房供应结构、抑制房价过快上涨的有关措施，新政策新举措频频出手。

"政府的阳光照到了我们身上！"2007 年 9 月 28 日，北京市民田满素的心情像北京的金秋一样晴朗灿烂。在这天上午举行的"北京市住房基本保障试点配租配售摇号"中，十几年来祖孙三代 5 口挤着 21.8 平方米的田满素和 206 户街坊，首批幸运地获得了经济适用住房和廉租住房房源。

随着和谐社会理念逐步深入人心，一个更加和谐的社会正向我们走来。

构建社会主义和谐社会重大战略目标的提出，使中国特色社会主义事业的总体布局由经济建设、政治建设、文化建设"三位一体"发展为经济建设、政治建设、文化建设、社会建设"四位一体"，从而使中国特色社会主义的发展模式更加清晰。这是我们党在探索中国特色社会主义道路上取得的又一个新的认识成果。

主要参考资料：

《学习和运用建设社会主义的成功经验 坚持好发展好中国特色社会主义道路》，《人民日报》2004 年 12 月 3 日。

《深刻认识构建社会主义和谐社会的重大意义 扎扎实实做好工作大力促进社会和谐团结》，《人民日报》2005 年 2 月 20 日。

2005年：

告别"皇粮国税"

    2005 年 12 月 29 日下午 3 时零 4 分，人民大会堂，出席第十届全国人大常委会第十九次会议的全国人大常委会组成人员，郑重地按下了自己桌上的表决器。

    "赞成 162 票；反对 0 票；弃权 1 票。"

    "通过！"全国人大常委会委员长吴邦国宣布全国人大常委会关于废止《中华人民共和国农业税条例》的决定获得通过。

这是一个牵动亿万人心弦的时刻——新中国实施了近50年的农业税条例自2006年1月1日起废止，成为历史档案。

税负乱象：农民难以承受之重

农业税是国家对一切从事农业生产、有农业收入的单位和个人征收的一种税，俗称"公粮"。据史料记载，农业税始于春秋时期鲁国的"初税亩"，到汉初形成制度。

1958年6月3日，第一届全国人大常委会第96次会议通过了第一个全国统一的农业税法《中华人民共和国农业税条例》。农业税条例采用地区差别比例税率，规定全国平均税率为常年产量的15.5%，最高不得超过25%。1983年，由于农林特产与粮食争地现象突出，为稳定粮食播种面积，国家设立农业特产税。1985年，农业税由征收粮食改为按比例征收货币，实现了从实物税向货币计税过渡。

新中国成立初期，国库空虚，工业基础薄弱，怀着朴素情感的中国农民，不计得失地为国家工业的发展、城市的繁荣作出巨大历史性贡献。农业税成为国家财力的基石、推进工业化建设的重要财政来源。据统计，从1949年到2005年的57年间，全国累计征收农业税约4200亿元。

改革开放初期，我国在农业方面实施了一系列正确的政策措施，农业获得长足发展，农业普遍增产增收，农民生活水平有了极大改善。但在20世纪80年代中后期，逐渐出现了"卖粮难"、农民收入增长乏力等问题。随着时间的推移，农民负担逐渐增加，"三农"问题日益严重，在农业征税之外的各种杂费，让农民不堪重负。

"头税轻，二税重，三税是个无底洞""两工强要钱，暗税最要命"……说起那些年农业税的征收乱象，许多农民还记忆犹新。

一方面，有的地方政府虚报数字，农民实际收入没增加，"三提五统"却一增再增，超过农业税数额的2倍甚至3倍以上。另一方面，乱收费、乱摊派、乱罚款屡禁不止：农民建房、结婚登记、子女上学、计划生育罚款……所有的生活以及公共支出、用度，不但都要农民这个纳税人自己来负担解决，还要应付涉及部门的各种"搭车收费"。当时购买一台农用拖拉机上路行驶，就有20

多个附加收费项目要缴纳，农民要额外负担2000多元。

沉重的负担不仅挫伤了农民务农的积极性，更成为乡村社会的"不定时炸弹"。1988年，河南民权县程庄乡蔡庄农民蔡发旺"抗粮"自尽，村民把乡政府围了200天。这是改革开放以来因难以承受过重负担而引发的第一桩恶性命案。

继蔡发旺之后，多地又陆续爆出多起因农民负担过重引发的恶性案件，19斤麦子、50元钱、一头猪、一台黑白电视机……都能成为压垮一个农民的最后一根稻草。

虽然从1990年开始，中央几乎每年都出台为农民减负的文件，甚至一些地方政府还列出了农民负担"高压线"，但各地农民负担始终呈减而复增态势。根据农业部门提供的数据，从1990年到2000年10年间，农民税费负担总额从469亿增长到1359亿元，人均负担增长了3倍。

于是，农村税费改革应运而生，从地方自发尝试到中央政府主导、从局部试点改革到全面推进。

❸ 农村税费改革与农业税的最终废除

1992年，安徽省涡阳县新兴镇自发进行了税费制度改革的实验，按照全镇每年的支出总额确定农民的税费总额，税费一并征收，分摊到亩，每亩一年只须交税30元。随后，安徽太和、河北正定、湖南武冈、贵州湄潭……各地悄悄开始试水。这些早期自发进行的局部改革尝试，在短期内不同程度地减轻了农民负担，但是存在做法不尽规范、不甚妥当的问题。

1998年10月，在党的十五届三中全会上，农村税费改革被列为改革重点内容。基层的自发实验，逐渐演变为由中央推动的全局性改革。当年11月，国务院成立了由财政部部长项怀诚、农业部部长陈耀邦、中央农村工作领导小组办公室主任段应碧组成的农村税改"三人小组"，开始设计全局改革路线图。

进入21世纪，税费改革开始按照"减轻、规范、稳定"的目标进行试点。2000年3月2日，中共中央、国务院正式下发了《关于进行农村税费改革试点工作的通知》，并在安徽全省进行了改革试点，正式启动了农村税费改革。这一改革，使农民除了交纳7%的农业税和1.4%的农业税附加之外，不再承担其他任何收费。由于在改革过程中，相关的配套措施没有到位，致使乡村两级经费缺口较大，有的问题难以解决，所以，中央在 2001 年 4 月要求暂停扩大试点，此前"加快推进"的提法变成了"稳步实施"。税改之难，由此可见一斑。

能不能彻底取消农业税，让农民甩掉包袱轻装前行？其实，随着工业化进程基本完成，从 1950 年到 2004 年，农业税在我国财政收入中的比重已经从 40% 下降到不足 1%。

2004 年 3 月，在第十届全国人大第二次会议上，温家宝在政府工作报告中宣布，自 2004 年起"逐步降低农业税税率，平均每年降低 1 个百分点以上，五年内取消农业税"。由此，农村税费改革由"减轻、规范、稳定"的目标转向逐步降低直至最终取消农业税。

此后，首先在黑龙江、吉林进行免征农业税试点，同时鼓励沿海及其他有条件的省份先行改革。不久，北京、天津、浙江、福建宣布免征农业税。

2005 年元旦前后，广东、江苏、河南等 16 个省宣布全面取消农业税，为亿万农民送上了一份厚重的"新年礼"。到 2005 年年底，全国已有 28 个省市区免征农业税。另外 3 个省即河北、山东、云南也已经将农业税率降到了 2% 以下，并且在这 3 个省中也有 210 个县免征了农业税。至此，2005 年农业税在全国财政收入中所占比重已经微乎其微。正式取消农业税，已是水到渠成。

2005 年 12 月 29 日，十届全国人大常委会第十九次会议决定，从 2006 年 1 月 1 日起正式废止《中华人民共和国农业税条例》，"五年内取消农业税"的目标，两年即成现实。

从公元前 594 年春秋时期鲁国实施的"初税亩"，到 2006 年全面废止《农业税条例》，在中国历史上曾经实行了 2600 年的"皇粮国税"就此退出历史舞台。

取消农业税后，全国农民每年减负 1250 亿元，人均减负 140 元，农民得到了休养生息。农业税的取消，给亿万农民带来了看得见的物质利益，极大提高了农民生产积极性，在中国农业发展史上具有划时代意义。

主要参考资料：

李平：《全面取消农业税：开启统筹城乡发展新纪元》，《中国税务报》2018 年 10 月 10 日。

李竞涵：《取消农业税：千年税赋一朝免》，《农民日报》2018 年 12 月 7 日。

2006年:

天路

　　"清晨我站在青青的牧场，看到神鹰披着那霞光，像一片祥云飞过蓝天，为藏家儿女带来吉祥；黄昏我站在高高的山岗，盼望铁路修到我家乡，一条条巨龙翻山越岭，为雪域高原送来安康；那是一条神奇的天路哎，把人间的温暖送到边疆。"这首耳熟能详的歌曲《天路》，以其优美的旋律勾勒出修建青藏铁路增进各民族团结进步和共同繁荣的景象。

　　2006年7月1日，青藏铁路全线建成通车，它北起青海省省会西宁，南至西藏自治区首府拉萨，全长 1956 公里。巨龙般的列车汽笛长鸣，穿越昆仑山、唐古拉山、念青唐古拉山，沿长江源、错那湖、羌塘草原呼啸而过。几代中国人修建青藏铁路的梦想，这一刻终于成真。

❸ "青藏铁路修不通，我睡不着觉"

这是一片遥远、神秘、圣洁的土地。

被誉为地球第三极的青藏高原，以海拔高、空气稀薄、含氧量少、紫外线强、常年积雪、气候复杂而著称于世。在青藏高原修建铁路，面临着多年冻土、高寒缺氧、生态脆弱这三大难题，是许多人无法想象的事情。曾有美国旅行家断言："有昆仑山脉在，铁路就永远到不了拉萨。"

1300 年前，美丽的文成公主西出长安（今西安），沿唐蕃古道抵达拉萨，用了近 3 年时间。车队长长的车辙印在辽阔苍茫的冰冻大地上。

1951 年 6 月，中央政府赴藏代表张经武从北京前往西藏，先绕道广州、香港、新加坡、印度，然后骑马翻山越岭，历时一个多月才抵达西藏亚东县。

进藏难，难于上青天。

新中国成立后，在全国人民支援下，1954 年 12 月，川藏、青藏公路顺利开通。此后，新藏、滇藏等干线公路也陆续建成。1956 年 5 月，北京至成都至拉萨航线首次试航成功。9 年后，这一航线正式开通。

公路、航空条件的改善，极大地促进了西藏社会经济的发展，但作为中国内地唯一不通铁路的省级行政区，相对落后的交通仍然是西藏发展的极大制约。

早在 20 世纪 50 年代中期，中国政府就着手研究进藏铁路建设问题。1955 年，铁道部和铁道兵相关部门开展了进藏铁路勘测设计工作。

1958 年 9 月，青藏铁路建设迈出历史性一步：青藏铁路西宁至格尔木段开工建设，同时格尔木至拉萨段开始大规模勘测。然而，由于三年自然灾害的影响，国家经济实力难以承受如此大规模的工程，再加上冻土、缺氧等难题一时无法攻克，1961 年 3 月，青藏铁路工程被迫下马。

1973 年，毛泽东在会见尼泊尔国王比兰德拉时说："青藏铁路修不通，我睡不着觉。"他坚定地说，青藏铁路要修，要修到拉萨去，要修到中尼边境去。

1974 年 3 月，青藏铁路再次上马。铁道兵第七师、第十师 6.2 万名指战员再上高原，展开青藏铁路西宁至格尔木段建设大会战。与此同时，勘测设计大军在 1000 多公里的格尔木至拉萨段，展开勘测设计大会战。经过 5 年艰苦奋战，1979 年 9 月青藏铁路西宁至格尔木段 814 公里铺通，1984 年 5 月经国家验收正式交付运营。

1978 年 8 月，青藏铁路格尔木至拉萨段工程再次下马。其中缘由，在西藏工作了 27 年、曾任西藏自治区党委第一书记的阴法唐后来回忆说：

1978 年，鉴于国力难以承受几十亿元的建设费用，加上高寒缺氧、多年冻土等难题没有解决，铁道部、铁道兵部开会论证、分析认为，修建青藏铁路的难度较大，建议青藏线停修，选择修建海拔较低的滇藏铁路，并形成书面报告。铁道部部长段君毅、铁道兵司令员陈再道、铁道兵政治委员吕正操等领导同志都赞成修滇藏铁路。铁道部的报告上报给中央后，邓小平也同意修滇藏线，放弃青藏线，华国锋、叶剑英等其他中央领导也都赞同铁道部的意见。与此同时，四川省委、省政府也派工作组进行勘探、论证，想修川藏铁路，当时中央人民广播电台对此还有专门的报道。我想，当时之所以没有选择青藏线，主要是因为走青藏线在当时来看难度大、成本高。

1983 年夏，时任西藏自治区党委第一书记的阴法唐，在北戴河向邓小平汇报工作。邓小平问：进藏铁路走哪边好？究竟是青藏线还是滇藏线？在仔细询问青藏铁路的里程和预算后，邓小平思考良久后说：看来还得修青藏铁路！

③ "应该下决心尽快开工修建"

光阴荏苒，转眼到了世纪之交。随着综合国力的增强，西部大开发战略的实施，为西电东送、西气东输等一系列重大工程的上马创造了条件。进藏铁路再一次成为举国关注的热点。

已有的青藏公路承担着西藏绝大部分进出物资和进出人员的输送任务。在拉萨，当时煤炭一吨 700 多元、水泥一吨 800 多元，其中运输成本每吨就达 600 多元。这样一个远距离运输、高价能源的地方怎么发展？——每年全国"两会"期间，盼望尽快建设进藏铁路的议案、提案、意见、建议纷至沓来，许多人不辞辛苦地奔走呼吁……

2000年10月，党的十五届五中全会在北京召开。10月10日这天，江泽民特意来到西南组参加讨论。会上，江泽民点名要西藏自治区党委常务副书记、自治区人大常委会主任热地发言。

热地说："中央提出西部大开发战略，这是非常英明正确的。现在西气东输、西电东送等重大项目已经辐射到十多个省市自治区，但都辐射不到西藏。所以我们请求中央召开第四次西藏工作会议，请求中央尽快修建进藏铁路。进藏铁路对中央来说是几代领导人都非常关心的大事，现在看来以江泽民同志为核心的第三代领导集体有望将它付诸实施了，西藏人民盼望了几十年的铁路现在终于要有着落了！"

热地的话音未落，江泽民就哈哈大笑说："热地同志的思想政治工作做到我头上了！"

时任铁道部部长傅志寰回忆说："江泽民同志当即对我说：'你们抓紧写一个简明扼要的材料给我，不要太长。'"

一个月后，铁道部关于修建进藏铁路的报告摆在了江泽民的办公桌上。11月10日深夜11时，江泽民在报告上作了长达3页纸的批示：修建青藏铁路是十分必要的。应该下决心尽快开工修建。这是我们进入21世纪应该作出的一个大决策。

2001年6月20日，国务院第105次总理办公会议审议青藏铁路建设方案，决定同意工程可行性研究报告和开工报告。

9天后，盼望已久的青藏铁路开工典礼在青海省格尔木和西藏自治区拉萨同时举行。会场内外彩旗飘扬、锣鼓喧天。青藏高原沸腾了！

这是人类铁路建设史上亘古未有的穿越：从格尔木到拉萨，1142公里的铁路线，经过海拔4000米以上的地段达960公里，穿越连续多年冻土区550公里，所经地区大部分属于生命禁区和无人区。

这是对一系列极限的一次英勇冲击：建设者们既面临生命禁区的生存极限、高海拔和多年冻土这个铁路建设难度的极限，又面临高原环境保护的极限。多年冻土、高寒缺氧和生态脆弱三大世界性难题，挑战着建设者的身体、智慧和心理的极限。

2006年7月1日，经过10多万筑路大军历时5年的艰苦奋战，青藏铁路格尔木至拉萨段建成，世界上海拔最高、线路最长、穿越冻土里程最长的高原铁路青藏铁路全线建成通车。这一天上午，胡锦涛总书记专程来到格尔木，出席青藏铁路通车庆祝大会，并为首趟旅客列车发车剪彩。

建设青藏铁路是党中央、国务院在21世纪之初作出的战略决策，是西部大开发的标志性工程。国外媒体评价青藏铁路"是有史以来最困难的铁路工程项目""是世界上最壮观的铁路之一"。青藏铁路的建成通车，对于青藏两省区加快经济社会发展、改善各族群众生活，增进民族团结和巩固祖国边防，都具有十分重大的意义。

高路入云端，天堑变通途。

主要参考资料：

《一个世纪的伟大穿越》，《人民日报》2006年7月10日。

徐锦庚：《世界屋脊的辉煌穿越：写在青藏铁路全线铺通之际》，《人民日报》2005年10月16日。

王蒲：《阴法唐谈青藏铁路建设的决策》，《百年潮》2006年第11期。

2007年：

与时俱进新党章

2007年10月21日上午，北京，晴空万里。中国共产党第十七次全国代表大会闭幕会在人民大会堂隆重举行。

在胡锦涛同志的主持下，大会通过了《中国共产党章程（修正案）》。这是对党的十二大通过的现行党章的第五次修改。

高高飘扬的中国共产党党旗上增添了新的思想光辉。

十二大以来对党章的前4次修订

党章，是一个政党公开树立的旗帜，是立党、治党、管党的总章程。

体现党的理论创新成果，党章修订清晰地反映出中国特色社会主义理论体系形成发展的脉络——

1978年12月，党的十一届三中全会开辟了中国特色社会主义道路。

开辟新路，往往意味着艰辛。经历了"文化大革命"的干扰，党内外对什么是社会主义、怎样建设社会主义等一系列重大理论问题，存在着巨大分歧。"包产到户"、引进外资，是倒退还是进步？养几只鸡是社会主义？雇佣多少工人算是资本家？

1982年9月，党的十二大通过了新党章，把十一届三中全会确立的"以经济建设为中心"等重大成果正式确定下来，中国现代化建设的新局面开始出现。

坚持党的基本路线不动摇，埋头苦干，中国特色社会主义建设事业焕发出勃勃生机。在总结社会主义现代化建设经验基础上，1992年10月党的十四大、1997年9月党的十五大、2002年11月党的十六大通过党章修正案，使党的指导思想不断丰富，中国特色社会主义理论不断发展。

十四大党章修改中，对邓小平建设有中国特色社会主义的理论作了新的概括。

十五大党章修改中，把邓小平理论确立为党的指导思想。

十六大党章修改中，把"三个代表"重要思想写入党章。

党章修订体现了党的实践创新、理论创新，还清晰地反映了我们党治国理政、强国富民的执政理念变化——

党的十二大制定的党章，科学分析了中国现阶段社会的主要矛盾和党的总任务。在这一基础上，1987年11月党的十三大提出了对社会主义初级阶段的认识，党的十四大对党章修改时，将社会主义初级阶段和党在这一阶段所执行的"一个中心、两个基本点"的基本路线写入党章。

党章修订清晰地反映出，党的先进性和执政能力不断提高——

在党的十二大制定的党章中，第一次明确规定了党必须在宪法和法律范围内活动；第一次作出了党禁止任何形式的个人崇拜的规定……这标志着我们党从一个领导人民革命的党开始了执政党建设的新探索。

在党的十三大修订的党章中，重要的一条是实行差额选举的制度，此后差额比例不断扩大，成为推进党内民主的生动体现。

在党的十六大修订的党章中，首次载明各级纪委协助党委"组织协调反腐败工作"，这使党的各级纪委在反对腐败斗争方面，担负了特殊的使命和责任。还明确提出了凡属重大问题都要按照集体领导、民主集中、个别酝酿、会议决定的原则，由党的委员会集体讨论，作出决定的要求。这反映了我们党对执政党建设规律的认识达到了一个新的高度。

中央政治局决定十七大对党章再次进行适当修改

2006 年 12 月，在中央对党的十七大报告议题广泛征求意见期间，许多地方和部门的党组织向中央提出了同样的建议。

2007 年 3 月 10 日，中南海，春暖花开，绿上枝头。胡锦涛总书记主持召开中央有关部门主要负责同志座谈会，就党章修改听取意见，与会同志一致赞成党的十七大对党章进行适当修改。

3 月下旬，中央政治局常委会和中央政治局会议决定对党章进行适当修改。中央决定成立由吴邦国任组长的党章修改小组，在中央政治局常委会直接领导下工作。

4 月 4 日，中南海，20 多位来自中央多个部门的同志齐集这里，党的十七大党章修改小组举行第一次全体会议，正式揭开了党章修改工作的序幕。

7 月 11 日，中央将《中国共产党章程（修正案）》征求意见稿同党的十七大报告征求意见稿一起，印发各地区各部门征求意见。

8 月 30 日，中央政治局常委会开会，听取党章修正案征求意见稿在党内一定范围内征求意见的情况报告。

9 月 17 日，中央政治局召开会议，研究并通过了拟提请党的十六届七中全会讨论的党章修正案稿。

10 月 9 日，党的十六届七中全会在京召开。吴邦国就《中国共产党章程（修正案）》讨论稿向全会作了说明。会议通过了《中国共产党章程（修正案）》，决定提请党的十七大审议。

10 月 15 日，党的十七大在北京召开。大会期间，38 个代表团的 2200 多名代表，对党章修正案进行了认真审议。

10 月 21 日，在党的十七大闭幕会上，党章修正案获得一致通过。

③ 科学发展观写入党章成为此次修正案引人注目的亮点

党的十七大通过的党章修正案主要修改内容共有 15 条，既充分体现了党的理论创新和实践发展的重大成果，又充实了论述党的基本路线和中国特色社会主义事业总体布局的内容，充实了党的建设的内容。

——这是一部充分体现党的理论创新成果的党章修正案。

将科学发展观等重大战略思想写入党章，成为党章修正案引人注目的亮点。修改后的党章不仅在总纲增写一个自然段，强调科学发展观是同马克思列宁主义、毛泽东思想、邓小平理论和"三个代表"重要思想既一脉相承又与时俱进的科学理论，是我国经济社会发展的重要指导方针，是发展中国特色社会主义必须坚持和贯彻的重大战略思想，而且在条文中要求党员认真学习科学发展观、干部带头贯彻落实科学发展观。构建社会主义和谐社会，建设创新型国家，建设社会主义新农村，努力推动建设持久和平、共同繁荣的和谐世界等也写入了党章。

——这是一部充分反映党的实践发展成果的党章修正案。

在不断前进的实践中，中国共产党对社会主义建设规律的认识日益深化，形成了社会主义经济建设、政治建设、文化建设、社会建设四位一体的中国特色社会主义事业总体布局。党章总纲以 4 个自然段分别阐述推进社会主义经济建设、政治建设、文化建设、社会建设的内容。这有利于全党同志更加自觉地按照中国特色社会主义事业总体布局，为开拓中国特色社会主义更为广阔的发展前景而奋斗。

确立中国特色社会主义事业总体布局，特别是提出构建社会主义和谐社会的重大战略任务，丰富了党的基本路线的内涵。因此，党章修正案把党的基本路线中的奋斗目标相应地表述为"把我国建设成为富强民主文明和谐的社会主义现代化国家"，并对阐述"一个中心、两个基本点"的 3 个自然段作了适当补充。这有利于全党同志更加自觉、更加全面地贯彻党的基本路线。

——这是一部发展党内民主、推进制度创新的党章修正案。

党章修正案在发展党内民主、推进制度创新方面作出了新规定。在党的组织制度方面，党章修正案增写了党的各级组织要按规定实行党务公开的内容，规定党的各级代表大会代表实行任期制，党的中央和省、自治区、直辖市委员会实行巡视制度。

在"党的基层组织"这一章中，经过修改，增写了对党员进行服务、加强和改进流动党员管理等内容，从而强调了以人为本、人文关怀的要求。

在党员义务方面，党章修正案增写了学习科学发展观、学习法律知识、带头实践社会主义荣辱观的内容。党章修正案同时对党的干部提出了更高要求，要求干部带头贯彻落实科学发展观，树立正确政绩观，加强道德修养，做出经得起实践、人民、历史检验的实绩。

历史已经并将继续见证，坚持与时俱进的政党，才能永葆青春；坚持与时俱进的事业，才能充满活力。在继往开来、与时俱进中，中国共产党党旗将更加鲜艳，走向富强民主文明和谐美丽的社会主义中国明天一定会更加美好。

主要参考资料：

慎海雄、刘刚：《党章：25 年与时俱进的五次修订》，新华社 2007 年 10 月 20 日。

徐京跃、李斌、李亚杰、顾瑞珍：《为高扬的党旗增添新的思想光辉》，《人民日报》2007 年 10 月 29 日。

2008年：

百年梦圆

2008年8月8日23时36分，"鸟巢"造型的国家体育场华灯灿烂，流光溢彩。可容纳9万余人的体育场内座无虚席，群情激动。

一个万众期盼的时刻到来了。时任国家主席胡锦涛用洪亮的声音宣布：北京第29届奥林匹克运动会开幕！

顿时，璀璨的焰火绽放夜空，激昂的旋律响彻全场，彩旗挥动，欢呼声经久不息……

为了这一刻，中国人民整整追求和奋斗了100年。

🌓 "我能比呀！"

1908年，《天津青年》首次提出：中国何时能派一名运动员参加奥运会？中国何时能派一支代表队参加奥运会？中国何时能自己举办一届奥运会？这一声声呼喊，在那个中国人被蔑称为"东亚病夫"的年代，是如此的悲壮。

早在1896年，第一届奥运会的圣火在希腊雅典点燃，国际奥委会的一封邀请函寄至清政府，可当时正值甲午战败，清政府被迫签订丧权辱国的《马关条约》，根本无暇顾及参加奥运会。1915年，国际奥委会又一次发来邀请。然而，由于第一次世界大战及国内的护国运动，中国又一次与国际奥林匹克运动擦肩而过。

1924年，中国第一个全国性体育组织——中华全国体育协进会成立。同年派出3名网球运动员，在法国巴黎举行的第8届奥运会上作了表演赛（奥运会无正式网球赛）。

1928年，中国又派中华全国体育协进会干事宋如海作为观察员参加在荷兰阿姆斯特丹举行的第9届奥运会。孤身一人在看台上的宋如海百感交集，他反复用英语吟诵"奥林匹亚"，忽然喊出一句中国话："我能比呀！"后来，他将奥林匹克运动会音译为"我能比呀！"

代表中国实现"我能比"这个愿望的，是东北大学学生刘长春。

1932年7月，刘长春作为中国派出的唯一一名运动员参加在美国洛杉矶举行的第10届奥运会。在爱国将领张学良的资助下，他只身在海上漂泊21天到达洛杉矶。疲惫不堪的刘长春在男子100米预赛中，一路领先70米后，脚步明显吃力，最终被淘汰。

1936年，第11届奥运会在德国柏林举行，进入撑杆跳决赛的中国运动员符保卢，竟买不起比赛用杆。

1948年，第14届奥运会在英国伦敦举行，中国代表团是参赛团中唯一住不起奥运村的。奥运会结束后，代表团在当地华侨总会的帮助下，解决了路费，运动员才得以顺利返回祖国。

新中国成立后，中国参加奥运会的历史也翻开了新的一页。

1952 年，第 15 届奥运会在芬兰的赫尔辛基举行。中国正式接受邀请较晚，只派出了 40 人的代表团，可当代表团到达赫尔辛基时，比赛已接近尾声。只有吴传玉参加了百米仰泳比赛，五星红旗终于第一次在奥运赛场上升起，向世界宣告了新中国奥林匹克运动的存在。

"零"的突破

1978 年底党的十一届三中全会以后，我国实行改革开放新政策，体育事业迎来了跨越式发展的新时期。

1979 年 11 月，国际奥委会恢复了中华人民共和国的合法席位。

1980 年 2 月，中国体育代表团参加了第 13 届冬季奥运会。

1984 年，第 23 届奥运会在美国洛杉矶举行。这一次，中国派出了 225 名运动员、50 名教练员组成的强大阵容，参加篮球、排球、手球（女）、田径、体操、游泳等 16 个项目的比赛。

7 月 29 日，开赛第一天，中国神枪手许海峰，以总成绩 566 环获得本届奥运会的首枚金牌，从而实现了中国在奥运会历史上"零"的突破。国际奥委会主席萨马兰奇亲自将金牌戴在许海峰胸前，并激动地说，"这是中国体育史上伟大的一天！"

7 月 30 日，吴数德在举重 56 公斤级较量中，与对手斗智斗勇，一举夺魁，了却了多年的夙愿。

8 月 2 日，巾帼英雄吴小旋强忍伤痛，沉着应战，终于后来居上，成为中国第一位奥运会女冠军，并创造了女子小口径标准步枪三种姿势的奥运会纪录。

8 月 3 日，栾菊杰顶罩仗剑，杀出重围，最后连闯三关，打破了欧洲人对奥运会击剑冠军的垄断，成为第一个获得女子花剑冠军的亚洲人。

8 月 4 日，"体操王子"李宁以出神入化的动作、无懈可击的表现力，征服了热情的美国观众，一人独得男子体操单项决赛自由体操、鞍马和吊环 3 块金牌，并以 3 金 2 银 1 铜的佳绩成为本届奥运会夺得奖牌最多的运动员，被誉为"力量之塔"。"跳马王子"楼云亦不负众望，以独一无二的高难度动作，登上了跳马王座。

8 月 5 日，"东方燕子"马燕红如飞燕般穿梭在高、低杠之间，在人们如潮的掌声中，走上了女子体操高低杠冠军领奖台。

8 月 7 日，中国女排姑娘再展雄风，以勇不可挡之势，直落三局，击败东道主美国队夺冠。

8 月 10 日，"碧波仙子"周继红技压群芳，摘取了女子跳台跳水的金牌。

洛杉矶成了中国人大显身手的舞台。第一次全面出征奥运会的中国体育代表团，在这次历时半个月、有 140 个国家参加的盛会中，共夺得金牌 15 枚、银牌 8 枚、铜牌 9 枚，金牌数仅次于美国、罗马尼亚、西德等世界体育强国，位居第四。五星红旗一次次升起，《义勇军进行曲》一遍遍奏响。中国，是第 23 届奥运会当仁不让的明星。

此后中国连续参加汉城、巴塞罗那、亚特兰大、悉尼、雅典奥运会，总计获得 112 枚金牌、96 枚银牌、78 枚铜牌。

🔅 百年圆梦

开放的中国期盼奥运。1991 年，中国政府作出决策，支持北京市申办 2000 年第 27 届奥运会。尽管当时未能获得举办权，但中国人民向国际社会表达了举办奥运会的热切期望。

进入 21 世纪，中国政府再次作出决策，支持北京市申办 2008 年第 29 届奥运会，13 亿中国人民又一次向国际社会表达了举办奥运会的热切期望。2001 年 7 月 13 日，国际奥委会作出决定，将第 29 届奥运会举办权授予中国北京。

2008 年 8 月 8 日晚，举世瞩目的北京第 29 届奥林匹克运动会开幕式在国家体育场隆重举行。

20 时整，2008 名演员击缶而歌，吟诵着"有朋自远方来，不亦乐乎"，表达对世界各地奥运健儿和嘉宾的欢迎。五彩的焰火沿北京南北中轴线次第绽放，呈现出象征第 29 届奥运会的 29 个巨大脚印。一个个燃烧的脚印穿过夜空，一路向北，在国家体育场上空幻化成飞泻而下的繁星，在地面汇聚成闪闪发光的奥运五环，被空中轻盈起舞的"飞天"仙子缓缓提起……

"五星红旗迎风飘扬，胜利歌声多么响亮。歌唱我们亲爱的祖国，从今走向繁荣富强……"在清脆的女童歌声中，56 名少年儿童簇拥着鲜艳的五星红旗进入体育场。在雄壮的国歌声中，五星红旗冉冉升起。

灯光转暗，古琴声起，巨幅画轴缓缓展开，以"美丽的奥林匹克"为主题的大型文艺表演拉开帷幕……

21时10分，运动员入场式开始。共有204个国家和地区的代表团参加本届奥运会。

23时36分，胡锦涛宣布第29届奥林匹克运动会开幕！

8位执旗手手持奥林匹克会旗入场。80名身着民族服装的儿童，唱起奥林匹克会歌。奥林匹克会旗缓缓升起。

在五环旗前，中国运动员张怡宁、中国裁判员黄力平分别代表全体参赛运动员、裁判员宣誓。

23时54分，取自奥林匹亚的奥运圣火抵达国家体育场，8名火炬手高擎火炬，在体育场内进行最后的传递。

9日0时整，中国女排前队长孙晋芳举着火炬，来到体育场上的一个高台，等候在这里的著名体操运动员李宁将手中的火炬点燃。高举火炬的李宁腾空飞翔，在体育场上空一幅徐徐展开的中国式画卷上矫健奔跑，画卷上同时呈现出北京奥运圣火全球传递的动态影像。

0时04分，在空中奔跑的李宁来到火炬塔旁，点燃引线，巨大的火炬顿时燃起喷薄的火焰，熊熊燃烧的奥林匹克圣火把体育场上空映照得一片辉煌。

在北京奥运会上，中国体育代表团取得了51枚金牌、100枚奖牌的优异成绩，第一次名列奥运会金牌榜首位，创造了中国体育代表团参加奥运会以来的最好成绩。

北京奥运会广泛弘扬了团结、友谊、和平的奥林匹克精神，大力促进了世界各国人民的相互了解和友谊，让同一个世界、同一个梦想的口号响彻寰球。中国人民弘扬相互理解、友谊团结和公平竞争的奥运精神，赢得了国际社会的高度评价，在现代奥林匹克运动史册上深深烙上了彤红的中国印。

主要参考资料：

兰红光等：《第二十九届奥林匹克运动会在北京隆重开幕》，《人民日报》2008年8月9日。

2009年：

有效应对国际金融危机

2009 年初，美国《时代》周刊如此预言，"中国已经开始经济衰落，也许将比美国经济还要恶化"，"中国难以继续奇迹"，它"只是个身陷囹圄的大国"。

7 个月之后，这家杂志刊登题为《中国能否拯救世界》的封面文章，封面上一只熊猫正拿着气筒给瘪了的地球打气。那时，中国上半年 7.1% 的增速，"几乎成为照耀全球经济信心的灯塔"。

2009 年末，还是这家杂志将"中国工人"评为年度人物。原因是：尽管一年前许多人认为"保八"是一个梦想，但是中国做到了。中国千千万万勤劳坚韧的普通工人，使得中国在世界主要经济体中继续保持最快的发展速度，并带领世界走向经济复苏。

2009年，中国经受了21世纪以来最严峻的考验，在全球率先实现经济回升向好，成为世界经济触底反弹的新引擎。

❸ 危机袭来，党中央果断决策、从容应对

从2007年开始的美国次贷危机，到2008年演化成一场全球性的金融危机，并且迅速由金融领域扩散到实体经济领域，由美国扩散到世界主要经济体，其来势之猛、扩散之快、影响之深，实属罕见。

美国次贷危机爆发后，中共中央密切关注危机的发展态势，特别是可能对我国经济发展带来的风险和产生的冲击，一再强调树立忧患意识，做好应对危机的预案。

2008年7月25日，胡锦涛同志主持召开中央政治局会议，会议明确将宏观调控的首要任务从年初的"防止经济增长由偏快转为过热、防止价格由结构性上涨演变为明显通货膨胀"，调整为"保持经济平稳较快发展、控制物价过快上涨"。

9月15日，有着158年历史的美国第四大投资银行雷曼兄弟公司宣布申请破产保护，金融危机集中爆发并迅速向全球蔓延，世界经济陷入二次世界大战结束以来最严重的衰退。

面临国际金融危机一浪高过一浪的严重冲击，我国经济第4季度增速急剧下滑。

党中央、国务院全面分析、准确判断、果断决策、从容应对，将宏观调控的着力点转到防止经济增速过快下滑上来。

10月，党的十七届三中全会召开，强调要采取灵活审慎的宏观经济政策，着力扩大国内需求特别是消费需求，保持经济稳定、金融稳定、资本市场稳定。

11月初，国务院研究提出进一步扩大内需、促进经济平稳较快增长的十项措施。

11月6日，胡锦涛再次主持召开中央政治局常委会议，决定把促进经济

平稳较快增长作为经济工作的首要任务，果断实施积极的财政政策和适度宽松的货币政策，大规模增加政府投资，带动实施总额达 4 万亿元人民币的两年投资计划；在稳定外需的同时大力扩大内需特别是消费需求，在促进经济增长的过程中注重转变经济发展方式和调整经济结构，加大保障和改善民生力度。

11 月 10 日，4 万亿元投资计划向社会公布后的第二天，国务院召开省区市人民政府和国务院部门主要负责同志会议。会议的主要目的，就是统一思想，共同行动，把中央的决策部署迅速落实到具体行动中。这次会议释放出"保增长"的强烈信号："出手要快，出拳要重，措施要准，工作要实。""快"就是要迅速出手，争分夺秒，不可贻误时机；"重"就是要实施坚决有力的措施，从根本上扭转经济增速过快下滑趋势；"准"就是要抓住关键，突出重点，能起到立竿见影的效果；"实"就是要抓好落实。

11 月 28 日，胡锦涛又一次主持召开中央政治局会议，分析国际金融危机对我国经济发展的影响，明确提出把保持经济平稳较快发展作为 2009 年经济工作的首要任务。

2008 年底至 2009 年初，我国经济步入本轮经济周期谷底，面临 21 世纪以来最为困难的局面。

❸ 中国经济在全球率先回升向好

2009 年初开始，党中央、国务院不断加大政策力度，在非常时期采取了非常之举措，相关政策密集出台，丰富完善一揽子计划。

努力扩大内需。投资力度明显加大，两年计划新增投资 4 万亿元。2009 年到 2010 年，中央计划新增的 1.18 万亿元投资，2008 年四季度投放了 1040 亿元，2009 年投放了 4875 亿元。刺激消费新政连连，家电下乡、以旧换新、农机购置补贴、降低小排量汽车的车购税等政策给消费带来活力。一时间，一揽子计划、4 万亿、家电下乡等词汇，全国上下耳熟能详。

积极的财政政策和适度宽松的货币政策，给企业送来真金白银。2009 年减税额达到 5500 亿元人民币，取消近百项行政收费。央行数次降息，存款准备金率、央行再贷款、再贴现利率等先后下调，银行全年新增信贷更是史无前例地达到近 10 万亿元。

经过艰苦努力，到 2009 年底，中国经济就在全球率先实现回升向好，交出了一份全球瞩目的中国答卷。

这是一份"关于速度"的答卷。从 2009 年第二季度起，我国经济止跌回升，全年经济增长 9.2%。

这是一份"关于质量"的答卷。2009 年的中国生动诠释了"好"与"快"的发展辩证法。在稳定外需的同时扩大内需，中国经济的增长路径，开始转向依靠"三驾马车"并头齐驱。以发展方式之变应对外部环境之变，10 大重点产业调整和振兴规划、8 项区域发展规划、11 个重大科技专项陆续启动，抑制 6 大行业产能过剩，"4 万亿"源源流向结构调整、自主创新、节能减排和生态工程。

这是一份"关于温度"的答卷。"越是在经济困难时候，越要高度关注民生"。中国将一揽子计划重点锁定民生领域。2009 年全年城镇新增就业超过 1100 万人，城镇居民基本医疗保险制度全面实施，新型农村合作医疗等制度改革稳健推进。GDP 增长的每一个百分点，都紧系着最广大民众的福祉。

这是一份"关于责任"的答卷。作为一个有 13 亿人口的大国，把自己的事办好，本身就是对世界最大的贡献。与此同时，中国主动承担相应的国际责任和义务，积极参与应对金融危机的国际合作，推进国际金融体系改革，加强宏观经济政策协调，同国际社会一道推动世界经济复苏。

事实证明，我国应对国际金融危机冲击的方针、政策和举措总体上是有效的。

2010 年，《人民日报》元旦社论写道："经历了新世纪以来我国经济发展最严峻的考验，我们以顽强的奋斗拼搏取得了极其不易的成绩，中国人民满怀信心和豪情迈入 2010 年"，提出"坚定必胜信心、增强忧患意识，共同迎接奋发有为的 2010 年"。

主要参考资料：

任仲平：《迎战国际金融危机的"中国答卷"》，《人民日报》2010 年 1 月 5 日。

张宿堂等：《海阔天空好扬帆》，《人民日报》2012 年 11 月 6 日。

李亚杰等：《党中央、国务院积极应对国际金融危机冲击》，新华网 2009 年 12 月 23 日。

中共中央党史研究室：《中国共产党的九十年》，中共党史出版社 2016 年版。

2010年：

成功举办上海世博会

1999 年 12 月，中国政府在国际展览局第 126 次全体大会上正式宣布申办 2010 年世界博览会。2002 年 12 月，经表决中国获得 2010 年世博会举办权。2010 年 5 月 1 日第 41 届上海世界博览会正式开园，这是新中国成立以来中国举办的规模最大、持续时间最长的国际活动。

上海世博会的主题是"城市，让生活更美好"。会徽图案以汉字"世"与数字"2010"组成，以绿色为主色调。吉祥物为海宝。从 2010 年 5 月 1 日开园到 10 月 31 日闭幕的 184 天时间里，来自 246 个国家和国际组织的参展方，通过展示、论坛、表演等形式，探讨城市未来发展前景，生动诠释了"理解、沟通、欢聚、合作"的世博理念。7308 万人次的中外参观者，创造了世博会历史上的新纪录。

🌓 中央鼎力支持，13亿东道主站脚助威

2002 年 12 月 3 日，摩纳哥蒙特卡洛，当地时间下午 3 时 40 分。国际展览局主席诺盖斯宣布：中国上海市获得 2010 年世界博览会举办权！格林马迪会议宫瞬时掌声如潮。

党的十六大以来，以胡锦涛同志为总书记的党中央始终把上海世博会筹办工作放在重要位置。胡锦涛先后 4 次主持召开中央政治局常务委员会会议，专题研究上海世博会筹办工作。

2009 年是上海世博会筹办的关键之年。中央政治局常委会两次听取了筹办工作汇报。2009 年年初举行的国务院常务会议强调，必须坚持科学办博、勤俭办博、廉洁办博、安全办博，做深、做细、做实每项工作。

2010 年是上海世博会的决战之年。胡锦涛等中央领导同志不仅专门听取上海世博会组委会的专题汇报，审看中国馆的设计方案，还非常关心上海世博会筹办的每一个重要节点和进程，作出了一系列明确指示，使上海世博会筹办工作顺利推进。

2010 年 4 月 30 日晚上，举世瞩目的上海世界博览会开幕式在世博文化中心隆重举行，国家主席胡锦涛出席开幕式并宣布上海世博会开幕。

从上海世博会开幕式暖场那声来自贵州清亮而悠远的侗族大歌，到"香港弹起"巡游；从世博筹备时的积极参与建设，到开幕式上的激情展示，13 亿中华儿女，"每个人都是东道主"，为世界人民呈现了一个真实而多元的中国。

闪亮的"中国红"周围，全国 31 个省市区及港、澳、台展馆，都拿出了自己的看家绝活儿，备受追捧。呈现鸟巢、水立方、国家大剧院、天坛四个标志性建筑的北京馆；三面外墙采用 1600 盏 LED 灯的天津"竹立方"；以基因方式展现"京畿之地、魅力河北"的河北馆；展现灾后重建场景的四川馆；由 5000 多块曲线钢板连接而成的世博园最酷钢结构"湖北馆"；还原港人"智能

生活"的香港馆……各省区市馆日接待观众9万多人，接近国家馆接待能力的2倍，最高一天接待过14万观众。

每一个省市自治区馆，都有不同的"神奇与美丽"。每隔5天一次的省区市活动周，是各地潇洒向世界展示自己魅力的舞台。

中华民族的凝聚力、创造力，集中力量办大事的举国体制，在上海世博会中呈现得淋漓尽致。

● 上海交出一份满意答卷，全球伸出热情之手

这是发展中国家首次举办世博会，全世界都在看着中国如何"答卷"。作为世博会承办地——上海，压力极大。

选择繁华市中心、跨江规划世博园区，这在世博史上绝无仅有。上海世博会总规划师、同济大学建筑与城市规划学院院长吴志强说："我们必须小心翼翼，既要满足世博会需要，又能顺应未来城市发展要求；既要保证世博会的足够空间，又要兼顾周边居民利益；既不能浪费国家资产，又不能忽视百姓利益。"

于是，有史以来最大规模的海陆空立体交通建设在上海展开，5条地铁经过世博园区或园区周边、10多条世博专线、90多条公交线经过世博园区，轨道、轮渡、公交越江线跨越黄浦江，形成每小时20万—30万人次的交通运力。

毕竟是第一次办，中国人不知道怎么办，外国人不知道怎么沟通，老百姓不知道怎么欣赏。20万办博大军开始"摸着石头过河"。

2010年4月底世博园试运行，曾出现参观拥挤无序、场馆玻璃被挤碎、饮水池堆满垃圾、食物一抢而空等窘况……上海市委书记俞正声曾对媒体用"漏洞百出，狼狈不堪"来形容当时真实的情形。

从那一刻起，世博园每天都在"改正错误"。

为了解决就餐，紧急调来卖简餐的帐篷；为了排队秩序，各场馆将软隔离改成硬隔离；为了应对酷暑，短时间内安装了71个场馆共33000多平方米的遮阳棚、5300多把遮阳伞、6300多个喷雾器、2400台电风扇、1700个饮水机……

办博者每天都在学习。日本馆第一个细心地在门口竖牌子，告知等待时间是"1小时"或者"3小时"，迅速得到推广；一些欧洲国家馆在门前安排文艺演出，与排队游客互动，舒缓了游客的焦躁情绪，其他场馆也纷纷效仿……

低碳交通、垃圾回收、生态防控……上海世博会管理运营创新，同样是"城市，让生活更美好"的探索与实践。

筹博办博过程中，上海市民发动面之广、参与度之高可谓"空前"。每10位上海市民中，就有1名担任上海城市文明志愿者。近200万名普通居民、企事业职工，为世博游客提供的服务多达5000项，包括平安、交通文明、清洁城市、文明游园、市民巡访等。

上海世博会的精彩与难忘，离不开世界各国的支持和参与。

曾经战火纷飞的伊拉克和阿富汗排除万难，终于出现在上海世博园；尽管融资和建馆一波三折，美国馆最后圆满亮相；第一次参展世博的朝鲜，拥有1000平方米的独立展馆，每天接待近2万名观众；智利馆火速运来解救矿难工人的"功臣""凤凰一号"救生舱，吸引大批中国游客特地前往；马里总统在参观非洲联合馆之后，立刻指示增派该国最优秀的舞蹈演员，数天后，舞蹈演员博卡里、易卜拉欣带着马里人民的祝福，在非洲联合馆上演激情四溢、热烈奔放的舞蹈；丹麦的小美人鱼96年来第一次离开家乡，来到世博会。

在246家参展方的共同努力下，让人们在世博园聆听人类未来的足音，探索可持续发展的现代化之路。

葡萄牙馆用软木做外墙，展后可回收利用；加拿大馆外部墙体上覆盖着一种特殊的温室绿叶植物，雨水通过排水系统进行回收利用；日本馆在设计上采用了环境控制技术，使得光、水、空气等自然资源被最大限度利用；瑞典马尔默案例馆的"食物垃圾"回收利用的努力，成果卓著……

上海世博会的成功举办，向世界展示了中华民族五千年灿烂文明、新中国成立60年特别是改革开放30多年的辉煌成就。上海世博会以一届成功、精彩、难忘的世博会胜利载入世博会史册，为祖国和人民赢得了荣耀。

上海世博会是继北京奥运会后我国举办的又一个国际盛会，也是第一次在发展中国家举办的注册类世博会。上海世博会书写了中国人民同世界各国人民交流互鉴的新篇章，书写了人类各种文明交流互鉴的新的一页。

主要参考资料：

郝洪等：《九州向洋 文明盛典》，《人民日报》2010年10月31日。

2011年：

中国特色社会主义法律体系形成

2011 年 3 月 10 日，全国人大常委会委员长吴邦国在十一届全国人大四次会议上庄严宣布，一个立足中国国情和实际、适应改革开放和社会主义现代化建设需要、集中体现党和人民意志的，以宪法为统帅，以宪法相关法、民法商法等多个法律部门的法律为主干，由法律、行政法规、地方性法规等多个层次的法律规范构成的中国特色社会主义法律体系已经形成，国家经济建设、政治建设、文化建设、社会建设以及生态文明建设的各个方面实现有法可依。

由此，中国已在根本上实现从无法可依到有法可依的历史性转变，各项事业发展步入法制化轨道。

❸ 法律体系开始起步阶段

中国特色社会主义法律体系是在中国共产党领导下，适应中国特色社会主义建设事业的历史进程而逐步形成的。

新中国成立初期，中华人民共和国面临着组建和巩固新生政权、恢复和发展国民经济、实现和保障人民当家作主权利的艰巨任务。根据政权建设等的需要，从 1949 年到 1954 年 9 月第一届全国人民代表大会召开前，中国颁布实施了具有临时宪法性质的《中国人民政治协商会议共同纲领》，制定了《中央人民政府组织法》《工会法》《婚姻法》《土地改革法》《人民法院暂行组织条例》《最高人民检察署暂行组织条例》《惩治反革命条例》《妨害国家货币治罪暂行条例》《惩治贪污条例》《全国人民代表大会和地方各级人民代表大会选举法》以及有关地方各级人民政府和司法机关的组织、民族区域自治和公私企业管理、劳动保护等一系列法律、法令，开启了新中国民主法制建设的历史进程。

1954 年 9 月，第一届全国人民代表大会第一次会议召开，通过了新中国第一部宪法，确立了人民民主和社会主义原则，确立了人民代表大会的根本政治制度，规定了公民的基本权利和义务，同时制定了《全国人民代表大会组织法》《国务院组织法》《地方各级人民代表大会和地方各级人民委员会组织法》《人民法院组织法》《人民检察院组织法》，确立了国家生活的基本原则。1956 年 9 月，党的八大提出，"国家必须根据需要，逐步地系统地制定完备的法律"。此后至 1966 年"文化大革命"前夕，中国立法机关共制定法律、法令 130 多部。

这个时期的民主法制建设，为建设中国特色社会主义法律体系提供了宝贵经验、奠定了基础。

"文化大革命"期间，中国的民主法制建设遭到严重破坏，立法工作几乎陷于停顿。

3 法律体系恢复重建和全面展开阶段

1978 年 12 月，党的十一届三中全会开启了中国改革开放和社会主义民主法制建设的历史新时期。这个时期立法工作的重点是，恢复和重建国家秩序，实行和推进改革开放。

1979 年 6 月至 7 月，第五届全国人民代表大会第二次会议通过了修改宪法若干规定的决议，规定县和县以上的地方各级人民代表大会设立常务委员会，将县级人民代表大会代表改为由选民直接选举等，同时制定了《全国人民代表大会和地方各级人民代表大会选举法》《地方各级人民代表大会和地方各级人民政府组织法》《人民法院组织法》《人民检察院组织法》《刑法》《刑事诉讼法》《中外合资经营企业法》等 7 部法律，拉开了新时期中国大规模立法工作的序幕。

1982 年 11 月至 12 月，第五届全国人民代表大会第五次会议通过了现行宪法，确立了国家的根本制度、根本任务和国家生活的基本原则，为新时期改革开放和社会主义现代化建设提供了根本保障，标志着中国民主法制建设进入新的历史阶段。

随着改革开放的深入推进和经济社会的深刻变化，中国先后于 1988 年 4 月、1993 年 3 月、1999 年 3 月和 2004 年 3 月对宪法的部分内容进行修改，确认了非公有制经济在国家经济中的重要地位，将国家"实行社会主义市场经济""实行依法治国，建设社会主义法治国家""尊重和保障人权""公民的合法的私有财产不受侵犯"以及"中国共产党领导的多党合作和政治协商制度将长期存在和发展"等内容写入宪法，推动了中国经济、政治、文化和社会等各方面的发展和进步。这个时期，为适应以经济建设为中心、推进改革开放的需要，我们制定了《民法通则》《全民所有制工业企业法》《中外合作经营企业法》《外资企业法》《专利法》《商标法》《著作权法》《经济合同法》《企业破产法》等法律；贯彻落实"一国两制"方针，制定了《香港特别行政区基本法》《澳门特别行政区基本法》;加强民族团结，发展社会主义民主，维护公民合法权益，制定了《民族区域自治法》《村民委员会组织法》《刑事诉讼法》《民事诉讼法》《行政诉讼法》等法律;保护和改善生活环境与生态环境，制定了《环境保护法》《水污染防治法》《大气污染防治法》等法律；促进教育和文化事业发展，制定了《义务教育法》《文物保护法》等法律。

这个时期立法工作取得的突出成就，为中国特色社会主义法律体系的形成奠定了重要基础。

③ 法律体系初步形成阶段

1992 年 10 月，党的十四大作出了建立社会主义市场经济体制的重大战略决策，明确提出社会主义市场经济体制的建立和完善必须有完备的法制来规范和保障。

中国立法机关按照建立社会主义市场经济体制的要求，加快经济立法，在规范市场主体、维护市场秩序、加强宏观调控、促进对外开放等方面，制定了《公司法》《合伙企业法》《商业银行法》《乡镇企业法》《反不正当竞争法》《消费者权益保护法》《产品质量法》《拍卖法》《担保法》《海商法》《保险法》《票据法》《城市房地产管理法》《广告法》《注册会计师法》《仲裁法》《审计法》《预算法》《中国人民银行法》《对外贸易法》《劳动法》等法律。为完善刑事法律，修订刑法，形成了一部统一的、比较完备的《刑法》；修改《刑事诉讼法》，完善了刑事诉讼程序；为规范和监督权力的行使，制定了《行政处罚法》《国家赔偿法》《法官法》《检察官法》《律师法》等法律；为进一步加强对环境和资源的保护，制定了《固体废物污染环境防治法》等法律，修改了《矿产资源法》等法律。

1997 年 9 月，随着社会主义市场经济体制的逐步建立、对外开放水平的不断提高、民主法制建设的深入推进和各项事业的全面发展，为把中国特色社会主义事业全面推向 21 世纪，党的十五大提出了 21 世纪第一个十年国民经济和社会发展的远景目标，确立了"依法治国，建设社会主义法治国家"的基本方略，明确提出到 2010 年形成中国特色社会主义法律体系。按照这一目标要求，为保障和促进社会主义市场经济的发展，适应加入世界贸易组织的需要，中国继续抓紧开展经济领域立法，制定了《证券法》《合同法》《招标投标法》《信托法》《个人独资企业法》《农村土地承包法》《政府采购法》等法律，修改了《对外贸易法》《中外合资经营企业法》《中外合作经营企业法》《外资企业法》《专利法》《商标法》《著作权法》等法律；为规范国家立法活动，健全立法制度，制定了《立法法》，把实践证明行之有效的立法原则、立法体制、立法权限、立法程序以及法律解释、法律适用和备案等制度系统化、法律化；为发展社会主义民主、繁荣社会主义文化、保护生态环境、发展社会事业，制定了《行政复议法》《高等教育法》《职业病防治法》等法律，修改了《工会法》《文物保护法》《海洋环境保护法》《药品管理法》等法律；为保证法律有效实施，全国人大常委会还对《刑法》《香港特别行政区基本法》等法律的有关规定作出法律解释。

经过这个阶段的努力，中国特色社会主义法律体系初步形成。

🌀 法律体系正式形成阶段

进入 21 世纪，根据党的十六大、十七大确定的在本世纪头 20 年全面建设惠及十几亿人口的更高水平的小康社会这一目标，为了使社会主义民主更加完善，社会主义法制更加完备，依法治国基本方略得到全面落实，更好保障人民权益和社会公平正义，促进社会和谐，中国立法机关进一步加强立法工作，不断提高立法质量。

为维护国家主权和领土完整，促进国家和平统一，制定了反分裂国家法；为发展社会主义民主政治，制定了《各级人民代表大会常务委员会监督法》《行政许可法》《行政强制法》等法律；为保护公民、法人和其他组织的合法权益，保障和促进社会主义市场经济的健康发展，制定了《物权法》《侵权责任法》《企业破产法》《反垄断法》《反洗钱法》《企业所得税法》《车船税法》《企业国有资产法》《银行业监督管理法》等法律；为完善社会保障制度，保障和改善民生，制定了《社会保险法》《劳动合同法》《就业促进法》《人民调解法》《劳动争议调解仲裁法》《食品安全法》等法律；为节约资源，保护环境，建设资源节约型、环境友好型社会，制定了《可再生能源法》《循环经济促进法》《环境影响评价法》等法律。此外，还制定和修改了一批加强社会管理、维护社会秩序等方面的法律。

与全国人大及其常委会制定各项法律相适应，根据宪法和法律规定的立法权限，国务院、地方人大及其常委会还制定了大量行政法规和地方性法规，为促进中国社会主义民主法制建设，推动中国特色社会主义法律体系形成，发挥了重要作用。

　　新中国成立以来特别是改革开放 30 多年来，中国的立法工作取得了举世瞩目的成就。截至 2011 年 8 月底，中国已制定现行宪法和有效法律共 240 部、行政法规 706 部、地方性法规 8600 多部，涵盖社会关系各个方面的法律部门已经齐全，各个法律部门中基本的、主要的法律已经制定，相应的行政法规和地方性法规比较完备，法律体系内部总体做到科学和谐统一，中国特色社会主义法律体系已经形成。

　　中国特色社会主义法律体系，是中国特色社会主义永葆本色的法制根基，是中国特色社会主义创新实践的法制体现，是中国特色社会主义兴旺发达的法制保障。它的形成，是中国社会主义民主法制建设的一个重要里程碑，体现了改革开放和社会主义现代化建设的伟大成果，具有重大的现实意义和深远的历史意义。

主要参考资料：

中华人民共和国国务院新闻办公室：《中国特色社会主义法律体系》，《人民日报》2011 年 10 月 28 日。

2012年:

太空穿针

2012年6月16日18时56分，执行我国首次载人交会对接任务的神舟九号载人飞船，在酒泉卫星发射中心发射升空后准确进入预定轨道，顺利将3名航天员送上太空。

6月24日11时许，中国航天员驾驶神舟九号踏上与"天宫"的相约之旅。此时，两个飞行器以每小时28000公里（即每90分钟绕地球一圈）的速度向祖国上空飞来。

太空首迎"中国宫"

2011年9月29日19时，漠北酒泉，黑水河畔，云淡风轻，中国载人航天的通天塔又一次高高耸立。

金秋落日，褪去了它的炽热和光芒，红彤彤的脸迟迟不肯落入地平线下，余晖中的通天塔金光闪闪。

"两小时准备！"北京航天飞行控制中心调度的清脆口令在首区指挥大厅响起。

发射程序进入临射倒计时。

其实，按照我国载人航天工程"三步走"战略部署里原计划的第二步安排，今天的发射不应在实施之列。

2003年10月16日，杨利伟驾乘"神五"圆满完成首次载人航天飞行，中国载人航天工程第一阶段任务圆满收官。

第二阶段最核心的任务是空间交会对接。中国航天人最早制订的方案是将神舟飞船的轨道舱改造后留轨飞行，作为目标飞行器与后续神舟"兄弟"进行无人空间交会对接、有人空间交会对接。

这个方案已比航天大国早期交会对接的试验方法向前迈进了一大步，并且技术风险较小，比较稳妥。

2008年9月，"神七"乘组圆满完成太空行走任务后，7战7捷的工程实践，使中国载人航天的工程能力和技术储备站到了新的起点。

下一步的交会对接，是沿袭十多年前制订的方案一步一动，还是按照新的技术水平更大步跨越发展？中国航天人又一次面临着重大抉择。

一步一动，可能错过创新超越的重大机遇。调整方案，则既需要巨大的勇气担当，又需要创新的底气实力。

中国航天人经过科学的技术分析和深入的风险评估，认为我们完全具备了进一步跨越发展的条件，建议中央调整原来的计划安排，直接发射八吨级的目标飞行器，兼做空间实验室，一并实现自动交会对接、手动交会对接、中长期太空驻留的第二步目标。

即将发射升空的天宫一号就是中国首个空间实验室。

9月29日这一天，中国航天期待再次创造中国奇迹。

夕阳渐渐隐没，灯火渐渐通明，通天塔双臂在夜幕下缓缓张开……

21 时 16 分，火箭起飞的巨大轰鸣，排山倒海般压向四周。火箭缓缓上升，越飞越高，越飞越快，慢慢消失在人们的视线中。

北京飞行控制中心的大屏幕上，不同角度切换着天宫一号飞行器在空中的情况，"一切正常"的声音不断传回。

21 时 36 分，"天宫一号准确入轨！"

21 时 38 分，载人航天工程总指挥宣布，天宫一号目标飞行器发射取得圆满成功。

浩瀚太空，首次迎来"中国宫"。

"遨游在太空的感觉真棒，我在这里等着'神八'的到来！谢谢大家的关注，我会不定期地发回我在太空的所见所闻。"当晚，入驻太空的天宫一号，在腾讯上给地球家人发来了第一条报平安的"太空微博"。

🌑 神舟八号和天宫一号"太空初吻"

天宫一号升空 32 天之后，2011 年 11 月 1 日清晨 5 时 58 分，大漠秋霜，疾风劲草。神舟八号挥别漠北戈壁的金色胡杨，踏上了与天宫一号相约相会的浪漫之旅。

按照计划，神舟八号升空两天后，于 11 月 3 日 1 时 36 分，与天宫一号交会对接。

10 月 30 日，在太空焦急等待的天宫一号降轨调相，准时来到距地面 343 公里的交会对接轨道，面向神舟八号到来的方向，远远眺望。

11 月 2 日 23 时 08 分，经过 5 次变轨，心情急迫的神舟八号，也准时到达距天宫一号后下方 52 公里处。

这既是一场太空约会，又是一场太空中举行的接力赛。跑道设在了距地面 343 公里的太空，前面的选手拿着一根绣花针，后面的选手要把一根丝线从针眼里穿过去，而且两位选手都在高速飞行。

两个七八吨重的航天器，从相距上万公里的不同轨道，以每秒 7800 米的速度匆匆赶往约会，途中还要随时机动规避空间碎片的"羡慕嫉妒恨"。引路的难度何其大！

两个心情急迫的大个子拥吻之前，相对速度不能超过每秒 0.2 米，横向偏差不能超过 18 厘米。控制的精度何其高！

11 月 3 日零时许，北京飞行控制中心的巨幅显示屏上，传来天宫一号前端摄像机摄录的清晰画面：漆黑的太空冒出了一个亮点。

"神八！"指挥席上，飞行控制中心主任陈宏敏率先准确判断。

1 公里、400 米、100 米，亮点逐渐变大，"神八哥"追赶的脚步越来越近，身影越来越清晰。

30 米，神舟八号的摄像头，清晰地展示出天宫一号"张开的红唇"。

1 时 02 分，神舟八号的对接机构缓缓推出，向天宫一号张开了双臂。

1 时 28 分，神舟八号对接环触到天宫一号。

交会对接技术是发展载人航天必须攻克掌握的 3 项基础技术之一，是航天大国秘而不宣的核心技术，只能自主创新，自我突破。

"对接环拉回正常！"

"对接机构捕获！"

1 时 35 分 58 秒，飞控大屏显示，12 把对接锁准确启动，上千个齿轮和轴承同步工作，天宫一号与神舟八号紧紧相牵，成功对接。

这一刻，黑水河畔，秋风吹起胡杨叶，如金色蝴蝶群飞纷舞，妆亮大漠戈壁……

🌑 太空驾飞船，神天再相拥

2012 年 6 月 15 日，神舟九号航天员乘组正式确定。指令长景海鹏、航天员刘旺、女航天员刘洋，他们将成为进驻中国"太空之家"的首批成员。

16 日 18 时 37 分，漠北夏日，天高云阔，神舟飞船第九次踏上了飞天征程。

18 日 14 时，天宫一号与神舟九号精确自动对接。

17 时 04 分，像一尾灵活的蓝色小鱼，航天员景海鹏以手撑地，"游"出了对接通道，出现在天宫一号中。仅仅一分钟后，航天员刘旺"游"进天宫一号。女航天员刘洋则用手助力，一点一点"飘"进轨道舱，如同一枚轻盈的羽毛。

忙碌的空间科学实验之余，刘洋常常为天宫一号打扫卫生。刘旺在太空吹起了口琴，为妻子送上生日祝福。景海鹏像老大哥一样，沉稳安排着工作和生活。

24 日，进驻天宫一号第 7 天的"神九"乘组暂别天宫一号，重回返回舱。然后由刘旺控制飞船，再次"瞄准"天宫一号，实施一次特殊的"太空打靶"：手动交会对接！

手动交会对接是自动交会对接异常后的应急手段，是载人航天安全发展的必需备份。只有掌握了手动交会对接技术，才能全面实施空间站建设。

手动交会对接时，航天员需要同时操纵两个手柄，对飞船进行 6 个自由度的动态、实时、精确控制。成功的关键，除了手动对接机构的精密性和可靠性外，还取决于航天员稳定的心理素质和精准的操控技术。

按照工程设计要求，两个航天器对接的角度偏差不能超过 4 度。但训练中，刘旺把控制精度提高到不超过 0.2 度。按照正常操作程序，操作手应按照显示屏上的对接图像和参数进行操作，但在训练时，刘旺自我加压，已做到了在仪表没有数据显示的情况下，仅靠对接图像，也能实现精准对接。

6 月 24 日 12 时 38 分，神舟九号在刘旺的操控下，120 米、50 米、10 米，渐渐向天宫一号靠拢。

几分钟后，天宫一号、神舟九号掠过我国青海一带，神舟九号对接机构上的 3 把捕获锁与天宫一号对接机构上的 3 个卡板器咬合后，实现对接机构捕获，天宫、神九发出的指令链穿梭在天地之间。

12 时 55 分，大屏幕上，两个圆形的对接机构缓缓旋转，紧紧地扣在一起。茫茫太空中，高速运转的它们在这一刻拉住了对方，相拥在一起。此时，组合体正掠过甘肃、陕西上空。

"神舟九号报告，仪表显示对接完成，完毕。"

大屏幕上，三名航天员的手紧紧握在一起。大厅里顿时响起热烈的掌声。

主要参考资料：

徐善奎等：《归来吧，天宫一号》，《人民日报》2016 年 6 月 22 日。

李国利等：《归来！天宫一号结束 7 年太空之旅》，新华社 2018 年 4 月 2 日。

2013年：

"精准扶贫"

在扶贫工作队帮助下，杨家兄弟不仅实现了生活上的脱贫，也完成了精神上的脱贫。青山绿水之间，挺立起大写的人……2017年上映的电影《十八洞村》，引起广泛关注，有人称之为"中国脱贫奇迹的真实写照"。电影的原型，正是湖南湘西花垣县十八洞村。

山村小故事折射时代大进程。2013年11月3日，习近平来到十八洞村考察扶贫开发，首次提出"精准扶贫"理念，为脱贫攻坚提供了一把"金钥匙"。

中国大地上，成千上万个"十八洞村"的命运开始得到根本性的改变。

吹响脱贫攻坚战"冲锋号"

新中国成立以来，特别是改革开放以来，我国组织大规模有计划的扶贫开发，7亿多农村贫困人口摆脱贫困。截至2012年末，全国农村贫困人口还有9899万人，特别是14个集中连片特殊困难地区，是最难啃的"硬骨头"，还有数千个村不通电，近10万个村不通水泥沥青路……

"人民对美好生活的向往，就是我们的奋斗目标。"党的十八大以后，以习近平同志为核心的党中央着眼于全面建成小康社会，把扶贫开发工作纳入"四个全面"战略布局，推动贫困地区和贫困群众加快脱贫致富奔小康的步伐。

2012年12月29日，担任中共中央总书记40多天的习近平冒着零下十几摄氏度的严寒，赶赴地处集中连片特困地区的河北省阜平县。

29日下午3时从北京出发，30日下午1时离开，20多个小时，往来奔波700多公里。习近平为看真贫，踏着皑皑白雪，走进龙泉关镇骆驼湾村、顾家台村这两个特困村。在村民家中，他盘腿坐在炕上，同乡亲们手拉手，嘘寒问暖，了解他们日子过得怎么样。

习近平指出，全面建成小康社会，最艰巨最繁重的任务在农村、特别是在贫困地区。没有农村的小康，特别是没有贫困地区的小康，就没有全面建成小康社会。

习近平强调，只要有信心，黄土变成金。各级党委和政府要把帮助困难群众特别是革命老区、贫困地区的困难群众脱贫致富摆在更加突出位置。

这是向全党全国发出了脱贫攻坚的进军令。

扶贫开发，直接关系到数千万人民的福祉，关系到2020年全面建成小康社会的目标能否实现。

正如习近平在关于制定"十三五"规划建议的说明中所言，"我们不能一边宣布全面建成了小康社会，另一边还有几千万人口的生活水平处在扶贫标准线以下，这既影响人民群众对全面建成小康社会的满意度，也影响国际社会对我国全面建成小康社会的认可度。"

❸ "精准扶贫"成为打赢脱贫攻坚战的基本方略

2013 年 11 月 3 日，习近平到湖南省湘西土家族苗族自治州花垣县十八洞村考察。十八洞村地处武陵山腹地，山高路远，穷乡僻壤，2013 年的全村人均纯收入仅仅 1668 元。

在与十八洞村干部、村民代表座谈时，习近平首次提出"精准扶贫"理念，强调抓扶贫开发，既要整体联动、有共性的要求和措施，又要突出重点、加强对特困村和特困户的帮扶。

为什么讲要精准扶贫？习近平形象地指出，"手榴弹炸跳蚤"是不行的。抓扶贫切忌喊大口号，也不要定那些好高骛远的目标，要一件事一件事做。

时任十八洞村党支部第一书记的施金通回忆道："总书记提了十六个字的要求：实事求是、因地制宜、分类指导、精准扶贫。"施金通说，总书记的话说在点上，我们理解，关键是"精准"二字。

2013 年 12 月 18 日，中共中央办公厅、国务院办公厅印发《关于创新机制扎实推进农村扶贫开发工作的意见》，首次提出创新六大机制，即建立健全贫困县考核、精准扶贫工作、干部驻村帮扶、财政专项扶贫资金管理、金融服务、社会参与六项工作机制。这个文件的发出，标志着我国的扶贫开发工作进入了精准扶贫、精准脱贫阶段。

2015 年 11 月 27 日，中央扶贫开发工作会议在北京召开。在这个堪称"史上最高规格"的扶贫会上，习近平等中央政治局常委与地方党政主要负责人全部出席。习近平在会上强调，脱贫攻坚的冲锋号已经吹响。我们要立下愚公移山志，咬定目标，苦干实干，坚决打赢脱贫攻坚战，确保到 2020 年所有贫困地区和贫困人口一道迈入全面小康社会。

2015 年 11 月 29 日，《中共中央国务院关于打赢脱贫攻坚战的决定》公开发布，成为指导脱贫攻坚的纲领性文件，提出的总体目标为："到 2020 年，稳定实现农村贫困人口不愁吃、不愁穿，义务教育、基本医疗和住房安全有保障。实现贫困地区农民人均可支配收入增长幅度高于全国平均水平，基本公共服务主要领域指标接近全国平均水平。确保我国现行标准下农村贫困人口实现脱贫，贫困县全部摘帽，解决区域性整体贫困。"

精准扶贫精准脱贫方略落地生根开花结果

精准扶贫、精准脱贫，在党中央的决策部署下，一系列具有针对性的政策不断推出。

——解决好"扶持谁"的问题。习近平指出，确保把真正的贫困人口弄清楚，把贫困人口、贫困程度、致贫原因等搞清楚，以便做到因户施策、因人施策。于是开始了建档立卡工作机制。2014年4月2日，国务院扶贫办印发《扶贫开发建档立卡工作方案》，6月12日印发《扶贫开发建档立卡指标体系》。

2014年4月至10月，全国扶贫系统组织了80万人进村入户，共识别12.8万个贫困村、8962万贫困人口，第一次建立起全国统一的扶贫开发信息系统，为实施精准扶贫、精准脱贫提供了基础信息。2015年8月至2016年6月，全国扶贫系统又动员了近200万人开展建档立卡"回头看"，补录贫困人口807万，剔除识别不准人口929万，识别精准度进一步提高，精确锁定了脱贫攻坚的主战场。

——解决好"谁来扶"的问题。习近平指出，加快形成中央统筹、省（自治区、直辖市）负总责、市（地）县抓落实的扶贫开发工作机制，做到分工明确、责任清晰、任务到人、考核到位。

2016年10月，中办、国办印发《脱贫攻坚责任制实施办法》，从中央统筹、省负总责、市县落实、合力攻坚、奖惩等方面对落实脱贫攻坚责任制全面作出安排部署。务实有效的扶贫管理体制安排，让党中央决策部署有效传导到最末梢的基层干部。

党中央要求，每个贫困村都有驻村工作队（组），每个贫困户都有帮扶责任人，要实现全覆盖。截至2016年末，全国共选派77.5万名干部驻村帮扶，选派18.8万名优秀干部到贫困村和基层党组织软弱涣散村担任第一书记。他们推动各项扶贫措施落实落地，打通精准扶贫"最后一公里"，如同星星之火一般燃起了贫困群众的脱贫之梦。

2016年4月，中央组织部、国务院扶贫办印发《关于脱贫攻坚期内保持贫困县党政正职稳定的通知》，明确贫困县党政正职在完成脱贫任务前原则上不得调离。脱贫摘帽后，仍要保持稳定一段时间。830个贫困县党政正职脱贫攻坚期内保持稳定，为打赢脱贫攻坚战提供了坚强的组织保证。

——解决好"怎么扶"的问题。习近平指出,按照贫困地区和贫困人口的具体情况,实施"五个一批"工程:发展生产脱贫一批、易地搬迁脱贫一批、生态补偿脱贫一批、发展教育脱贫一批、社会保障兜底一批。

　　这是精准施策、全方位出击的基本战术。

　　产业扶贫、教育扶贫、健康扶贫、金融扶贫、生态扶贫、电商扶贫、光伏扶贫……在精准扶贫、精准脱贫基本方略的统领下,社会各界、各行各业的力量都动员起来了,因地制宜因人而异采用多种手段,一系列脱贫创新实践正在各地蓬勃开展,众人拾柴汇聚起澎湃的"巨能量"。

　　在精准扶贫实践中,东西部扶贫协作和对口支援承担了重要使命。在东部地区支援西部地区20周年的重要节点上,2016年7月20日,习近平在银川主持召开东西部扶贫协作座谈会并发表重要讲话强调,东西部扶贫协作和对口支援,是推动区域协调发展、协同发展、共同发展的大战略,是加强区域合作、优化产业布局、拓展对内对外开放新空间的大布局,是实现先富帮后富、最终实现共同富裕目标的大举措。

　　此后,东西部扶贫协作向纵深推进,东部发达地区267个经济较强县市区结对帮扶西部地区406个贫困县,并实现对30个民族自治州全覆盖,增强了扶贫的针对性和有效性。

　　实施精准扶贫、精准脱贫,带来的是实实在在的成效。全国农村贫困人口从2012年末的9899万人减少至2017年末的3046万人,累计减少6853万人,减贫幅度接近70%;贫困发生率从2012年末的10.2%下降至2017年底的3.1%,年均脱贫人数1370万人。

　　在以习近平同志为核心的党中央坚强领导下,我们一定能打赢脱贫攻坚战,如期实现全面建成小康社会宏伟目标,中华民族必将在复兴伟业的历史进程中书写光辉灿烂的新篇章。

主要参考资料:

汪晓东等:《总书记带领我们"精准脱贫"》,《人民日报》2018年10月5日。

常钦:《吹响大国攻坚的嘹亮号角》,《人民日报》2018年9月20日。

2014年：

中国文艺发展的"黄金时代"正在到来 ◢

　　2014年10月15日，习近平出席了文艺工作座谈会，并发表了长篇讲话。在2个小时的讲话中，习近平不但对当前文艺现状发表看法和评论，更深情回忆了自己少年和知青时期的文艺生活，谈到了文艺对自己成长的影响。

　　习近平为什么出席文艺座谈会？他的讲话透露出哪些信息呢？

习近平的"文艺情缘"

文艺，历来都是中央领导重视的一项工作。

2014年10月15日召开的这次文艺工作座谈会，筹备已有大半年，是由习近平亲自提议召开的。由总书记专门主持的文艺工作座谈会，规格不可谓不高。会议中第一个发言的代表铁凝说，这让她想起了"72年前那次著名的延安文艺座谈会"。

文艺在习近平心目中如此有分量，和他个人对文艺的喜爱也密不可分。习近平堪称"资深文青"，对当前的文艺现状和国内外的文化发展情况相当熟悉。举凡图书、影视、舞蹈、戏曲、音乐、绘画，讲话中皆有涉及；对一些国内外知名的文艺家也皆有点评。

习近平爱读书是全国人民都知道的。"读书已成了我的一种生活方式。"这次座谈会上，习近平再次谈到了读书的话题。他透露，自己看的小说基本是在青少年时期读的。"当时的文学经典毫不夸张地说能找到的我都看了。"有一次在一位乡村教师那里发现很多好书，有《红与黑》《战争与和平》等，让他喜出望外，手不释卷，读了个够。

习近平爱看电影也是全国人民都知道的。在座谈会上，他谈起了正在上映的电影《黄金时代》，当然是借题发挥，没说电影的具体内容，而是说五四以后在新文化的影响下，中国出现了一大批灿若星河的大师，留下了文艺精品。

此外，习近平对于现代流行音乐、流行歌曲也很熟悉、很亲近、很灵敏。早在青年时代，习近平曾把"（邓丽君）那盘《小城故事》的磁带都听坏了"。他担任总书记之后在很多场合上的讲话，都会不经意间借一些流行歌词"说事儿"、流行歌曲"抒情"。比如：与美国领导人见面讲到中美关系未来时，用歌曲《敢问路在何方》，引出"路在脚下"；回答俄罗斯电视台专访，感叹《时间都去哪儿了》；他在江苏调研时，用电影片名说"让广大农民都过上幸福美满的日子，一个都不能少"。这些巧妙运用既形象贴切、自然顺畅，又反映出习近平的博学与精通，在他的讲话艺术中善于将各类文学艺术作品融会贯通。

"坚持以人民为中心的创作导向"

10月15日上午，人民大会堂东大厅灯火通明，暖意融融。习近平在这里主持召开文艺工作座谈会。

参加座谈会的有文学、戏剧、音乐、舞蹈、美术、书法、摄影、曲艺、杂技、影视等各领域的文艺工作者。他们当中，既有德高望重的老艺术家，也有近年崭露头角的新秀，可谓群英荟萃、少长咸集。

铁凝、尚长荣、阎肃、许江、赵汝蘅、叶辛、李雪健等7位发言者围绕当前我国的文艺发展畅所欲言、坦陈己见。

会上，习近平不时插话，忆往事、谈感想，幽默的表达引来阵阵笑声。在大家发言后，习近平发表了长篇讲话。

习近平在讲话中，首先表示，"文艺事业是党和人民的重要事业，文艺战线是党和人民的重要战线"。

改革开放以来，意识形态领域并不平静，各种较量和斗争依然尖锐复杂。党的十八大以来，以习近平同志为核心的党中央高度重视意识形态工作，反复强调要加强党对意识形态工作的领导，牢牢掌握意识形态工作的领导权和话语权。文艺是意识形态工作的重要组成部分，做好意识形态工作，离不开文艺这个"时代号角"。

文艺是塑造灵魂的工程，文艺工作者是塑造灵魂的工程师。文艺工作者有责任推动文艺繁荣发展，其中最根本的是要"创作生产出无愧于我们这个伟大民族、伟大时代的优秀作品"。习近平的这一要求针对的是文艺作品中的问题。都有哪些问题？一是有些作品不够"精"，"存在着有数量缺质量、有'高原'缺'高峰'的现象，存在着抄袭模仿、千篇一律的问题，存在着机械化生产、快餐式消费的问题。"二是有些作品"市场"味道太浓厚，存在低俗化和感官化问题，"在市场经济大潮中迷失方向"。习近平也提出了要求："文艺不能当市场的奴隶，不要沾满了铜臭气。"

怎么衡量一部文艺作品是好作品？习近平给出了两个标准："一部好的作品，应该是把社会效益放在首位，同时也应该是社会效益和经济效益相统一的作品。""优秀的文艺作品，最好是既能在思想上、艺术上取得成功，又能在市场上受到欢迎。"他还说，"低俗不是通俗，欲望不代表希望，单纯感官娱乐不等于精神快乐"。

那么，怎样才能"繁荣文艺创作、推动文艺创新"？作品是要靠人来书写的，第一就得有"大批德艺双馨的文艺名家"，这样才有可能创作出更多有筋骨、有道德、有温度的作品。第二，文艺作品说到底是要为人民群众服务，而且群众对生活最熟悉，人民期待真实的泥土味道，好的文艺作品必须走向人民。人民需要文艺，文艺需要人民。只有顺应人民意愿、反映人民关切，文艺才能充满活力。习近平强调："有没有感情，对谁有感情，决定着文艺创作的命运。"文艺工作者"要始终把人民的冷暖、人民的幸福放在心中，把人民的喜怒哀乐倾注在自己的笔端"，这样的作品才有持续而长久的温度。再有，文艺作品还要从传统文化中汲取清水活源。"要结合新的时代条件传承和弘扬中华优秀传统文化，传承和弘扬中华美学精神。"

🌀 唱响时代大风歌

习近平主持召开文艺工作座谈会后，一系列文艺发展新举措、新规划陆续出台，环环相扣，布局谋篇，成为党中央治国理政新实践的重要组成部分。

2015年10月，《中共中央关于繁荣发展社会主义文艺的意见》出台，全面部署、细化落实习近平总书记文艺工作座谈会讲话精神，为文艺发展绘制了清晰的路线图、提供了有力的政策与制度保障，将文艺发展上升到国家战略的高度。

2015年11月，文化建设一系列措施作为"五位一体"建设中重要一环写入"十三五"规划建议。"扶持优秀文化产品创作生产""加强文化人才培养""繁荣发展文学艺术"成为未来五年经济社会发展的重要内容。

2015年岁末，中共中央办公厅、国务院办公厅公布《关于全国性文艺评奖制度改革的意见》，要求破除评奖过多过滥、奖项重复交叉、程序不尽规范、个别作品脱离群众的弊端，以压缩数量提升质量，以规范评审扶持精品、引导创新。

"文艺不能当市场的奴隶，不要沾满了铜臭气。"中共中央办公厅、国务院办公厅出台《关于推动国有文化企业把社会效益放在首位、实现社会效益和经济效益相统一的指导意见》，明确要求：文化企业必须始终坚持把社会效益放在首位、实现社会效益和经济效益相统一；当两个效益、两种价值发生矛盾时，经济效益服从社会效益、市场价值服从社会价值。

在习近平重要讲话精神感召下，广大文艺工作者走到生产实践中，自觉深入改革发展第一线，深入社会生活最基层，身沉下去，情融进去，坚持以人民为中心的创作导向，主旋律更加响亮、正能量更加强劲。

繁荣文艺创作、推动文艺创新，必须有大批德艺双馨的文艺名家。为引导文艺工作者坚定正确的理想信念，树立崇高的艺术追求，中宣部、财政部、文化部、新闻出版广电总局、中国文联、中国作协制定《2016—2017年全国文艺业务骨干和管理干部培训工作规划》，对全国约13万文艺骨干进行培训；文化名家暨"四个一批"人才工程深入实施，广大文艺工作者思想政治素质进一步提高。

为了实现从"高原"到"高峰"的突破，在勇攀"高峰"的征途中，广大文艺工作者聚焦质量、提升品质，努力把艺术的触角伸向广阔的时代，让人民群众成为文艺作品的主角，张扬中国力量、中国精神、中国价值，推出越来越多有筋骨有道德有温度的精品力作，受到人民群众喜爱和欢迎。第九届茅盾文学奖实至名归，格非《江南三部曲》、王蒙《这边风景》、李佩甫《生命册》、金宇澄《繁花》、苏童《黄雀记》5部获奖长篇小说，被认为反映了近年中国长篇小说创作的思想高度、艺术水准。剧作家李莉创作的沪剧《挑山女人》改编自一位女挑夫的真实故事，许多观众流着泪赞"走情走心走人物的好戏"。

"等闲识得东风面，万紫千红总是春。"文艺工作座谈会为推进文艺事业的新发展指明了方向，文艺战线坚持以人民为中心的创作导向，弘扬中国精神、中国价值，用心培养人才，匠心打造作品，群策群力促繁荣、促发展，文艺园地枝繁叶茂、争奇斗艳，中国文艺发展的"黄金时代"正在到来。

主要参考资料：

张贺：《通稿之外习近平在文艺座谈会上还讲了什么？》，人民网2014年10月16日。

文秀：《习近平的文学情怀》，《学习时报》2016年11月3日。

周玮：《习近平总书记文艺工作座谈会重要讲话两年来文艺新气象巡礼》，新华社2016年10月14日。

2015年：

"巡视利剑" 展锋芒

2015年8月3日，党中央颁布修订的《中国共产党巡视工作条例》（2017年7月1日再次修订），为巡视工作常态化、制度化，推动巡视工作向纵深发展提供了制度保障。

习近平亲自指导巡视工作

党的十八大以后，以习近平同志为核心的党中央着眼于严峻复杂的反腐败斗争形势，从坚持党的领导、加强党的建设和全面从严治党的大局出发，把巡视工作摆在更加突出的位置。

2013年4月25日，中央政治局常委会审议《关于中央巡视工作领导小组第一次会议研究部署巡视工作情况的报告》。习近平用"四个重要"强调了巡视工作的重要地位和作用，为十八届中央巡视工作指明了方向。他指出，"巡视是党章赋予的重要职责，是加强党的建设的重要举措，是从严治党、维护党纪的重要手段，是加强党内监督的重要形式。"

十八大以后，中央巡视始终在党中央的直接领导下进行。中央政治局常委会议审议通过《中央巡视工作规划（2013—2017年）》。每轮中央巡视之后，中央政治局常委会都要听取中央巡视工作领导小组的情况汇报。习近平以身作则、率先垂范，每次听取汇报都详细审阅巡视报告，对巡视中发现的问题有针对性地评判，对重要的整改、处置工作作出指示，对巡视的目标任务、方式方法、成果运用、队伍建设和制度建设提出明确要求。

"中央给了巡视组尚方宝剑，是'钦差大臣'，是'八府巡按'，就要尽职履责，不能大事拖小，小事拖了，对腐败问题要零容忍。"

"要以问题为导向，派出'侦察兵'，哪里反映声音大、问题多，就派到哪里去侦察，就像公安系统的110、路面巡警制度，要在创新机制上下功夫。"

"向被巡视地区、单位反馈时，要直指问题，一五一十把问题抖搂出来，根本不要搞任何遮掩，责成其认真整改。"

"巡视过的三十一个省区市，不是一巡视了就完事，要出其不意，杀个'回马枪'，让心存侥幸的感到震慑常在。"

巡视剑指问题

2017年6月21日，中央纪委监察部网站集中公布了十八届中央第十二轮巡视的15所中管高校反馈情况。至此，十八届中央最后一轮巡视反馈情况全部公布完毕，这意味着十八大以来中央巡视如期完成对省区市地方、中央和国家机关、国有重要骨干企业、中央金融单位和中管高校的巡视全覆盖，实现了党的历史上首次一届任期内中央巡视全覆盖。

全覆盖本身就是有力震慑，只有全覆盖才能零容忍。

巡视全覆盖是党中央向全党全社会作出的庄严承诺。十八大以来，中央政治局会议、中央政治局常委会会议23次研究巡视工作，确定巡视工作方针，决定实行一届任期巡视全覆盖。

2013年11月，十八届三中全会决定，改进中央和省区市巡视制度，做到对地方、部门、企事业单位全覆盖。巡视全覆盖的目标首次在党的中央全会上提出。2016年10月，六中全会审议通过的党内监督条例进一步明确，党委要在一届任期内实现巡视全覆盖。这是党中央根据党风廉政建设和反腐败斗争形势依然严峻复杂的判断作出的重大部署。

从2013年5月第一轮巡视开始，十八届中央巡视组开展12轮巡视，共巡视277个党组织，对16个省区市进行了"回头看"，对4个中央单位开展了机动式巡视，兑现了全覆盖的政治承诺；同时，各省区市党委完成对省辖8362个地方、部门和企事业单位党组织的巡视全覆盖。根据巡视移交问题线索，各地纪检监察机关立案查处厅局级干部1326人、县处级干部8957人，起到了强大震慑效果。

中央巡视组在巡视过程中，不同程度地发现了孙政才、王珉、王三运、黄兴国等一大批高级领导干部的问题、线索，揭露了一系列重大案件。数据显示，中央纪委立案审查的中管干部案件中，超过60%的问题线索来自巡视。

从2013年的"中央巡视组第一轮巡视""中央巡视组第二轮巡视"，到"2014年中央巡视组首轮巡视""2014年中央巡视组第二轮巡视"，再到2016年，第九轮开始统一称为"十八届中央第×轮巡视"，名称统一的背后是认识的一步步深化。

从十八届中央第一轮巡视聚焦作风、贪腐、政治纪律和选人用人等问题的"四个着力"，到第三轮巡视增加对主体责任、监督责任"两个责任"和组织纪律执行情况的检查监督，到第九轮巡视"把政治巡视的要求高举起来"，再到后面几轮坚定不移深化政治巡视，巡视监督内容不断扩展。

十八届中央巡视5年来，中央巡视组12轮巡视共处理来信110余万件次，接待来访30余万件次，接听来电10余万次；每个省区市谈话近400人次，每个中央部门和企事业单位谈话近200人次，共发现各类突出问题8200余个……一轮轮巡视下来，中央巡视组提炼出了多项有效管用的制度和方法，发现了不少隐藏伪装很深的违纪违法问题，将全面从严治党不断推向纵深。

巡视方式方法不断创新

党的十八大以来，中央巡视工作不断在创新中向纵深发展，新思路、新方式、新手段、新打法层出不穷。

2013年，第一轮巡视开始探索实行"三个不固定"，即组长不固定、巡视对象不固定、巡视组和巡视对象的关系不固定，同时建立中央巡视组组长库，一次一授权，不搞"铁帽子"。

2014年，第三轮巡视在常规巡视的同时首次探索开展专项巡视，即针对某个省区市、部门或单位的突出问题开展巡视，机动灵活、闻风而动，精准发现、定点突破。经过试点，专项巡视从第五轮起全面推开。

2015年，中央第六轮巡视开始探索分类专项巡视，实行"一托二"，即每轮一个组巡视2个单位，一个组长配备2名副组长，多个巡视组同类同步安排、分批集中汇报。第八轮巡视，在普遍实行"一托二"的基础上，开始试点"一托三"。2016年，第九轮巡视首次开展"回头看"，对已巡视过的辽宁、安徽、山东、湖南等4省杀了"回马枪"。"回头看"是围绕政治的再巡视，既要检查上次巡视整改落实情况，也要着力发现新问题。

2017年，第十二轮巡视试点开展"机动式"巡视。"机动式"巡视人员少、时间短、节奏快，通过"小队伍、短平快、游动哨"的方式灵活机动安排，着力发现"灯下黑"问题。

……

每年都有"第一次"，巡视利剑的"剑法"可谓不断出新，变化无穷。

将巡视利剑直插基层，是推动全面从严治党向基层延伸的关键一招，也是凝聚民心的有力之举。

2018年7月，十九届中央第一轮巡视结束。首轮巡视受理群众信访举报40余万件次，绝大部分反映的是群众身边的不正之风和腐败问题，扶贫开发、教育医疗、土地征收、市场监管、食品药品安全等民生领域侵害群众利益的问题依然多发，一些地方"村霸"和宗族势力、黑恶势力背后的保护伞仍然存在，严重影响群众获得感幸福感安全感。

巡视期间，中央巡视组对发现的一些脱贫攻坚中的腐败问题、黑恶势力背后的保护伞问题、落实惠民政策中的作风问题，督促有关党组织立行立改。中央巡视工作领导小组认真研究人民群众意见建议，深入推进市县巡察工作，打通全面从严治党"最后一公里"，着力构建巡视巡察上下联动的监督网。截至 2018 年 7 月，全国市县一级党委均建立了巡察制度，共对 20.5 万个党组织开展巡察，发现各类问题 61.4 万个，涉及党员干部违规违纪问题线索 24.4 万件，推动查处 4.7 万人。

全面从严治党永远在路上，巡视也永远在路上。在以习近平同志为核心的党中央坚强领导下，巡视工作必将在新的更高的起点上继续前进，不辱中央使命、不负人民期待，继续书写全面从严治党的崭新篇章。

主要参考资料：

罗宇凡、朱基钗：《高举巡视利剑，推进全面从严治党》，《人民日报》2017 年 6 月 22 日。

赵兵：《新时代巡视利剑作用更加彰显》，《人民日报》2018 年 8 月 1 日。

2016年：

以习近平同志为核心的党中央

2016 年 10 月 24 日至 27 日，中国共产党第十八届中央委员会第六次全体会议在北京举行。

全会发表了公报，让舆论沸腾的是一个夹在段落中的说法——"以习近平同志为核心的党中央"。熟悉中国政治话语的人都知道这意味着什么，在这个公报之前，权威的表述一直都是"以习近平同志为总书记的党中央"。

③ "核心"在党的历史上早已有之

马克思说过，每一个社会时代都需要有自己的伟大人物，如果没有这样的人物，这个社会时代就要把他们创造出来。从党的历史来看，党的领袖人物的造就和产生，从来都来自事业的选择、人民的选择、历史的选择，具有鲜明的时代特色和深厚的实践基础。

从中国共产党成立到遵义会议的 14 年，中国共产党处于幼年时期，没有形成稳定的中央领导集体。所以党的思想路线、政治路线处于大起大落的变化之中。

确立以毛泽东同志为核心的党的第一代中央领导集体，用了近十年时间。从 1935 年 1 月遵义会议上毛泽东当选为中央政治局常委，到 1943 年 3 月中央政治局会议上毛泽东被推选为中央政治局主席、中央书记处主席，以及到 1945 年 6 月党的七届一中全会上毛泽东当选为中央委员会主席、中央政治局主席、中央书记处主席（1945 年 8 月毛泽东又任中央军委主席），以毛泽东同志为核心、以"毛刘周朱任"为主要成员的党的第一代中央领导集体正式成型，新中国成立之后又增加了陈云、邓小平。以毛泽东同志为核心的党的第一代中央领导集体，团结带领全党全国各族人民，经过长期浴血奋斗，建立了中华人民共和国，确立了社会主义基本制度，为当代中国一切发展进步奠定了根本政治前提和制度基础。

确立以邓小平同志为核心的党的第二代中央领导集体，也经历了一个过程。自 1975 年 1 月邓小平主持中央日常工作、开展全面整顿，到 1977 年、1978 年开展拨乱反正、反对"两个凡是"、开展真理标准大讨论，再到 1978 年 12 月党的十一届三中全会之后，虽然邓小平并未担任党中央主席，但从指导思想、政治路线和实际发挥的作用来看，他所代表的正确路线已经得到全党拥护，事实上确立了他的领导核心地位。此后，这一核心地位又在十二大、十三大上得以确认。以邓小平同志为核心的党的第二代中央领导集体，作出把党和国家工作中心转移到经济建设上来、实行改革开放的历史性决策，确立社会主义初级阶段的基本路线，成功开创了中国特色社会主义。

1989 年 6 月党的十三届四中全会之后，确立了以江泽民同志为核心的党的第三代中央领导集体。从第二代到第三代中央领导集体，国内并没有发生政治路线的巨大转折，仍然沿着改革开放的正确路线前进。以江泽民同志为核心的党的第三代中央领导集体，在国内外形势十分复杂、世界社会主义出现严重曲折的严峻考验面前，捍卫了中国特色社会主义，确立了社会主义市场经济体制的改革目标和基本框架，开创了全面改革开放的新局面。

❸ 习近平"核心"地位呼之欲出

2016 年以来，"核心"一词开始为人们重新熟悉。因为，一个叫"核心意识"的词在全国上下被反复提及，而为这个新词作解释的，则是全国各地的省委书记以及党内理论名家。

时间线非常清晰。

1 月 11 日，四川省委书记王东明主持四川省委常委会议，会议强调"坚决维护习近平总书记这个核心"。

1 月 13 日，安徽省委书记王学军在安徽省委常委扩大会议上指出，坚定不移向党中央看齐是根本方向，争当"四个自觉"模范是实现路径，只有当好"四个自觉"模范，才能确保向党中央看齐，向习近平总书记看齐，才能自觉维护中央权威，坚决维护习近平总书记这个核心。

1 月 13 日，广西壮族自治区党委书记彭清华主持自治区党委常委扩大会议，强调必须切实增强政治意识、大局意识、核心意识、看齐意识，坚决维护习近平总书记这个核心。

1 月 15 日，《北京日报》报道，北京市委书记郭金龙在主持会议学习贯彻习近平总书记在中央政治局"三严三实"专题民主生活会上的重要讲话时，明确提出，我们比任何时候都更需要一个坚强的领导核心。

1 月 15 日，湖北省委书记李鸿忠主持湖北省委常委会议，明确指出自觉维护党中央权威，就要自觉维护习近平总书记这个领导核心。

1 月 29 日，内蒙古自治区党委书记王君在自治区人大闭幕会上说，要始终在思想上政治上行动上同以习近平同志为总书记的党中央保持高度一致，坚决维护党中央权威，坚决维护习近平总书记这个核心，不折不扣贯彻落实党中央各项决策部署。

1 月 29 日，中共中央政治局召开会议，审议《中央政治局常委会听取和研究全国人大常委会、国务院、全国政协、最高人民法院、最高人民检察院党组工作汇报和中央书记处工作报告的综合情况报告》，在政治局层面首次提出"政治意识、大局意识、核心意识、看齐意识"。

在 2016 年"两会"期间，中央政策研究室原副主任施芝鸿在接受凤凰网采访时，也对核心意识做了明确的解释。他直言，在中共话语系统中，"核心意识"与"领导核心"一样，具有三重含义：一重含义是指中共作为执政党，在整体上是领导中国特色社会主义事业的核心力量；二重含义是指中共的中央委员会，特别是中央政治局和中央政治局常委会，是对全党实行集中统一领导的核心；三重含义为在中央政治局常委会这个核心领导层，要形成一个"大家公认的、人民满意的中央领导集体中的核心"。第三重含义，现在明确就是习近平同志。

❸ 确立习近平同志的"核心"地位顺应党心民意

2016 年 10 月 28 日，中央宣传部举行新闻发布会，时任中央宣传部常务副部长黄坤明介绍党的十八届六中全会情况。有记者问，这次全会公报中首次出现了"以习近平同志为核心的党中央"这一提法，其背景和考虑是什么？黄坤明回答：

十八大以来，习近平总书记带领全党全军全国各族人民开创了中国特色社会主义伟大事业和党的建设新的伟大工程新局面，在改革发展稳定、内政外交国防、治党治国治军等各方面取得了一系列具有重要现实意义和深远历史意义的成就，实现了党和国家事业的继往开来，赢得了全党全军全国各族人民的衷心拥护，受到了国际社会的高度赞誉。习近平总书记在新的伟大斗争实践中，已经成为党中央的核心、全党的核心。

习近平总书记成为党的核心，是全党的高度共识。在中共十八届六中全会文件征求意见的过程中，地方和部门以及军队，都希望这次全会明确习近平总书记为党中央的核心、全党的核心。在这次全会上，中央委员会同志一致赞成正式提出"以习近平同志为核心的党中央"，一致认为十八大以来的实践充分证明，习近平总书记作为党中央的核心、全党的核心，是众望所归，当之无愧、名副其实；一致表示明确习近平总书记的核心地位，反映了全党的共同意志，反映了全党全军全国各族人民的共同心愿。

由此可见，十八届六中全会明确习近平同志在全党的领导核心地位，是中国共产党对其工作的肯定和对其领导权威的加强。确立习近平同志在全党的领导核心地位，有利于加强党的统一领导和党内团结，推动一些工作贯彻落实，有助于推进"四个全面"战略布局，让全面建成小康社会、全面推进深化改革、全面依法治国和全面从严治党更加顺畅。

对于确立习近平同志在全党的领导核心地位的意义，2016年10月28日，《人民日报》一篇题为《坚定不移推进全面从严治党》的社论中作了这样的表述：

这次全会，正式提出"以习近平同志为核心的党中央"，反映了全党全军全国各族人民的共同心愿，是党和国家根本利益所在，是坚持和加强党的领导的根本保证，是进行具有许多新的历史特点的伟大斗争、坚持和发展中国特色社会主义伟大事业的迫切需要。这对维护党中央权威、维护党的团结和集中统一领导，对全党全军全国各族人民更好凝聚力量抓住机遇、战胜挑战，对全党团结一心、不忘初心、继续前进，对保证党和国家兴旺发达、长治久安，具有十分重大而深远的意义。

主要参考资料：

施芝鸿:《中共强调增强核心意识的三重含义》，凤凰网2016年3月4日。

2017年:

选人用人不搞"划票打勾" ◢

2017年10月24日,2300多名党的十九大代表和特邀代表,以无记名投票方式,选举出由376名中央委员、候补中央委员组成的中国共产党第十九届中央委员会和133名中央纪委委员组成的第十九届中央纪律检查委员会。

以习近平同志为核心的党中央为
十九届"两委"人事准备工作指明方向

以习近平同志为核心的党中央把握时代脉搏、放眼民族未来，高度重视十九届"两委"人事准备工作，作出一系列重大部署。

2016年2月，中央政治局常委会会议专门研究十九大有关人事准备工作，决定成立十九大干部考察领导小组，习近平总书记亲自担任组长。

此后，习近平先后3次出席省区市和中央单位党委（党组）主要负责同志会议并作重要讲话，对十九届"两委"人选考察工作进行动员部署，提出明确要求；多次听取考察组情况汇报，对相关工作作出重要指示。

改进干部工作、选好用好干部、加强班子建设……习近平全方位深刻阐释了十九届"两委"人选考察工作的重要意义，提出一系列新理念新思想新论断，从根本上保证了十九大有关人事准备工作的正确方向。

在此基础上，2016年6月，中央政治局常委会、中央政治局会议审议通过了《关于认真做好十九届"两委"人事准备工作的意见》，对十九届"两委"的总体要求和人选条件、结构等，提出了明确意见。

2016年7月，十九大干部考察领导小组审议通过了《十九届"两委"人选考察工作总体方案》，对提名名额分配、考察方法步骤以及组织实施等作出具体安排。

"两委"人选的推荐、考察、提名，严格按照中央规定的程序和方法进行，总体上经过"综合分析研究，确定考察单位""谈话调研和推荐，确定考察对象""深入考察，提出遴选对象""听取考察组汇报，提出建议名单"4个大的步骤，全面考察干部的德、能、勤、绩、廉。

十九大干部考察领导小组先后召开7次会议，中央政治局常委会先后召开6次会议，逐一听取各考察组的汇报，研究提出了十九届"两委"候选人预备人选建议名单。

选人用人不搞"大会海推""划票打勾"，党组织必须加强领导、把好关

2016 年 8 月初，某省一名干部接到通知参加十九届"两委"人选考察推荐。

根据以往经验，这名干部准备过去"开个会、投个票"了事。不曾想，考察组既没有开大会也没有搞投票，而是采取了与其谈话的方式。更出乎意料的是，谈话不只是推荐一下人选、发表几句看法，而是"非常深入，不定调子、也不限时间，问得非常细、非常耐心，前后有两三个小时"。

不搞"大会海推""划票打勾"，代之以深入的谈话调研，这一变化集中体现了十九届"两委"人事准备工作的理念创新。

以往考察工作第一步是召开省区市党委全委（扩大）会议，进行投票推荐。这种"大会海推""划票打勾"的办法选干部，由于信息不对称，很多人投关系票、人情票，选出来的不一定都是最优秀的干部，而且带来拉票、贿选等诸多弊端，甚至催生出"期权""期货"交易。这样的民主变了味，走偏了方向。干部不负责任，党组织卸掉了责任，党的领导被弱化。

"我们要发扬民主，但不能让选票把党管干部原则架空了。"十九届"两委"人事准备工作启动后，习近平明确提出，不搞"大会海推""划票打勾"，选人用人，党组织必须加强领导、把好关。

根据中央要求，考察组把坚持党的领导和充分发扬民主结合起来，在考察工作全过程充分发挥党组织的把关作用。

坚持党的领导和充分发扬民主相结合，体现在推荐方式的改进上——先进行谈话调研、听取意见，提出参考名单后，再进行会议推荐。

坚持党的领导和充分发扬民主相结合，体现在谈话方式的改进上——谈话从考察的一个环节拓展到全过程，谈话的针对性、实效性和灵活性也更强了。

考察组在充分听取意见的基础上提出的会议推荐参考名单，需要上报十九大干部考察领导小组同意，这是第一次民主基础上的集中；会议推荐后，考察组还要将考察对象初步人选再次上报审批，这是进一步的集中。

经过精准科学的深入考察、比较择优，十九大干部考察领导小组研究提出了十九届"两委"人选遴选对象。2017 年 9 月 25 日，中央政治局常委会统筹考虑，研究提出"两委"候选人预备人选建议名单。9 月 29 日，习近平主持

召开中央政治局会议，审议通过了"两委"候选人预备人选建议名单，并决定提交党的第十九次全国代表大会选举。

3 新一届中央领导集体素质优良、结构合理，值得全党全军全国各族人民信赖

2017 年 10 月 20 日，党的十九大主席团举行第二次会议。大会主席团会议经过表决，通过了十八届中央政治局提出的建议名单，并提交全体代表酝酿。

大会期间，各代表团以差额选举方式对"两委"人选进行预选。提名十九届中央委员候选人 222 名，差额 18 名，当选 204 名，差额比例为 8.8%。提名候补中央委员候选人 189 名，差额 17 名，当选 172 名，差额比例为 9.9%。提名中央纪委委员候选人 144 名，差额 11 名，当选 133 名，差额比例为 8.3%。

10 月 22 日晚和 23 日上午，大会主席团第三次和第四次会议通过了经预选产生的"两委"候选人名单。

候选人名单中，十八届中央委员会组成人员中继续提名 132 名，占 35.1%；新提名 244 名，占 64.9%。十八届中央纪律检查委员会组成人员中继续提名 10 名，占 7.5%；新提名 123 名，占 92.5%。

10 月 24 日上午，人民大会堂大礼堂内，气氛庄重热烈。在习近平同志的主持下，大会举行正式选举。经过发放选票、填写选票和投票、计票，出席大会的 2300 多名代表和特邀代表选举产生了新一届中央委员会和中央纪律检查委员会。

新一届中央委员会和中央纪律检查委员会，集中了各地区、各部门、各条战线、各个行业党的执政骨干和优秀代表，整体素质优良、结构比较合理、分布比较均衡，是一个符合中央要求和干部群众期待，适应新时代中国特色社会主义事业发展需要，朝气蓬勃、奋发有为、团结统一、值得信赖的中央领导集体。

主要参考资料：

赵承等：《肩负历史重任 开创复兴伟业》，《人民日报》2017 年 10 月 25 日。

2018年:

势如破竹开新局

2018年5月的最后一天,北京月坛北小街2号,崭新的国家医疗保障局牌子映入公众眼帘。

从党的十九届三中全会作出深化党和国家机构改革的决定,仅仅3个月,在以习近平同志为核心的党中央的坚强领导下,方案确定的25个应挂牌的新组建或重新组建部门全部亮相。

❸ 为什么要深化党和国家机构改革？

1981年以来，党中央部门进行了4次改革，国务院机构进行了7次改革，逐步建立起具有我国特点的党和国家机构职能体系。党和国家机构改革是一个过程，不会一蹴而就，也不会一劳永逸。

步入新时代以后，面对新时代新任务提出的新要求，党和国家机构设置、职能配置、履职能力与有效治理国家和社会的要求相比，还存在不少问题。比如，一些领域党政机构重叠、职责交叉、权责脱节问题比较突出；一些政府机构设置和职责划分不够科学，职责缺位和效能不高问题凸显，政府职能转变还不到位；一些领域中央和地方机构职能上下一般粗，权责划分不尽合理；基层机构设置和权力配置有待完善，组织群众、服务群众能力需要进一步提高。这些问题，亟待通过深化党和国家机构改革，对体制和机构进行调整完善，从根本上加以解决。

2017年12月11日，习近平主持召开党的十九届三中全会文件起草小组第一次全体会议，宣布中央政治局常委会会议、中央政治局会议的决定：十九届三中全会专题研究深化机构改革问题。党中央决定成立十九届三中全会文件起草组，由习近平担任组长。

2018年2月26日至28日，党的十九届三中全会审议通过了《中共中央关于深化党和国家机构改革的决定》和《深化党和国家机构改革方案》，同意把《深化党和国家机构改革方案》的部分内容按照法定程序提交十三届全国人大一次会议审议。3月21日，《深化党和国家机构改革方案》全文对外公布。

改革开放以来，党的三中全会聚焦改革形成惯例。与以往主要围绕经济体制改革不同，十九届三中全会聚焦深化机构改革。这次全会审议通过的《中共中央关于深化党和国家机构改革的决定》管大方向，《深化党和国家机构改革方案》管具体施工。

坚持和加强党的全面领导，是贯穿这次改革全过程的政治主题。

事在四方，要在中央。加强党的全面领导，首先要加强党对涉及全局重大工作的集中统一领导。决定明确，强化党的组织在同级组织中的领导地位，更好发挥党的职能部门作用，统筹设置党政机构，推进党的纪律检查体制和国家监察体制改革。

这次改革优化党的组织、宣传、统战、政法、机关党建、教育培训等部门职责配置，加强归口协调职能，统筹本系统本领域工作。理顺党政机构关系，强化统筹协调，增强党的领导力，提高政府的执行力，打破所谓的党政界限，建立健全党中央对重大工作的决策协调机制。

❸ 机构改革积极回应人民期待，广泛征求各方意见

习近平明确要求，改革要精准对接发展所需、基层所盼、民心所向，充分回应人民期待。因此，决定和方案把实现好、维护好、发展好最广大人民根本利益，充分体现在机构设置和职能配置中。

着眼于解决人民群众最盼最急最忧的突出问题，着力维护人民群众在经济、政治、文化、社会、生态等各方面的权益。

为改善"看病难看病贵"，新组建国家医疗保障局；为更好保护"青山绿水"、治理污染，专门组建生态环境部；为破解"几个大盖帽管不住一个破草帽"，组建国家市场监督管理总局，合并分散在多部门的监管职能……

着眼于满足人民群众对高质量公共服务的新需要，在教育文化、卫生健康、医疗保障、应急管理等领域加大机构调整和优化力度，组建一批新机构，完善公共服务体系；

着眼于从群众最不满意的地方改起，针对执法不规范、不严格、不作为、乱作为等突出问题，在市场监管、生态环保、交通运输、农业等领域整合组建执法队伍，加快建立责权统一的执法体系；

"坚持问题导向，把各地区各部门各方面对机构改革的意见摸清楚，把机构设置存在的问题弄清楚。"2017 年 7 月，习近平就深化机构改革作出批示。

此后，中央改革办和中央编办组成 10 个调研组，分赴 31 个省区市、71个中央和国家机关部门。短短一个月，当面听取了 139 位省部级主要负责同志的意见和建议。

回忆起 2017 年 8 月那个炎热的下午，一位中部省份省委书记印象深刻：

就在省委招待所，我一个人，没带秘书，他们五个人坐对面。我写了个提纲，没想到他们听得很起劲，不回应、不插话，记得也很仔细，我就结合自己

亲身经历放开了讲，起码谈了两个半小时。

调查组还向 657 个市县的 1197 位党委和政府主要负责同志个人发放了问卷，收集了 31 个省份的深化地方机构改革调研报告。

⚫ 党和国家机构改革有清晰的时间表、路线图

一分部署，九分落实。

为确保机构改革在党中央的直接领导下有序推进，中央成立了深化党和国家机构改革协调小组，负责指导协调督促中央一级新机构的组建工作、审批部门"三定"规定和省级机构改革方案、统筹协调和研究解决改革实施工作中的重大问题。

在协调小组领导下，对应成立了 9 个专项协调小组，分别牵头统筹归口领域改革工作，协调处理有关问题，及时向协调小组报告进展情况和重大问题。

具体改革任务，则分配到相关部门，以部门为主体统筹进行，推进落实具体工作。

在此基础上，绘就了一张确保改革落地的时间表、路线图，吹响了深化党和国家机构改革的集结号——

中央和国家机关机构改革要在 2018 年底前落实到位；

省级党政机构改革方案要在 2018 年 9 月底前报党中央审批，2018 年底前机构调整基本到位；

省以下党政机构改革由省级党委统一领导，在 2018 年底前报党中央备案。地方党政机构改革全部任务在 2019 年 3 月底前基本完成；

实施机构改革方案需要制定或修改法律的，要及时启动相关程序；依法依规完善党和国家机构职能，依法履行职责，依法管理机构和编制，确保改革在法治轨道上运行。

习近平还指出，我们不搞断崖式的精简分流人员，要把大家安排好、有工作干，富余的干部和人员在工作实践中逐步消化。因此，这次深化党和国家机构改革，没有硬性的定时定量分流任务，对于职责优化调整导致机构暂时超编的人员，不搞"一刀切"式的精简，给大家吃下了"定心丸"。

十九届三中全会一闭幕，深化党和国家机构改革的各项工作就迅速进入状态，陆续展开。

3月24日，深化党和国家机构改革推进会在京召开。会议明确要求，各专项小组、各部门要尽快制定机构改革组织实施工作方案，包括转隶、集中办公、挂牌、拟订"三定"、文件收发、印章启用、经费和资产处置、档案移交等各个环节的具体安排，以此为各自机构改革组织实施的具体施工图和时间表。

中办、国办和中央纪委分别下发通知，对在机构改革过程中切实维护以习近平同志为核心的党中央权威和集中统一领导、严明纪律规矩等提出明确要求；为做好机构改革涉及的人员划转工作，中央组织部明确了机构改革涉及的离退休干部的管理服务政策；为保障机构改革对于办公用房的需求，国家机关事务管理局在充分利用现有办公用房资源不新建、不购置的前提下，统筹谋划、积极协调，推动优化办公区域布局，4月20日前保障已完成组建、应集中办公的新组建或重新组建部门全部实行了集中办公。

党和国家机构大力度调整改革，充分体现了以习近平同志为核心的党中央治国理政的历史担当和全面深化改革的深谋远虑，必将为"两个一百年"奋斗目标和中华民族伟大复兴中国梦的实现提供有力制度保障。

主要参考资料：

罗争光、施雨岑：《势如破竹开新局》，《人民日报》2018年5月12日。

秦杰等：《又踏层峰望眼开》，《人民日报》2018年3月23日。